国家出版基金项目
NATIONAL PUBLICATION FOUNDATION

上海高校服务国家重大战略出版工程资助项目

公共经济与城市社会治理创新研究丛书

总主编　吴柏钧

城市社会区治理中整合性服务模式建构研究

——以上海新一轮基层治理改革为例

侯利文　著

華東理工大學出版社
EAST CHINA UNIVERSITY OF SCIENCE AND TECHNOLOGY PRESS
·上海·

图书在版编目(CIP)数据

城市社区治理中整合性服务模式建构研究：以上海新一轮基层治理改革为例/侯利文著. —上海：华东理工大学出版社，2020.12(2021.4 重印)
ISBN 978-7-5628-6234-5

Ⅰ.①城… Ⅱ.①侯… Ⅲ.①城市—社区管理—服务模式—研究—上海 Ⅳ.①D669.3

中国版本图书馆 CIP 数据核字(2020)第 100146 号

内容提要

本书在系统分析上海"1+6"文件推进落实具体情况、主要特点、总体效果的基础上，综合研判了在街道体制改革、政府购买服务、社区社会组织发展、居委会改革、社会力量参与社会治理以及社区工作者队伍建设等重点领域所展现的新情况、新探索、新发展，并进一步展开对基层社会场域中出现的治理元素、创新流程、关键环节以及多样实践的一种"以社区为中心、以社区为方法"的系统性、整合性研究，尝试建构一种特大城市基层社会治理的实践框架和实务模式体系，以此助推基层社会治理体系和治理能力的现代化。

本书可供从事社区治理的政府、高校、研究机构的专业人员借鉴阅读，也可作为高等院校相关专业的参考用书。

项目统筹／马夫娇　韩　婷
责任编辑／左金萍　李佳慧
装帧设计／吴佳斐
出版发行／华东理工大学出版社有限公司
地址：上海市梅陇路 130 号，200237
电话：021-64250306
网址：www.ecustpress.cn
邮箱：zongbianban@ecustpress.cn
印　　刷／上海中华商务联合印刷有限公司
开　　本／710 mm×1000 mm　1/16
印　　张／14.25
字　　数／207 千字
版　　次／2020 年 12 月第 1 版
印　　次／2021 年 4 月第 2 次
定　　价／138.00 元

本书是上海市教育委员会科研创新计划项目人文社会科学重大项目“城市公共产品有效供给机制研究”（2017－01－07－00－02－E00008）、国家社会科学基金青年项目“社会工作融入基层社会治理的路径差异与模式创新研究”（18CSH057）、国家社科基金重大项目“中国特色社会体制改革与社会治理创新研究”（16ZDA078）、中国博士后科学基金特别资助项目（2018T110354）、上海市浦江人才计划项目（18PJC023）的阶段性成果。

公共经济与城市社会治理创新研究丛书

总　序

当前，中国社会经济发展和结构变化呈现了许多新的特点。在经济增长与结构变动方面，一个显著的特点是公共经济部门对国民经济增长的贡献率持续上升。尤其是在 2008 年世界金融危机以后，为抵御经济衰退，维持较高速度的经济增长和社会稳定，我国政府在公共基础设施建设上持续投入了大量的资金。同时，在城市化和人口制度变革的背景下，为回应人们对保障公共安全和增进社会福利的需要，政府在对教育、卫生、安全和社会保障等公共服务领域的投入上也有了快速增长，这使得经济性和非经济性公共产品的供给成为社会总供给的重要组成部分，甚至在某些年份，公共产品投资和供给已成为边际经济增长的决定性因素。

在社会发展和结构变化方面，尽管整体的社会形态和权力结构变动较小，但非农劳动力、中等收入阶层和私人资本阶层等基于现代经济活动而产生的社会力量的影响力不断增强，其正潜移默化地改变着我国的社会结构，深刻影响着社会利益格局。在生产和生活方式日益市场化和社会化的过程中，基层民众的思想观念、社会需求和诉求发生了很大变化，这为政府在社会治理中如何精准掌握人们的需求偏好和行为动态增加了难题，对如何有效实施社会服务和社会保障提出了挑战。同时，社会流动的不断增强使得公共安全和环境风险持续上升，这对传统的行政管理体制和政府自上而下的治理机制形成了巨大挑战，对现代政治和经济建设中的中国如何重构基层社会治理结构与机制提出了新的要求。

当前社会经济变革与转型使我们对未来的发展形成了许多不确定的判断。但如果不考虑制度变迁因素，可能会为我们观察社会经济演化的规律带来清晰一点的认识。纵观人类社会发展的历史，技术的变化、私人产品生产方式的变革和竞争机制等为人们摆脱自然束缚、追求自由丰富的生活提供了保障，但其却不能给予社会成员基础性的、公平享有的生活质量的提升和社会安全的保障。无论是实施行政计划机制还是市场机制，公共产品和服务的供给在产品和服务性质上总能为社会成员提供共同享有的广义福利增进效用。与此同时，许多国家在私人产品部门发展、增加社会财富的过程中产生了贫富差异和社会不公，而公共产品部门发展在提升整体的社会福利和安全保障的过程中又产生了资源错配、供给效率低下、官僚特权和行政垄断等问题。所以，人们始终在寻求合适的制度去约束私人产品生产的过度竞争和分配不公，也通过制度安排在公共产品部门规模扩大的过程中改善供给效率。从全球经济发展趋势看，随着经济的发展和居民收入水平的提高，公共产品部门在经济社会发展中的功能和作用会逐步提升，其资产规模和占总供给的比重在不断增加，这反映了社会经济不断发展的一种状态和趋势。从这个角度去理解，可以认为中国公共产品部门的革新正是经济社会快速发展的体现。近几十年来，中国公共产品部门的发展在一定程度上反映了社会经济结构的根本性变化。

可以预期，在这样的社会经济结构转型过程中，不仅私人产品部门的发展会遇到技术、市场和制度的变革问题，公共产品部门也将面临许多新挑战：

第一，社会资源在私人产品部门与公共产品部门之间的配置问题。这要求政府根据经济增长、市场需求和社会需要在私人产品部门与公共产品部门之间合理地配置资源，以实现个人需求与社会需求的均衡状态，达到适度的经济增长和社会福利的增进，从而兼顾经济发展和社会公平。

第二，公共产品部门的供给有效性问题。根据中国的国情，从理论上解决真实地显示民众需求偏好的问题，采取合适的公共选择方式，并对公共产品实施高效管理，涉及一国的公共产品供给体制与机制，也涉及政治、技术、市场和社会文化等诸多方面，但核心问题在于政治经济体制的安排和机制的设计。如何破除原先“全能型政府”的窠臼，真正做到以人民为中心，政府应有所为而有所不为，放权于基层，为社会组织的发育及其履行社会治理职能释放空间。同时，政府也要通过制度安排和政治程序，改革现有的政府主导的公共产品供给机制，探讨适合中国实际的多元合作的公共产品供给机制。

第三，如何打造共建共治共享的社会治理格局，建立“人人有责、人人尽责、人人享有”的社会治理共同体，怎样处理政府行政主导与社会组织生长问题。这要求服务供给方激发民众参与社区治理的热情，提高社区工作者、社区事务参与者的能力和水平。

第四，如何创新基层治理方式问题。这要求基层社会治理成为国家治理的重心和基石，成为国家治理体系和治理能力现代化的基础性环节。同时，政府要通过制度安排和法治手段消除基层治理的“空转”现象，建立适应多元治理主体的治理方式，摆脱社区机构及事务的行政化困境，构建去行政化的社区基层组织的有效运行体系和运行机制（包括资源筹措、公共服务提供、公共事务决策等）。

第五，如何基于互联网、大数据和人工智能等新技术，创新公共产品生产和供给方式，提高公共服务效率，改善社区基层治理。这要求服务供给方利用信息技术获取社会成员对公共产品和服务的真实需求，为公共政策的决策提供充足信息，为政策实施的监督和绩效评估提供技术手段，以实现有效配置资源和有效供给的目标。

基于上述对中国社会经济长期发展和结构变化的理解，华东理工大学社会科学高等研究院在成立之初就确立了研究宗旨，希望在宏大的社会经济变迁格局下，立足社会基层和微观经济层面，对中国社会经济的发展有一个细微的观察和局部的剖析。这些年来，在华东理工大学成长起来的一批公共经济学、社会学和公共管理学科的年轻教师聚焦于公共经济与基层社会治理研究领域，承担了诸多国际合作和国家基金的课题，他们大致围绕三大主题开展了一系列研究：一是研究公共经济部门发展的基本理论与中国的实践，特别是通过学科交叉研究和多研究范式融合，探讨社会发展过程中公共经济与社会治理的结构关系和内在机制；二是在互联网、大数据和人工智能等新技术条件下研究公共经济和社会治理的新方式与新形态；三是对公共基础设施、公共服务、社区基层治理等领域开展社会调查、田野实验和经验实证分析，试图发现一些有中国特色的、有益的实践经验，以检讨和修正经典的理论观点，拓展理论研究的范畴。本丛书就是我们对前期研究工作的一个初步总结，各分册也大致体现了这几个方面的研究主题。

本丛书的内容主要涉及公共经济、社会治理和社会政策领域。不论属于哪个学科，研究大都基于公共经济学和公共管理学理论，以跨学科的方式来探讨公共经济和社会治理中的科学问题；针对政策问题，我们也以不同学科的视角加以研究。

本丛书中有5本著作可以归属于公共经济领域。其中，《城市公共产品有效供给机制研究》梳理了公共产品供给理论和研究文献，探讨了我国公共产品供给的机制及其改革得失，重点对城市公共基础设施和公共服务领域的投融资、生产和分配进行了实证分析。《城市基础设施与经济发展研究》总结了中国社会70年来在基础设施建设方面所取得的成就与面临的挑战，从财政分权和比较制度分析等理论视角揭示了基础设施影响地区经济发展的内在机制；其利用计量经济分析探索了中国基础设施建设对市场融合、开放发展和民生改善的影响，从政治经济学的理论视角提出了促进基础设施供给模式创新的治理基础与实现路径。《环境公共品的有效供给机制及路径研究》对多种环境公共品的供给机制进行了研究，重点研究了人们较少关注的家庭部门在环境治理中的功能与行为模式；其把家庭部门作为供给主体，将代际因素纳入考虑范围，并基于环境公共品的三种价值评估法构建了环境公共品的有效供给理论模型。《城市公共服务空间布局特征及综合能力评价》基于大数据技术，对城市公共服务的发展过程、资源规模、空间布局及服务能力等状况进行了综合分析，客观分析了影响城市公共服务的因素，并提出了优化城市公共服务的策略。有意思的是，《城市共享平台的多元协同治理研究》以共享经济为研究对象，探讨了广泛存在的私人产品公共性问题，该书全面梳理了国内外城市共享平台的发展模式、治理经验及作用机制，提出了自行治理优先、政府监督、社会辅助的共享平台多元协同治理的概念。这项研究突破了传统的城市公共产品供给限制，对新技术环境下私人产品公共消费及生产方式的革命性变化进行了开创性研究。总体上，这些著作以基础设施、环境保护、污染治理等城市主要公共产品和服务为研究对象，分析了我国城市公共产品和服务供给的特征及内在运作机制，并对这些领域的公共产品有效供给提出了制度性改革等政策建议。

本丛书中有5本著作研究了城市社会治理问题。《城市移民与公共治理研究》把城市治理放在城市化过程中加以考虑，研究了如何从移民管制转化为移民服务，并借以提升移民治理水平，使移民尽快融入城市。《城市公共安全风险防控体系研究》针对城市公共安全事故频发的现实，系统分析了城市公共安全问题的源头和类型，在深刻解析城市安全风险发生原因的基础上，探讨了有效的安全风险防控内在机制，构建了城市安全风险防控体系。《城市基层矛盾纠纷化解的社会机制研究》以近年来蓬勃发展的人民调解组织为例，剖析以其为代表的社会力量参与城市基层矛盾纠纷化解的现实需求、功能定位、组织网络、运作机制与发展逻辑等，以探索"中国式风险社会"的社会治理机制。《城市社区治理中整合性服务模式建构研究》以上海社区基层治理实践为例，从街道体制改革、政府购买服务、社区社会组织发展和社会力量参与社会治理与社区工作者队伍建设等各个角度考察了基层社会治理的发展状态，深度揭示了基层社会治理存在的新问题，深刻剖析了深层次的社会性和结构性原因，并在此基础上探索现代基层社会治理的治理元素、创新流程及关键环节，提出了构建特大城市基层社会治理体系和实务模式的新设想。《中国城市社区基金会发展及运作研究》选择了城市社区基金会为研究对象，对行政驱动逻辑下社区基金会的成长环境、本土化特征、治理结构、功能作用进行了实证分析，以此探讨了中国政治体制下的基层社会组织的发展路径和运行机制。

本丛书出版之际，中国刚经历了新型冠状病毒感染的肺炎疫情。在经历"非典"疫情不到20年的时间里，此次规模巨大的全球性公共卫生灾难的暴发再次证明人类尊重自然规律的重要性，同时也提醒我们，应不断反思公共卫生体制和机制改革的有效性问题，反思现行社会治理体制的弊端和公共政策实施的偏差问题。值得欣慰的是，疫情在我国很快得到控制，特别是抗疫措施在全国范围内得到严格实施，这充分显示了社区基层组织在公共事件中的动员能力和应对能力，体现了社会治理制度变革中建立基于社会组织和民众参与的多元供给机制的重要性，也再次证明了在现代化强国的建设过程中建立有效的公共产品供给制度的重要性。本丛书若能为此做出一点贡献，也就达成了我们的预期目的。

本丛书的出版得到了国家出版基金和上海市文教结合“高校服务国家重大战略出版工程”的资助。能够获得资助且得到高质量的出版，要感谢华东理工大学出版社，在此谨致谢忱！丛书中的部分著作是上海市教委科研创新计划项目重大课题“城市公共产品供给机制研究”的成果，特此说明，并感谢资助部门！

吴柏钧

2020 年 5 月 20 日

前 言

foreword

社会治理重心下移与社区治理创新存在明显的时空并置，是推进和实现社会治理现代化的关键。上海的社区治理实践是一种历史中的实践，经过新一轮改革的深入推进，上海的社区治理与社会建设在一些重点领域和关键环节取得了积极成效，并在相应的方法和举措方面达成了广泛的共识，形成了一些典型做法与经验，为探索特大型城市社区治理积累了一定普适性的经验。与此同时，城市社区治理也面临着诸多问题，例如，存在体制和机制的进一步理顺、多元主体的联动与协同，以及社会组织功能角色的进一步明晰等上海市委“一号课题”在执行落实中的政策匹配与落地问题；存在由于对社会治理发展态势与规律的认识不足而导致的未预期后果；存在对“创新”的过于强调而造成创新与服务的目标置换、创新成果与做法的不可复制和扩散，并产生了大量的“展示性治理”成果和“有增长无发展”的治理内卷化现象等。特别是，精细化治理所内含的“碎片化”逻辑对社区治理整体性、协同性的解构效应，需要引起足够的关注并得到充分的研究。

新时期、新阶段、新改革，迫切需要对上海 2014 年以来的社区治理经验进行回顾、梳理和整合，也需要在此基础上观测、谋划以及推进新的发展。因此，本书以上海 2014 年以来的新一轮基层社区治理改革为例，系统分析上海“1+6”文件推进落实的具体情况、主要特点、总体效果，在此基础上综合研判社区治理的“上海模式”在街道体制改革、政府购买服务、社区社会组织发展、网格化管理与街区开放、社会力量参与社会治理以及社区工作者队伍建设等重点领域所遇到的新情况、新问题，深度揭示导致这些新情况、新问题的深层次的结构性和社会性原因，继而对基层社会场域中出现的治理元素、创新流程、关键环节以及多样实践进行一种“以社区为中心、以社区为方法”的系统性、整合性模式重构，即社区为本的整合性服务模式建构，旨在探索形成一种面向“五个中心”、全球城市和全球科创中心的特大城市基层社会治理的实践框架和实务模式体系，以此推进上海基层社会治理体系和治理能力的现代化。

实际上，城市社区治理整合性服务的提出正是基于对以往社区治理碎片化、个体化以及原子化现象的纠偏，但它不是简单地将社区场域中的多方主体、策略逻辑以及经验做法放在一起的综合，而是在全新的服务理念、逻辑基础以及服务流程上的综合架构，它改变了以往的服务策略和方式，是一种全要素、全流程以及全场域的治理重构。城市社区治理整合性服务关注的是社区治理的场景化，推崇一种合作治理的关系以及整合性的团队工作方式，倡导一种能力为本或者社区为本的增能服务。这种服务模式注重服务供给、服务集成与需求结构、治理情势的动态耦合和匹配联动，也是一种治理主体、治理策略及创新元素在服务于社区这一过程中的有效整合。

整合性治理视域下的基层社区治理，主要包括两个维度。一是社区为本的整合性服务模式建构。社区为本，是一种价值理念，也是一种整体论意义上的方法论和本体论。社区为本，意味着“社区”应该成为基层社会治理与服务的基本单元和出发点，在这一场域中不同主体展开以社区的公共议题和公共事务为中心的多方互动和协商。在各地不同实践探索的基础上，要将社区治理的理论范式、实践推进、方法技术、服务基础及行动策略等方面进行主体、机制、资源、方法、逻辑以及效应等维度的整合与联结，实现模式整合、过程整合和要素整合的统一。二是社区治理整合性服务的现实推进。要夯实党的组织力、整合多种理论范式、联合多方主体、采用多种方法、打破专业分界、再造服务流程，以实现党对基层社会治理的有效整合与共建共治共享基层社会治理格局的建构。

总之，城市社区整合性服务模式的建构是推进社会治理共同体达成的关键，要将基层社会治理放置于国家治理现代化的脉络中来考察。社区治理共同体的建构，不是政府行为，也不是一种纯粹的民间活动，而是各类社区主体、各种社会力量共同参与、民主协商的过程；不同的主体、要素及环节在社区场域中的治理结构的形成过程，需要一系列体制和机制的纵横建构和联动，以使社区治理的不同主体之间能够相互协作，形成社区治理的合力，进而推进社区治理共同体的建构。

侯利文

2020 年 2 月

目　录

contents

第1章　导　　论

1.1　研究背景

随着市场经济体制的确立，与计划经济体制相嵌套的以单位制为主体、以街居制为辅助的基层社会管理体制逐步解体，与市场经济体制相契合的以社区制为主体的基层社会管理体制浮出水面。为应对“总体性社会”解体之后可能出现的社会原子化以及国家整合上的困难，国家试图重建其联系居民、关联基层的“新通道”，这一过程即国家渗透能力建设的过程，也是社会治理重心不断下移的过程。由此，社区慢慢走到基层社会治理的前台，在社会治理创新中占据基础性地位，成为基层治理多元主体发挥作用的背景场域、“新通道”的重要构成，发挥着重要的社会整合功能。同时，困囿于单位制的思维惯性、初始条件以及控制秩序的建设取向，社区在基层社会管理实践中演变为高度行政化的组织，变成了继单位之后的第二个单位或单位第二，与政府将社区发育成“自我管理、自我教育、自我服务、自我监督”的生活共同体的初衷相悖。为了纠正社区行政化的走向，解决困扰基层社会秩序建构的“行政整合过度与社区自治能力不足”的积弊，各地在创新社会治理的大框架下积极探索内部的治理结构创新和体制机制重组，因此，“创新社会治理、加强基层建设”开启了上海社区治理与服务创新的新阶段。

实际上，社会治理重心的不断下移是历史脉络中的传承沿革。党的十六届六中全会提出了“构建和谐社会”的目标，标志着国家越来越重视社会的秩序与稳定，重视为社会发展创造稳定的环境。党的十七大以来又提出“创新社会管理”，强调转变管理理念和方式，实现社会的柔性管理。

党的十八届三中全会进一步提出“创新社会治理体制”“加强政社分开”等重要理念，党的十八届四中、五中、六中全会分别强调“依法治国”“全民共建共享的社会治理格局”“全面从严治党”等重大举措。党的十九大更是旗帜鲜明地提出了“中国特色社会主义进入新时代，我国社会主要矛盾已经转化为人民日益增长的美好生活需要和不平衡不充分的发展之间的矛盾”的科学论断，也主张实现发展的转变——“以人民为中心的发展思想”。无论是主要矛盾的解决，还是“以人民为中心”的发展，落脚点都在于基层社会治理与服务创新。为此，党的十九大主张，继续“打造共建共治共享的社会治理格局”，要“加强社会治理制度建设，完善党委领导、政府负责、社会协同、公众参与、法治保障的社会治理体制，提高社会治理社会化、法治化、智能化、专业化水平”，要进一步“加强社区治理体系建设，推动社会治理重心向基层下移，发挥社会组织作用，实现政府治理和社会调节、居民自治良性互动”。由此，基层社区治理与服务创新作为“新通道”建设的关键，仍将成为宏观社会体制改革、中观社会服务传送以及微观居民获得感和幸福感的融合、汇聚之地。

上海作为中国改革开放的前沿阵地，完善基层治理体系，提升治理能力的全面现代化水平，是关系其未来发展的一项基层性、全局性工作。近年来围绕中央的战略部署和上海市关于社会治理的工作要求，特别是在2014年中国共产党上海市委员会（以下简称“上海市委”）“一号课题”——“创新社会治理、加强基层建设”的大力推动下，上海市努力构建党委领导、政府负责、社会协同、公众参与、法治保障的良性互动局面，坚持服务群众，以民生需求为导向，建立健全了多层次的社区公共服务体系，满足群众多样化的服务需求。上海市坚持改革开放、理念创新，为了适应社会治理新趋势和政府职能转变新要求，不断深入、积极探索基层社区共商自治的新模式，大量培育、发展社会自治组织，不断壮大社会工作者队伍，积极引导各类社会力量有序、规范参与社会治理创新。上海市坚持重心下沉、资源下沉与服务下沉的相结合，进一步强化街镇、居（村）在社会治理中的基层性、基础性作用，以更好地为群众提供精准有效的服务，不断满足人民日益增长的美好生活需要。经过新一轮改革的深入推进，上海的社区治理与社会建设在一些重点领域和关键环节取得了积极成效，并在相应的方法和举措方面达成了广泛的共识，形成了一些典型做法与经验，为探索特大城市社会治理积累了一定普适性的经验。上海的社区治理实践作为一种历史中的实践，已进入全新的发展阶段——社区治理的精细化。

与此同时，上海社区治理也面临着体制和机制的进一步理顺、多元主体的联动与协同，以及社会组织功能角色的进一步明晰等“一号课题”在执行落实中的政策匹配与落地问题；存在囿于对社会治理发展态势与规律的认识不足而导致的未预期后果；存在对“创新”的过于强调而造成的创新与服务的目标置换、创新成果与做法的不可复制和扩散，并产生了大量的“展示性治理”成果和“有增长无发展”的治理内卷化现象等。特别是，精细化治理所内含的“碎片化”逻辑对社区治理整体性、协同性的解构效应需要引起足够的关注并得到充分的研究。新时期，新阶段，新改革，迫切需要对上海 2014 年以来的社区治理经验进行回顾、梳理和整合，也需要在此基础上观测、谋划以及推进新的发展。

由此观之，社区治理是在社会治理重心不断下移的过程中被不断建构和重构的。这一建构和重构就必然带有“自上而下”的国家政权建设和渗透的痕迹；而社区治理或者社区服务本身则是居民需求导向下的社区为本的自我治理与服务的过程，社会不断发育和成长的“自下而上”和内部性视角明显。现实中国中这个过程则是在“社会治理重心下移”的背景下展开的，这就意味着社区治理是产生于这一结构性背景的地方性叙述，其叙述的结构、治理的话语、发展的导向以及互动的实践都是这一结构形塑中的行为呈现和表征，继而也就预设了城市社区治理中始终存在的张力会导致一系列改革与创新中的结构性困境。由此，良好的社区治理从理想状态而言，是要实现治理重心下移与社会力量发展的协同和均衡，即存量改革与增量发展的协同。这是城市基层社会治理深度推进和创新探索需要理清楚的本体逻辑前提。

实际上，社区治理是社会治理在社区场域中的实践性映射和复制性展演。要将城市社区治理放置于社会治理现代化的进程中来认识和考量。一方面，社会治理的现代化，是一个涵盖治理体系现代化和治理能力现代化的复杂的、长期的过程。社区治理的现代化也必然是一个体制机制、主体逻辑、载体平台以及能力现代化和专业化不断提升和耦合的整合性推进过程。由此，我们对城市社区治理的认识要秉承一种系统性、整合性思维。这是城市基层社会治理深度推进和创新探索的认识论前提。另一方面，社会建设的过程是一个不断探索、不断试错的试点——扩展式的“摸着石头过河”的过程。这其中不同领域、多元方法以及创新实践是一个并存、耦合和汇聚的实践过程。同样，社区治理创新也是一个探索、试验与复制推广的过程。其中，不同时空、不同地区以及不同阶段的做法、经验都构成了城市社区治理进程中的“创新点”，而这些“创新点”围绕社区治理链条和需求结构的不同位置来展开最终就会汇聚成“创新线”，继而经过复制、扩展和推广无疑就可以汇聚、链接成社区治理的“创新面”和“创新体”，由此展开城市社会治理的“完整图谱”。是为构成城市基层社会治理深度推进和创新探索的方法论逻辑。

由此，本书在系统分析上海“1+6”文件推进落实具体情况、主要特点、总体效果的基础上，综合研判在街道体制改革、政府购买服务、社区社会组织发展、居民委员会（以下简称“居委会”）改革、社会力量参与社会治理以及社区工作者队伍建设等重点领域所遇到的新情况、新问题，深度揭示导致这些新情况、新问题的结构性和社会性原因，在此基础上对基层社会场域中出现的治理元素、创新流程、关键环节以及多样实践进行一种“以社区为中心、以社区为方法”的系统性、整合性研究，探索建构一种面向“五个中心”、全球城市和全球科创中心的特大城市基层社会治理的实践框架和实务模式体系，以此推进上海基层社会治理体系和治理能力的现代化。

1.2 研究意义

第一，形成社区治理“上海模式 3.0”。这有助于提炼新时代以来上海的社区治理新模式。通过对上海新时代以来社区治理经验和实践智慧的梳理与总结，将其放置于国家治理现代化的脉络中来考察，并尝试在“创新社会治理、加强基层建设”的统一理念下形成一套具有新时代特色的社区治理和服务创新模式，进一步为社区治理“上海模式”赋予新的时代内涵和创新元素，为特大城市社区精细化治理提供参鉴。

第二，体现社区治理的中国特色——把政党带进来。这有助于总结基层党委政府的服务型治理逻辑。通过一系列实际案例的搜集、分析，可以从中提炼出基层党委政府在创新社区治理、提升民生福祉方面的实践智慧和行动策略，以在基层治理中建构地方党政的服务型治理逻辑，进一步反思新时期党的引领和整合功能如何可行，何以可为。

第三，有助于拓展对居（村）场域中新型政社关系、党社关系的新理解。聚焦居民自下而上的社区自治和社区公共事务参与实践，有助于进一步分析居民群众日常生活（参与感、认同感、获得感、幸福感等）与当前基层治理之间的关联性，并从更大意义上构建起地方政府与基层民众之间的关联。

第四，有助于推动精细化基层社会治理的发展。基于实践和比较的视野，结合国内外社区治理经验以及上海社区治理的现实经验，可以进一步探索优化新一轮基层社会治理中所存在的结构性困境和突生性难题，深化基层社会治理创新，提炼形成社区为本的整合性服务新模式，以助推基层社会治理体系和治理能力现代化进程。

1.3　创新之处

其一，本书聚焦于“整合”和“比较”，通过对社区治理情景化实践以及基层社会治理创新推进路径和治理经验的系统比较和整合分析，有助于克服已有视角的单一化，研究视角有创新。

其二，本书基于对上海新一轮社区治理实践经验的实证调查，辨识与分析社区治理创新在不同类型社区中的差异以及面临的结构性困境，进而在此基础上提出建构社区为本的整合性服务实践，有助于弥补已往对策的片面性，研究对策有创新。

其三，本书“以社区为中心，以社区为方法”，尝试建构一种社区社会学的理论和研究方法论。本书将社区作为“中心”，重点聚焦于“社区场域”中存在的主体互动、关系实践以及创新做法，并进行“过程-事件”的分析，尝试搞清楚社会治理重心下移中“基层”内涵的拓展和变化；以社区为“方法”则是将“社区”作为观测与分析政社关系、党社关系以及国家与社会关系的透镜，致力于建构“社区”局部作为“整体”的概念，以及在此基础上提炼“社区为本的整合性服务模式”。

1.4 研究思路与结构

1.4.1 研究思路

本书以“整合性治理”为理论视角，通过对上海市社区治理的历史溯源与现状考察，以及对基层社区治理现状的实证研究，反思当前基层社会治理的现实困境和深层根源，在此基础上建构社区为本的整合性服务模式，以优化与提升基层社会治理能力。行文遵循“反思—建构—实证—再反思”的研究思路和“历史与逻辑”相统一的研究方法。

首先，基础研究。本书将对国内外有关文献进行系统的回溯与梳理，尤其对社区党建、社区治理、社区自治等议题的代表性案例和重要研究成果进行反思，为本书提供研究基础和实践探索的可能方向。

其次，理论研究。本书将结合既有的理论取向，梳理基层治理创新的理论体系，并结合上海社区治理特定的历史、文化、社会、经济基础，建构一个具有分析力和解释性的新型理论框架和实践体系。

再次，实证研究。一方面，纵贯梳理。通过深入梳理上海市城乡社区中具有典型性的日常治理实践，对其近年来进行的基层治理实践进行系统的历史回溯与实证分析，描绘上海社区治理与服务创新的历史图谱。另一方面，横剖比较。以上海市各个街区不同社区类型的基层社区自治为主线，分析上海社区治理创新的理念基础、实践动力、行动体系、路径差异与社会效应等，建构社区治理现实图谱类型。同时，对其在治理创新中面临的一系列结构性困境进行深度解析。

最后，对策研究。基于上海新一轮社区治理创新实践的实证研究进行理论上的升华与再反思。一方面，从学理上提炼上海新一轮社区治理与服务创新所具有的典型性，进而为更大范围的社区治理创新提供经验借鉴和政策启示。另一方面，结合上海自身实际，对基层社区治理中面临的结构性困境进行突破，尝试建构一种整合性的社区服务推进模式，以助推基层治理体系和治理能力现代化进程。

1.4.2 研究方法

本书主要采用质性研究作为方法论基础，具体将借助参与式观察、个案访谈法、焦点小组访谈法、相关服务项目文本资料、典型案例搜集与跟踪等方式搜集一手实证资料，并借助质性研究的相关分析方法进行资料分析。

第一，通过对上海市各区社会工作委员会、民政局、街镇自治办公室以及社区党建、社区自治、社区服务、社区管理、社区平安等科室相关政策文件、办法意见等的收集以及有关负责人的访谈，搜集有关社区治理与服务创新的经验案例、典型做法以及实践困境等“结构-制度”内容，以获取社区服务的整体性概况。

第二，对上海街镇城乡社区社会服务供给的多元主体、社会组织、品牌项目及其团队人员进行焦点小组访谈，重点了解社会组织、社区居民参与社区治理的政策基础、行动实践、经验积累以及存在的困境等“过程-事件”内容，以提炼具体的服务创新逻辑与行为策略。

第三，以上海“家门口”服务、政府购买服务以及社区自治金等项目文本及案例实践为依托和切入点，对基层社会治理中的政府购买服务项目进行“专题调研”，进而实现“结构-制度”与“过程-事件”的整合分析。

第四，重点收集一些在城乡社区治理中遇到的难题，通过多元主体协同协商、共同治理，将得到解决的相关社区公共议题作为典型案例，分析基层多元主体的互动合作机制。

1.4.3 研究结构

本书各章节，将围绕社区治理创新的“点-线-面”以及“体”而展开，秉承系统性、整体性思维，聚焦城市社区治理创新中存在的结构性张力及其在不同创新点位中的表现，以上海市城市社区治理的创新实践为经验而展开讨论。

第 1 章导论。该章主要交代研究背景以及行文逻辑。第 2 章基层社会治理相关概念与模式比较。对城市社区治理基本概念、理想类型以及国家与社会关系等内容进行系统梳理，以构成本研究的文献基础和出发点。第 3 章理论基础与分析视角。聚焦“治理”理论渊源流变、社会工作与基层社会治理以及合作共治等，并以此为基础建构了本书的内容分析框架。第 4 章上海模式：社区为本的服务整合。对基层社会治理的“上海模式”的逻辑起点与阶段分期、深度探索与实践逻辑等进行历史社会学的回顾和深描。第 5 章社会治理重心下移与服务集成实践。以上海“家门口”服务的创新实践为例，剖析了上海基层社会治理新一轮改革中的服务集成探索以及存在的治理张力。第 6 章社会组织参与基层治理的整合实践。以社会组织如何参与基层社会治理为主线，从社会组织的治理功能、创新实践、新社会组织以及社会组织系统参与社区治理等方面进行了全方位分析。第 7 章网格化管理与开放街区：治理整合的两种范式。以基层社会治理中的网格化管理以及封闭社区的打开两种实践模式为分析进路，对两者的创新逻辑、治理功能以及未预期结果等进行了研析。第 8 章项目为本与技术治理：基层社会治理的整合难题与结构困境。以社区治理改革中的“结构性困局”为核心，重点论述了基层社会治理中存在的项目为本的体制、社会组织的悬浮式发展、社区工作者的身份张力以及城乡治理中的二元区隔现象等问题。第 9 章治理共同体：社区为本的整合性服务模式建构。该章作为结束性章节，从基层社会治理的现实之困以及社区为本的整合性社会治理服务模式建构回应了开篇提出的研究问题，也对城市社区治理的未来发展方向进行了积极展望和建构。

第2章　基层社会治理相关概念与模式比较

本书的主要关注点是社区治理与服务创新，这就需要通过文献回顾的方式了解以往传统的社区治理模式是什么、具有什么样的特征？社区治理进程中呈现出哪些治理模式？基层社会是如何展开与推进治理创新的？已有的关于基层社会治理的主导性分析范式有哪些？由此，本章将从以下几个方面进行系统文献回顾和梳理：一是对基层、基层建设、社区、社区治理等核心概念与议题进行梳理；二是对国家与社会分析视角下基层社会治理的研究进行系统梳理与反思；三是对社区体制的改革与完善，以及城市社区基层社会治理创新的经典模式的呈现与演化进行梳理；四是对社会组织参与社区治理、“三社联动”、政府购买服务方面的研究进行总体梳理；五是对新近的研究方向以及上述研究状况进行整体上的评述，以形成一个关于本书的全面而系统的文献框架基础。

2.1　基层、基层建设以及社区相关核心概念厘定

2.1.1　“基层”的多重想象及基层建设内涵①

以往有关“基层”的概念因不同的主体或不同的场域而形成不同的话语建构。基层，在官方文件、政治生态中作为一种官方建构的制度场域而存在，作为一个学术概念在人们的思维中也具化为对一系列实体的想象。

① 部分内容已发表在《河北学刊》2015年第4期。

这会造成政策文本的混乱性和理论研究的模糊性，呈现出对“基层”的多重想象。其一，基层的政治想象，基层=乡/镇政府。基层被看作乡/镇政府所在地，同时，居（村）委会也被看作行政体系的最末端，这成为政治语境中的基层“实体”。其二，基层的文化想象，基层=草根或民间社会。作为一种精神诉求和价值信仰的基层，其话语实践中弥漫着草根、底层的气息，形成了一种可能跟国家对应的概念范畴。其三，基层的社会想象。这是从普通人的视阈下对“基层”的想象，基层具有很大的弹性和延展度，变成了一个与顶层相对的、具有极大伸缩性的范畴。

从上述三种基层想象进一步延伸，不难看出，第一，在基层的政治想象中基层等于乡/镇政府，那么，从这个意义上看，基层建设就是基层政权的建设，是国家权力对社会的不断渗透与扩展，是国家政权建设的微观逻辑与行动过程。第二，在基层的文化想象中基层等于草根，那么这一意义上的基层建设就是草根文化的保护与建设过程，重在对地方性文化的记录、忆叙，是重塑人们对“乡土社会”集体记忆的过程，也是人们在价值观多元时代对“熟人社会”共同体价值的追思。第三，在基层的社会想象中，基层等于人们思维中的想象实体，那么，这一意义上的基层建设就是不断重构与建构人们的想象空间，是社会生产与再生产的过程。这表明，“基层”本身仍是一个混乱而模糊的概念，因而难以清晰地厘定基层建设为何，以及基层建设何为。

《现代汉语词典》对“基层”的解释是“各种组织中最低的一层，它跟群众的联系最直接”。这一界定指出了基层的主要特点，它是在群众当中的、处于社会层级的最底层。亦即，基层不仅仅是在组织层级的“下游”，更处于整个社会的“地基”部位，是作为一种实体而存在的。在当前的政策话语体系之中，存在着“基层社会”“基层建设”“基层政府”等语词表达，这种概念丛即体现了作为国家治理对象的基层社会、作为国家政权建设与巩固的基层建设，以及作为重要执行主体的基层政府。这种话语建构明显地将“基层”作为国家对社会进行管理或治理的核心场域。

那么，如何进一步丰富“基层”的内涵呢？如何走出单一行政逻辑下的“基层”想象呢？笔者认为，应该从关系和实体两个维度理解基层的内涵。在关系维度上，体现出基层建设中的非政府单一主体性，是包含党、政府、社会组织、其他多元主体共同在场的，这就意味着，它们在基层这个场域中必然会进行着复杂的权力互动关系。在实体维度上，除了体现政权建设与巩固以外，更重要的是促进基层社会秩序的稳定。因此，关系维度是实现实体维度的重要机制。

以往的基层建设中经常出现将上述关系“本末倒置”的现象，尽管政府在财力、人力、物力方面大规模投入，但在社区建设方面收效甚微。从根本上讲，这是由于传统的社会体制使得政府、社会之间的关系模糊不清，因而常常出现政府“越位”“错位”和社会力量“缺位”“无位”的现象，这进一步阻碍了社区建设的成效。因此，未来的“基层建设”应该进一步明确政府、市场和社会之间的边界，将社会组织纳入基层建设的主体构成和目标体系之中，同时，要对社区居委会的法律属性和社会职能重新进行界定，进一步提升现有社区居委会层面社区工作者能力，通过专业社会工作者引领社区工作者和志愿者队伍，以培育基层社区建设的生力军。

在笔者看来，过去习惯于将“基层”理解为乡镇、街道办事处、社区居委会等层面的党组织系统，因此，进行“基层建设”就简单地沦为加强基层政权建设、巩固党组织在基层的整合能力和社会基础。这种理解在当前服务型政府和服务政党建设背景下，存在明显的缺陷。笔者认为，“基层”的内涵和外延都需要进行重新审视。从内涵上讲，“基层建设”不仅仅是指加强基层政权建设、维护社会稳定，更为重要的是，要提升人民的福祉，把社区大众的幸福程度、生活质量和水平等柔性指标作为基层建设的最终归属。从外延上讲，除了地方政府（乡镇、街道）和社区居委会以外，还应该把近年来在社区内开展活动、提供服务的社会组织纳入其中，构成理解“基层”的多元主体。因此，“基层建设”实质上是基层“社会”的建设过程，是以人为本、以民众福祉提升为根本的治理理念和治理实践。这就拓展了人们关于“基层”的想象，也丰富了基层社区治理创新的多样性实践想象。

2.1.2 “社区”内涵的中国式运用及其演化

“社区”概念进入学科领域，应从1887年德国著名社会学家斐迪南·滕尼斯（Ferdinand Tonnies）发表《共同体与社会》（*Gemeinschaft und Gesellschaft*）一书开始。滕尼斯提出的“Gemeinschaft”旨在强调人与人之间所形成的亲密关系和共同的精神意识以及对“Gemeinschaft”的归属感、认同感。可见，滕尼斯认为，“Gemeinschaft”不仅包括地域共同体，还包括血缘共同体和精神共同体，人与人之间具有共同的文化意识是其精髓。这可以看作是“社区”的源头。

第一次世界大战之后，美国社会学家帕克（Parker）将滕尼斯的“Gemeinschaft und Gesellschaft”引入美国本土，并翻译为“Community and Society”，促成了“Gemeinschaft”从共同体含义向社区含义的转换。“社区”概念自20世纪30年代从美国传入中国，吴文藻、费孝通等学者对此概念的引入和界定做出了积极的贡献。吴文藻在《论社会学中国化》一书中将“Community and Society”翻译为“社区与社会”，在他看来，社会是描述集合生活的抽象概念，是一切复杂的社会关系的总和；而“社区”乃是一个地域中人们实际生活的具体表征，它具有可观察性和特定的物质基础。他主要从人口、地域及人们的生活方式和文化三个要素来界定“社区”的概念。在吴文藻等学者的影响下，费孝通将帕克提出的“Community”翻译成“社区”，由此“社区”这一学术概念开始在中国传播开来，并发展成为中国社会学“社区学派”的核心语词。实际上，这一“社区”是一个“整全性”的概念①。其一，社区是一种研究方法，具体指通过人类学的“深描”方法对某一个或是某一类社区进行实地调研的研究策略和步骤；其二，社区是本体论的存在，是具体的研究对象，具有明显的结构和功能要素；其三，社区也是一个学术共同体，具有明确的问题意识、研究传统、学科团队，以及在此基础上的研究成果和阵地。

之后，社区研究中断三十年之久，社区研究传统的复兴与单位制的解

---

① 但学术界对这一时期的“整全性”社区的研究和挖掘严重不足，直接导致了社区研究传统的衰落和单一化。

体是同步发生的，特别是 20 世纪 90 年代以来由国家自上而下推动的社区建设与管理开启了社会管理重心下移和渗透的征程，社区作为“国家治理的基本单元”（杨敏，2007）成为研究中的重要视角被过度放大，作为整全概念的“社区”变为单一的实体化的“社区制”，被置于国家政权建设的传统中进行分析。社区治理的研究传统被严重窄化，“整全”社区研究传统被碎片化、单一化的研究所替代。由此，我们需要将社区治理置于历史传统脉络、置于国家治理能力现代化的体系中进行“知识考古”和再发现，以推动基层社会治理整合性模式重构，实现居民自治、社会调节与政府治理的良性互动；同时，通过对“社区为本”的现实治理实践的反思建构和理论对话，继而形成一种新的“整全社区治理论”。

2.2　“国家与社会”：基层社会治理中的主导性分析范式[①]

就“国家与社会”范式的主导性学术研究领地[②]——城市基层社区而言，正是缘于“在最现实的生活层面上，国家与社会的相遇”（张静，1998；沈原，2002），国家试图通过治理将行政权力下沉到基层社会，完成整合；而社会则希冀表达利益诉求、谋求自我服务，实现自治。这一“无意识”的历史性耦合碰撞出了极为丰富的研究成果。就现有的研究来看，以政治学和社会学研究为主，兼有人类学、历史学[③]以及哲学的思考，相互交叉；研究内容丰富多样，相互深化；研究方法长短互补，各有所长；研究脉络互有传承，相互交融。

从学理脉络来看，“国家与社会”范式的发展历程，存在明显的阶段性分期。20 世纪 80—90 年代属于范式的引进阶段，相关成果以介绍、引介为主，也兼有西方汉学家卓有成效的研究。20 世纪 90 年代中后期后进

① 部分内容已发表在《华东理工大学学报（社会科学版）》2016 年第 4 期。

② 丁惠平（2015）认为，“国家与社会”研究的“势力版图”主要涵盖了中国乡村社会研究、城市社区研究以及社会组织研究等领域。笔者基本上赞同这一说法。

③ “国家与社会”的历史学研究相对较少，代表性研究——朱英．近代中国的“社会与国家”：研究回顾与思考［J］．江苏社会科学，2006（4）：176－185.

入了范式的博兴与发展时期，以本土学者的创造性论述为主，理论研究与实践验证互为累进，相互补充。尤其是随着社会转型过程中社会空间的释放与发育，国家与社会也进入“互构与博弈”的新时期。进入21世纪以来，社会学领域理论脉络的后现代转向和全球化时代社会环境的风云变幻都催化着“国家与社会”范式进入反思对话的新阶段，研究呈现为理论层面的解构与反思，也有研究提出了再建构的思路。

伴随着以“单位制”为主和以“街居制”为辅的城市基层社会治理体制的式微，国家与社会渐次展开了复杂、多样、动态的关系实践与博弈空间，学者们大都认为现有的以“国家与社会”作为分析框架的基层社区治理研究，存在三个明显的取向，即国家中心论、社会中心论以及“社会中的国家”（张静，1998；何海兵，2006；余冰，2006；丁惠平，2014，2015；刘安，2015），鉴于以往研究对此三个取向的梳理较为系统、全面，本书只是做出简单交代，重点针对“国家与社会”的其他替代性或补充性视角在基层社区治理研究中所丰富并深化的理论视域与分析空间进行梳理与分析。遵循学术惯例，本章也从以下几个维度展开。

2.2.1 国家中心论

国家中心论把国家视为基层社会治理、变迁与改革的核心力量和关键推力，遵循国家政权建设的逻辑，虽然后期国家政权建设的痕迹有所弱化，但是国家对社会仍然保持着相当的控制能力，在一些领域以特定的、新的形式出现，以更为“隐蔽”和“柔化”的方式实践着国家力量在基层的渗透。其结果，国家仍然具有对社会的强大影响力，因此也被称为“国家权力延续论”。

从时间分期上看，存在前后相继的两个阶段。首先是20世纪80年代以来的关于基层政权建设的研究，研究者多为政府官员或政府部门的研究人员，研究以政策取向、实际应用为主，主要聚焦于“街居制”在整合基层社会方面的改革与探索（李学举，1994；白益华，1995；施凯 等，1997；浦兴祖，1998；何海兵，2006）。其次是20世纪90年代中期兴起社区建设的议程，研究者多为社会学和政治学领域的学者，以理论研究、学理分析为主，相关研究主要聚焦于“单位制”解体之后的社区制。该领域的学者在社会转型的巨大社会变迁中汲取灵感，在实践探索的基础上，进一步提炼和强调了国家在基层社会建设中的重要作用、城市政权向基层社会的渗透，以及国家以各种形式在邻里中再现，尤其是党和政府在社区管理中的核心地位以及作用的发挥（徐珂，1998；桂勇 等，2000；李友梅，2002；Liu，2005；彭勃，2006；杨敏，2007；王汉生 等，2011；肖林，2013）。

2.2.2　社会中心论

社会中心论的核心概念是“公民社会”（又称为“市民社会”“民间社会”）。[①] 该路向认为，社会发展的动力存在于社会之中，国家对社会而言只是一种限制性的力量，国家是“必要之恶”，因而主张社会自治，国家干预越少越好（张静，1998）。20 世纪 70 年代以来，随着社会力量的崛起，“市民社会论”在西方兴起，尤其是东欧剧变后，对市民社会的研究在西方尤其是东欧学术界形成空前热潮。20 世纪 90 年代以来，随着单位制的解体以及社区建设的推进，尤其是城市基层空间中社会、市场等非国家力量的兴起，国内学术界对公民社会（市民社会）理论的关注越来越多。研究者在西方市民社会理论的影响下，认为国家与社会存在明确的分殊，它们之间的界限应该明晰化和常规化。就现时中国而言，国家力量应该逐步从社会领域撤离，这是保持社会活力和提升国家能力的必要条件。

在“市民社会论”的指导下，学者们认为当前中国社区建设的理想目标应该是国家有序渐次退出社区领域，逐步实现社区自治和民主（卢汉龙，1999；李友梅 等，2000；徐勇，2001；马仲良，2001；费孝通，2002；唐亚林 等，2003；魏娜，2003；陈伟东，2004），并大力推进社区参与（张琢，1997；王刚 等，1999；李婷玉，2001；朱孔芳，2003；杨

① 这里需要指出的是，公民社会、市民社会以及民间社会是不同的概念，其内涵和外延存在显著差异。但就国家与社会的研究视域而言，这三者又具有很大的关联性。故此，本书并未对这三个概念的所指进行明确区分。

荣，2004）。现阶段正在推进的社区建设运动，即中国社会改革的起点，是构建中国公民社会的重要举措（童世骏，1997；郭小聪，1999；赵辰昕，2001；刘继同，2001；李骏，2003；德勒斯，2005）。敬乂嘉和刘春荣（2007）则通过对居委会直接选举过程的研究，发现由政府主导的选举能对社区自治组织进行赋权，实现社区权力的让渡和建构，可以较快和较有效地构建以居委会为核心的集中型基层民主治理网络，从而激发社区认同、促进公众参与。

此外，开始有一些学者注意到社区中出现的一种新的社区组织类型——业主委员会，并对业主委员会给予了厚望，认为它可能是中国城市公民社会的先声（张静，2001；夏建中，2003），孕育着中国真正公民社会的雏形，并展开了对业主委员会的多维度分析（费梅苹，2001；陈幽泓，2005；张磊 等，2005；王颖，2006）。

2.2.3 “社会中的国家”

“社会中的国家”即国家与社会互动论。该路向的研究，主要是对具体事件过程的跟踪分析，而在一定程度上抛弃了以往将国家与社会二元对立的思维框架，代表了从结构性研究向关系性研究的转变（丁惠平，2015），也实现了从“静态学理分析”到“动态过程把握”的转变。该路向认为国家与社会并非二元对立、此消彼长的简单零和博弈关系，而是处于不断互动与形构的动态过程中。相关的研究主要分为两类，一是早期多聚焦于“国家与社会”应该如何互动以及互动的性质而进行的规范性分析，多以理论研究为主；二是晚近以来聚焦于“国家与社会”的实际互动过程与事件在具体载体中展开的分析，多以实证研究为主。从20世纪90年代以来，围绕着国家与社会的研究，一些学者致力于国家与社会关系的动态过程研究，对以往的“二元对立说”进行纠偏。学者们愈来愈认识到在城市社区建设中，城市基层政权建设和社会发育这两个过程的矛盾（孙立平，2003），这就说明了国家与社会之间并不是此消彼长的简单零和博弈关系，在强调两者（国家中心论与社会中心论）独立性的同时，更须讨论两者之间的互动方式，主张建立“社会中的国家”，进而达到国家与社会之间“善治”的目的（魏娜，2003；郑杭生，2012）。

治理理论的兴起也拓展了国家与市民社会关系的分析架构，凸显了国家与市民社会之间实现正和博弈关系的可行性，治理理论和国家与社会关系研究在社区场域中的结合，产生了一大批丰富的研究成果（赵孟营 等，2001；刘晔，2003；郁建兴 等，2003；陈伟东 等，2003；马玲 等，2003；兰兰 等，2004；梁平 等，2004；刘娴静，2004；张洪武，2005；桂勇，2007），国家与社会关系的研究也由此进入了一个新的纪元。

既然国家与社会是动态的关系，那么已有的关于其关系的静态视角就存在无法克服的局限，难以捕捉到关系的动态性质。因此，一系列新的理论与观察的视角被引入城市社区治理研究中来。例如，强世功（1998）最先开始了对“国家与社会”视角的反思与批判，并提出了被“国家与社会”所遮蔽的可能更为有效的“策略-行动”视角。他认为，为克服“国家”与“社会”的“整体化”研究倾向，需要引入“策略-行动”“事件-关系”视角，进而从互动的过程来重新解读国家与社会的关系。孙立平（2002）也认为，既然国家与社会的关系是一种动态的过程而非静态的结构，那么对其的研究在方法论上就应该是“事件-关系”分析，他主张引入“过程-事件”的分析框架，从实践过程中捕捉在现实生活中真正发挥作用的实践逻辑，以更深入地理解在社会转型过程中社会所发生的实质性变化。

从学术纹理上分析，可以发现“社会中的国家”路向在方法论上多采用“事件-关系”分析，并引入“策略-行动”和“过程-事件”的分析框架，致力于对“当代中国国家与社会关系的微观层面”进行深描。前者能够避免使用国家与社会框架研究中国社会时容易做出的“单向度”制度解释倾向，避免将“国家”与“社会”这两个分析单位做“整体化”和“实体化”处理时，掩盖分别发生在“国家”与“社会”内部的差异、分歧、冲突与互动；后者在对待社会现象时能够通过对事件过程的描述，在动态中揭示事物的“隐秘”部分（余冰，2008）。

2.2.4　其他视角的尝试

以往关于国家与社会关系的研判基本上是预设了国家与社会的整体

观，忽视了国家与社会的多样性、层级性，进而遮蔽了国家与社会关系的动态性与多样性，甚至是流动性。实际上国家与社会的关系随着国家主体与社会主体活动场域的变化而变化，整体上呈现为互渗中的动态边界关系。随着对“国家与社会”视角在基层社区治理中的运用进行反思，这一单一视角的一元论倾向得到修正。一些具有分析效度的替代性或弥补性视角相继被提出。例如，桂勇（2005）从“行动者”视角将国家与社会从二元对立中解放出来，认为国家与社会是由各种不同取值的参数构成的一个连续系统，这些行动者集团之间的关系是错综复杂的，对立、合作、冲突与妥协是同时共存的。应用到社区建设中，社区居民、社区组织都是不同的行动者，都有自身不同的利益和目标，他们之间的互动构成社区的良性发展。因此，要从社区具体事件发生的过程以及行动者的角度来理解社区发展的逻辑。无独有偶，马卫红等（2008）通过对上海市基层社区治理的经验分析，阐述了国家与社会如何被目的各异的行动者分解，由此呈现出碎片化状态。他们认为，“在邻里层面国家与社会也是模糊不清的，清晰可见的是各种有着不同利益与目标的行动者”，因此也主张从“行动者”的角度研判国家与社会在基层的真实关系形态。徐丙奎（2012）通过对1990年以来有关社区研究文献的梳理，认为现有的研究“缺少对国家-社会、空间-行动者、权力与治理各种研究范式的一种整合性的研究”，呼吁进行社区治理范式整合。肖瑛（2014）在对以往“国家与社会”关系批判性分析的基础上，认为“该视角在中国的运用更多是规范层面的，难以解释中国社会变迁的复杂机制”。因此，他提出将“制度与生活”的视角作为替代性视角，以制度与生活的互动实践为切入点，“把日常实践同社会结构变迁勾连起来，为探究社会结构变迁的微观动力机制提供一种解释框架”。

关于社会与国家关系研究的三种取向“国家中心论”“社会中心论”与“社会中的国家”，前两者侧重于在国家与社会力量之间的二元对立与紧张博弈中寻求中国社会建设的可能出路，本质上是一种“结构”式的静态解读，分别从不同的维度选取经验事实，完成了对中国现实的局限认识；它们显然忽略了国家与社会间的“讨价还价”。而后者的分析却将视角转向了“国家与社会”的彼此焦灼与粘连，在彼此互嵌的视野中实验“国家与社会良性互动”的可能。其本质上乃是一种“实践”式的动态分析，侧重于从“过程”的视角来完成对社会现实的客观解读。但是，国家与社会的互嵌程度、国家与社会的不同原始起点等作为逻辑上的先在，形构着“社会中的国家”的具体边界与势力范围。再者，“社会中的国家”一经提出，马上就转化为中国真实建构中国家与社会的“良性互动”预设。正如邓正来（2008）所言，“而这种所谓的良性互动关系在中国市民社会论者处既是一种欲求达到的结果，同时也是达到这种结果的方式”。于是，国家与社会的良性互动作为理论与理解上的预设，开始了其在中国基层社区场域中的“自证”过程。

纵观已有的研究，可以发现，国家与社会的研究，其核心问题涵盖两个方面。一方面遵循着“建构现实主义”的传统，将国家与社会作为现实层面的对象，朝着“良性互动”的愿景加以建构，这在具体研究之中表现为将西方“国家与社会”范式所内含的基于西方社会现实抽象出来的种种前置性要素（如国家与社会的相互独立、边界清晰、相互制衡等）作为参照和判准，他们把视野聚焦于对中国社会中新出现的体制外因素、空间、组织以及机制进行经验性分析，找寻其存在的证据，并进行比附式的研究。从实际效果来看，该范畴的研究客观上起到了一种社会动员、批判现实及规范整合的作用。这样理论知识就由对社会的认识转向了对现存社会进行的批判，以及对未来社会所进行的筹划。另一方面则秉承了“解释主义”的传统，将“国家与社会”作为认识、洞悉中国社会转型的一个独特分析框架和解释模式。这在具体的研究中表现为对一系列经验现象，尤其是基层社区中的“国家”与“社会”力量的此消彼长进行富有想象力的阐释。从实际的效果来看，它唤起了人们对“社会”的想象，一定程度上实现了对中国社会转型认识的视角切换。

总之，“国家与社会”作为理论分析范式在城市基层治理实践中显示了极大的理论效度，学者们都在这一极具张力的视角中发现了丰富多彩的治理实践与理论创见。国家与社会的范式也实现了由实体建构中“二元对立”到“互嵌互构”的转变，实现了“静态结构分析”到“动态过程展演”的变迁，也完成了作为分析范式的经验研究到作为规范取向的政策参鉴以及作为科学研究对象本身的反思对话的统一，成为社会科学领域中的主导性分析范式。但任何范式都有其分析的效度与适用的范围以及解释的效力，忽略了对范式本身的研究，或是滞后于社会的变迁实际抑或是缺乏了对范式的反思性对话，则必然遭遇“范式的神话”与“范式的固化”，造成范式的“无意识运用”，无益于范式的进一步更新与发展。由此，我们需要对“国家与社会”范式的研究展开反思与对话。

2.2.5 对“国家与社会”范式在基层社区治理中反思的再反思

尽管通过“国家与社会”范式展开了对转型社会的深度解读，但解读的同时也存在误读的极大可能性。如果对误读缺乏足够的敏感，社会事实的呈现将出现极大的扭曲。一方面，误读取决于“国家与社会”范式的舶来性。从学术惯例来看，作为外来的理论范式，其必然要经历一个完整的引入、运用、反思与重构的过程。缺乏了后续环节的推进，理论范式只能是一个“悬浮式”的解读，或者直接就是“观念裁剪的现实”，误读就成了必然。另一方面，对该范式缺乏“前反思的对话”和规范性意义上的价值取向，就会造成实际改革中的“急功近利”与“目标置换”，国家与社会的良性互动作为一种改革愿景，通过对原有单向度的自上而下的“全能国家”维度的批判，将“国家”拉下“神坛”，将“社会”的向度引入中国研究中，一定程度上实现了社会科学领域研究框架转换使命。但是，过犹不及，随着“国家”的被舍弃、被阉割，持续的发酵，又走向了另一个极端，正如刘安（2015）所言，“政治实践意义上的‘社会’主体性缺失导致了知识领域对‘国家主义’的无情批判”，催生了“社会”的单向度治理，长此以往，这无疑将造成灾难性的后果（东欧剧变即鲜明的例证）。鉴于此，这一部分中笔者以学者的反思性研究为起点，试图通过对“国家与社会”研究中反思的再反思为范式的重构提供启发。

第一，反思的起点，是“国家与社会”范式在基层社会治理中的“神话”。所谓“国家与社会”在基层社会治理中的“神话”，意指目前基层社会治理领域中存在的“国家与社会”范式的“一元论倾向”，即对

“国家与社会”范式的“过度消费”。通俗一点讲，只要是基层社区场域中的相关研究，国家与社会是必然会涉及和运用的理论视角。邓正来（2002）认为，“任何一种理论范式均具有自身的限度，不可能用来解释一切现象。即使在它的适用范围内，它还有着自身的种种弱点”。那么为什么在基层社会中发生的一切现象都可以用“国家与社会”的框架加以分析呢？这其实就已经涉及了问题的根本。正如丁惠平（2015）所言，“无论何种论题只要置于‘国家与社会’的分析框架中似乎便天然地具有了某种正当性与合理性”，而且此种一元化的倾向“有过分重视和消费‘国家与社会’之嫌，不仅有可能遮蔽问题的本质而且一定程度上不利于研究框架的更新换代”。但是，丁惠平只是提出了问题，并没有对“一元化”的“神话”过程进行探究。那么，为什么会形成基层社会治理中“国家与社会”范式的“一元化”局面？正如上文分析所示，“国家与社会”范式在基层社会治理中的主导型地位是极富张力和理论解释力的范式与社会转型实际耦合的结果，也是近三十年学者在基层社区（国家与社会展开博弈的最佳场域）深耕的结果，同时不同学科的介入研究也彰显了“国家与社会”理论范式的跨学科解释力，不同学科的研究为该范式的持续扩展提供了“学理理据”，进而成为社会科学领域中的核心研究范式，加之学术热点与学术前沿的“象征意义”，“国家与社会”取得了理论范式中的“符号意义”，并且通过这些过程的循环往复实现了“神话”化。其表现就是，一方面，只要是一项研究涉及“国家与社会”范式的运用，似乎就代表着研究的前沿与水准；另一方面，基层社会治理背后的深层次力量就是“国家与社会”的不断交织、角力与博弈，缺失了该范式的分析，就意味着研究的表面与肤浅。

第二，对“国家与社会”视角存在的系统论基础的反思。肖瑛（2014）的研究具有代表性，他认为，“‘国家与社会’作为一种理解现代性条件下社会构成及变革的基本视角，也是在社会系统论的支配下形成的”。其在理论和实践中的运用有三个基本预设。一是整体论。该视角预设了国家与社会内部的统一性，外在的独立性与自主性。这就意味着国家与社会都被想象成一个有着自身独特结构、明晰边界和运作逻辑的实体。

二是二元论。这主要指国家与社会的关系是一个实体上二元对立的、功能上彼此依赖的、力量上相互制衡的表述模式，其常用的文本表述就是“强与弱”“大与小”。二元论其实是整体论在逻辑上的必然结果。三是权力的两重性。一方面，现代化的过程就是民族国家对社会的压制、控制与殖民的过程；另一方面，现代性也预设了成熟的“社会”对国家权力的制度性约束与反控制。其实，早在该范式的引进之初，邓正来就从方法论的角度对该范式可能存在或可能导致的种种风险进行了提示。他认为，国家与社会范式容易诱导人们进入整体性、实体化的陷阱，在具体的研究中人们容易将“国家”与“社会”作为真实存在的同质化的统一实体看待，这就忽视了“国家与社会”在中国场域中的无限丰富性与复杂性（邓正来，2002）。在“整体性”思维的规约下，相继而来的就是人们将“国家”与“社会”化约为基层社区中的各种对应主体，如将国家等同于“政府或党组织”，将社会等同于“社区居委会”等，先不论这一化约的可信度如何（事实上“居委会”是“社会”还是“国家”是一个尚未厘清的问题，政府内部也存在严重分化的不同层级），单是将宏观层面的国家与社会化约为微观社区中的对应主体这一过程就犯了“区群谬误”，难以取得令人信服的结论。

此外，丁惠平（2014，2015）和刘安（2015）在近来的研究都围绕“国家与社会”视角存在的系统论基础进行了深入的反思。丁惠平认为，在“国家与社会”分析框架的分析策略中，“国家与社会都被先验地视为两个具有明确界分的实体，也即在本质上秉承的是一种国家与社会二元对立的思维方式，投射到具体研究中则演变成一种对二者影响力进行比对的结构性分析，即使是国家与社会互动取向也概莫能外”。刘安（2015）对“国家”与“社会”的主体性问题进行了系统反思。他认为，“无论是从概念形式还是理论逻辑的角度而言，‘国家与社会’范式中的‘国家’与‘社会’都被建构成相对独立和彼此自主的范畴”。

由此可见，近年来的研究都注意到了“国家与社会”范式的系统论假设，并对这一假设进行了富有想象力的反思，一定程度上规避了“国家与社会”的二元对立以及针对“国家”与“社会”的“整体同质性”假设，也对“国家与社会”的双向互构、牵制保持了足够的敏感，有利于“国家与社会”范式效度的提升。

第三，对“国家与社会”范式因舶来性而引发的“本土化”问题的反思。学术移植与本土传统之间的协调问题一直以来就是中国社会科学研究中的难题。作为外来的学术范式的引入，必然面临着“本土化”的问题。一般来讲，范式的引入要经历引进、本土化、普遍化的三个阶段。引进是初始阶段，需要解决范式的关注度问题；本土化是关键，需要解决范式的适用性问题；普遍化是目的，需要解决范式的本土贡献问题。三个阶段层层递进，形成理论范式的更新换代过程，即知识的生产过程。其中，本土化是难点，要突破范式的产生背景、逻辑预设以及融合问题。在这一过程中极容易出现“观念裁剪现实”和“框架置换与混用”的情况。就前者而言，研究者往往将该分析框架直接套用到对中国经验现实的研究中，直接用西方既有的理论观点进行解释，如若两者不符，则将其归因于社会、文化等本土性因素，致使研究流于表面，难以深入；或者干脆直接在理论预设的指导下选择那些可以验证假设的经验现象进行解读，理论直接被“证实”。就后者来说，作为西方舶来的理论范式，“国家与社会”具有解释和规范双重功用。具体来说，一方面该范式可以作为解释性分析范式，对既有的社会现实进行理论解读，形成社会知识；另一方面该范式也可以作为早发现代性国家的标准和模式，来规范和指导中国的国家与社会关系的调整，发挥判准和建构的功能，推动社会变革。这两种功用的置换和混用，极易引发严重的社会后果，致使本土化的过程演变为“西方化”的过程。

黄宗智认为，“国家与社会的二元对立是从西方近代历史发展经验中抽象出的一种理想类型，它并不适合中国”（Huang，1993，2003），进而提出了“第三域”的概念来表明国家与社会之间的“灰色地带”，涉及的是“国家与社会”范式在中国的“本土化”问题。何海兵（2006）也认为，“在有关国家与社会的讨论中，无论是公民社会理论还是国家中心理论都是依据西方公民社会和国家概念来对中国社会作应然性判断，这些判断仅仅从宏观历史着眼，缺少对当代中国国家与社会关系的微观层面的描述”。丁惠平（2015）也从“国家与社会”范式的本土化进行了反思，“对于中国研究而言，源出于西方历史经验及西方人价值理念的市民社会理论及其衍生的‘国家与社会’在中国既无历史踪迹可循也无现实经验对照”。刘安（2015）认为，“国家与社会”范式的西方血统与中国应用之间有不可逾越的鸿沟，“作为社会科学概念的‘国家’和‘社会’，无论是在知识还是在实践层面，中国与西方都存在显著的区别”。

因此，作为舶来的理论范式，我们必须对其可能存在的“水土不服”保持足够的警惕，对其范式的移植生态过程或成长过程保持敏感，既不否定“国家与社会”范式所具有的对转型社会的理论解释力，也不简单套用西方的理论和经验，而是在中国自身的历史传承和发展实践中与西方的理论范式进行平等对话与理性沟通，不失时机地将其引向“中国化”。

第四，对多元视角的互补与融合的反思。任何理论范式都是时代的产物，在发展中趋于完善，这也就意味着其都有特定的适用范围和解释力，有长处也有不足。目前的情况是，一方面“国家与社会”范式具有的理论解释力和方法论优势，导致其在社区治理的研究中存在一种“过度消费”的现象，这就不利于范式的更新换代。诚然，一个理论视角的提出是学术界集体智慧的结晶，之后就会进入繁荣期，众多学者运用此视角把这个理论框架里可以研究的问题都进行了研究。但是，也会出现一个不利于学术累进的现象，即由于该理论范式的解释力和公信度，久而久之研究就会出现重复性的简单再生产，难以突破。这时就需要对范式进行反思。另一方面国家与社会视角过于宏观，实践中的研判也忽视了源自西方经验的各种前提预设，因而对现时期中国的基层治理实践难以准确描述；国家与社会擅长对宏观现象的解读和分析，偏重对宏观的“结构-制度”分析，缺少对实践层面的微观洞悉，存在将国家与社会复杂的构成与互动过分简化的风险，以致失掉了“国家与社会”的丰富内容与复杂面向，难以解释转型期国家与社会的多维度性、实体的延展性与实践的复杂性。并且随着时代的变迁，范式的演化以及一系列理论视角的出现，使“国家与社会”逐渐失去了其基层社区领域中“一统天下”的霸权局面，逐渐沦为了其他视角提出与兴起的“学术靶子”（毫无疑问，“学术靶子”也意味着“国家与社会”范式的地位之重要，影响之深远）。其中，黄宗智在对“国家与社会”作为西方理论范式的嵌入进行批判质疑的基础上，提出了“第三域”的概念，旨在消泯或是缓解国家与社会之间的张力，寻求“国家与社会”在中国的独特性。此外，桂勇（2005）将“行动者”引入“国家与社会”，尝试将国家与社会从二元对立中解放出来，主张从社区具体事件发生的过程以及行动者的角度来理解社区发展的逻辑。肖瑛（2014）在对以往“国家与社会”关系批判性分析的基础上，提出应当实现中国社会变迁研究的视角从“国家与社会”到“制度与生活”的转换，一定程度上实现了宏观制度分析与微观行动研究的整合。

由此可见，虽然“国家与社会”深化了对宏观层面上国家与社会关系的认识，但理论上的解释力的神话造成了对其他视角的屏蔽与排斥，日益进行范式内部的重复性再生产。而其他视角的引入与补充，打破了“国家与社会”范式在基层社会治理研究中的“一元化神话”局面。但需要注意的是，这并不是说“国家与社会”视角已经失去了其对中国基层社区的理论解释力，也不意味着其他视角实现了对“国家与社会”视角的有效“替代”或“转换”，而是进入一种范式交叉融合的新时期。从已有的研究可以发现，在“国家与社会”力量的复杂、多元交织中，已经进入了基层社区治理研究中的后“国家与社会”范式时期。一方面，进行了视角的链接，实现“国家与社会”和“制度与生活”的相互促进与印证；另一方面，实现了视角的切换，宏观议题有了微观层面上的注释，变得更为丰满和全面。

2.2.6　未来发展：走出神殿、走向生活

现有的研究取得了一些严肃而认真的研究成果。但系统梳理之后，发现现有的研究更多的是将“国家与社会”从方法论意义上使用的，将其当作分析基层社区治理的有效范式，并且使用中带有明显的西方痕迹。中国学者更多的是从中国现实经验中找寻恰切的方面，进行意义放大的研究，进而与西方的范式做比附式研究。这些研究在具体运用中对

这一理论范式所具有的前提保持了“悬置”或是做了“模糊性处理”（不置可否）。换句话说，现有的研究对作为分析视角的“国家与社会”进行了简单化的处理，屏蔽了国家与社会的前提预设，并且因为“国家与社会”在基层的“相遇”与“契合”而导致其运用中的“不假思索”和“深信不疑”。但是缺少了对隐含预设的思考以及对范式运用的反思，这将导致低水平研究的不断再生产，难以进行学术累进而形成中国范式。

从中国经验来看，作为一种规范性的观念，国家与社会范式出现了一种“过度消费”的现象。但是从实体建构以及范式创新来看，“国家与社会”无论在西方还是在中国仍然具有其建构性的意义。我们需要进一步思考的是，如何通过对理论范式和实体建构两种取向的分殊，进而以具体载体的研究来链接这两个层面，消除已有研究存在的“厚此薄彼”，则可能实现对“国家与社会”研究的突破。

其一，对象倒置。以往的研究，多是将“国家与社会”作为一种范式和视角来透视和分析基层社会治理空间中的主体互动。但是也可以将基层社区作为表述的载体来探析“国家与社会”在基层社区组织平台上的现实展演，进而将“国家与社会”作为具体的研究对象，对其进行中国情景的描摹、解构与再构，而此也应该成为“国家与社会”范式更新的重要尝试和有待进一步深化的主题。

其二，范式更迭。诚如上文的分析，自米格代尔（Migdal）提出“社会中的国家”之后，“国家与社会”获得了新的发展空间，互动的过程性视角开始被涵盖进“国家与社会”的范畴中。但是“社会中的国家”可能是西方话语映射下国家与社会关系的虚幻图景，与中国的历史实践和现实经验不符。在中国的基层社会中，可能“国家中的社会”[①] 是更为真实的存在。一方面，从国家的势位来看，国家时刻保持了在基层的“在场”和“到场”，基层社会中也存在“看得见”和“看不见”的各种国家状态，国家通过多元化的途径与手段（尽管与以前刚性控制不同的形式）实

① 关于“国家中的社会”笔者将详细撰文加以阐述，由于篇幅所限与主题的考虑，在此笔者暂不详细展开。

现了对基层社会的“选择性培育”和“间接化控制”。另一方面，从社会的空间来看，现实“社会”不是独立成长起来的制度空间，而是在国家内部让渡出来的制度空间，是在“国家”关照下的“依附性成长”和“寄生性生存”，尽管社会表现出了一定的“策略性博弈的空间”。从这一意义上讲，学术界关于“嵌入性”的概念难以描摹这一关系的始源，存在理论的效度与边界。

“国家中的社会”，从方法论取向上，融合了“主体-关系”“策略-行动”和“过程-事件”的视角。一则，可以避免运用“国家与社会”分析框架时出现的“单向度”制度解释的倾向，避免将“国家”与“社会”这两个分析单位做“整体化”和“实体化”处理，进而揭开分别发生在“国家”与“社会”内部的差异、分歧、冲突与互动的丰富图景。二则，通过对具体实践过程的展演，借助于对社区场域中事件过程的现实描摹，在动态中揭示事物的“隐秘”部分——国家与社会关系的具象化，不仅可以包括微观行动研究难以整合的行为模式，而且以往在宏观分析的国家社会关系框架下遗漏的影响因素也可能被呈现出来，而这些因素或许在很大程度上主导了国家与社会的互动实践（将“国家治理转型”作为自变量，分析其对“国家与社会”关系的影响，也是一个很好的研究切入点。尤其是，国家治理转型的不断推进，对“社会”产生的影响，以及社会层面上正在发生的变化背后所蕴含的“国家与社会”关系变化的研究）。其实，“国家中的社会”也烙刻有吉登斯式的尝试。对“国家与社会”的研究范式而言，是为了破除国家与社会的二元对立、国家与社会的整体性和一体化假设，既非“社会中心论”，也非“国家中心论”，同时也不同于“社会中的国家”的本体论域，而是“社会”嵌含“国家”势力中的中国现实，国家作为多元的构成在社区治理中是时刻保持“在场”的，体现为现实中国家性与社会性的彼此互动与渗透、交互作用和因果影响。同时，“国家中的社会”还是一种随着时空、场域的转换而不断变化的“关系实践”，这就为本来宏观抽象的理论思辨注入了具象的实践文本，这一融合所展开的研究进一步为“国家与社会”的理论命题注入了中国元素，具有重要的理论意义。

2.3 理想类型：城市基层治理模式纵览及其比较①

2.3.1 社区治理研究中的两个维度

社区治理实践都是在一定历史时空和环境中产生的，是在现实场域中逐步推进的。社区治理的最终结果必然要受到具体场域（时空）中各种因素的形塑，同时社区治理的推进又会对环境产生一定的影响，本身也是环境形塑的产物。因此，社区本身的具体情况即社区情势，无疑成为考察其治理的重要维度。有鉴于此，对社区情势的分析主要从以下两个维度入手：一是社区的组织化程度，即社区的整合程度、利益分化程度；二是社区的规范化程度，主要是指国家的干预力量与社会自组织的发育程度。

其一，社区的组织化程度。组织化程度即社区的整合程度、利益分化程度，指社区整合的性质与程度。这一维度涉及社区的组织化是“机械团结”还是“有机团结”的问题，最终表现为社区是处于整合的状态还是处于分化的状态。社区环境中的组织、居民、政府以及乡规民约等环境变量必然构成社区治理的“场域”。因此社区中“居民的同质程度”和“社区的团结程度”等具体的社区情势，必然会影响社区治理的模式选择。社区治理的实现也只有在充分考虑这些社区情势因素时才可以实现与环境的耦合，达到最佳的治理状态。

一般而言，社区组织化程度较高的社区即处于整合状态的社区，通过不同治理主体之间的有效博弈比较容易实现社区的管治。这里又分为两种不同的情况：一是如果社区是基于多元主体的博弈而达到的“有机整合”，就会比较容易呈现社区善治的状态；二是倘若社区的整合是基于一元主导下的“机械整合”，那么社区管治将是其比较适合的治理形式。

与上述情况相反，社区组织化程度较低的社区，即处于分化状态的社区，由于社区中不同利益主体各自为政，呈现分散化、原子化的状态，这

① 部分内容已发表在《社会科学辑刊》2015年第4期。

样的社区要实现有效治理困难重重。

其二，社区的规范化程度。规范化程度主要指“国家与社会”的关系构成，衡量在社区治理的过程中国家与社会自组织之间的分工与协作程度。社区的规范化程度实质上是一个关于“国家与社会”关系的连续谱系，一端是国家力量的绝对控制，全能国家；一端是社会影响的独立显现，政社合理分工、有序合作。

社区的规范化主要涵盖两种情况。一是国家处于垄断地位，只有国家力量而无社会在场。二是社会组织处于独立地位，与国家相互协作、有序分工，共同在社区治理中发挥重要作用。就前者而言，国家主导社区管理的进行，社会处于发育不健全或是缺场状态，国家遵循自己的意愿和逻辑推进社区治理，进而导致社区行政化、内卷化。从后者来说，国家与社会形成了合理的分工，各司其职，社区各个利益主体在社区场域中进行平等协商、博弈，有效地实现了社区良性治理。

2.3.2　社区治理的现实类型

在上述比较框架的基础上，通过社区场域中展开的丰富多彩的治理实践与探索过程，可以进行经验性的比较和类型化的对比，实现对社区治理实践的“类型学”研究，以检视不同历史时期社区治理不同类型的特征和功能实现状况，验证社区治理二维分析框架的有效性和解释力，进而完善社区治理的相关理论，实现社区治理研究中“过程-事件”分析与“结构-制度”研究的整合。城市社区治理结构的“理想类型”如表 2－1 所示。

表 2－1　城市社区治理结构的“理想类型”

	传统政府主导型社区	合作型社区	现代自治型社区
治理形式	单位制	街居制	社区制
治理主体	辖区单位（一元）	行政化居委会+其他主体（一元主导下的多元）	居委会+业主委员会+物业公司+社会组织（多元主体平等博弈）
主体间关系	命令、独裁	协作、竞争	合作、共治

续 表

	传统政府主导型社区	合作型社区	现代自治型社区
利益整合度	机械整合	分化、碎片化	有机整合
治理效果	中性运行	失衡运行	良性运行
典型个案	典型地存在于辖区内有大型行政、事业单位或国有企事业单位的社区中	典型地存在于过渡时期处于探索状态的社区中	典型地存在于多元治理的商品房小区中

1. 传统政府主导型社区

在传统政府主导型社区中，政府作为全能主义的“管家”角色，社区的相关组织就沦为其随意驱使的“奴仆”，其典型的形式即单位制。具备一定科层等级的“单位”作为社区治理中的单一主体，几乎包办了社区中所有的事务，作为国家基层社区治理机构的居委会事实上扮演了“拾单位之遗，补单位之缺”的辅助角色。在这类社区中，基本上没有专业意义上的物业服务公司和业主委员会等社区社会组织，因为所有的这些功能需求都可通过单位本身得到满足。社区中的一些非政府组织（Non-Governmental Organization，NGO）也多是一些兴趣、娱乐性团体，社区的政治、经济、文化和社会参与都被单位的“全能主义”所消解。这一传统型社区类型目前还少量存在于那些辖区内有大型行政、事业单位或国有企事业单位的社区中，如“高校家属院”“公务员小区”等。在此类小区中，驻区单位仍然在社区的各项事务中发挥着主导的作用，是单位制的现代承传。

就权力关系而言，社区中的各个不同主体之间的关系更多的是一种“统治-服从”关系，单位（在后单位时代主要指各种国有企事业单位）处于绝对优势地位，可以就社区的各项事务发号施令；社区处于一种高度、机械地整合状态中，不容许有任何破坏社区共同体的行为存在，是一种刚性的治理状态。社区往往缺乏活力和创造性，处于“高度稳定”的状态，社区自我治理发展缓慢，这一点也可以从此类社区居民参与率极低这一现象上得到验证。

2. 合作型社区

合作型社区是处于社会转型期的一种过渡形态，在这类型的社区中，单位制已经解体或者名存实亡，现代自治型社区由于条件不具备尚未建立。因此其治理的形态就表现为单位已然消失，街居制由于性质的异化和功能的模糊也不能作为有效的治理体制而运转，政府在社区中的单一主导局面已经被打破，社区场域中出现多个有着自己明确利益诉求的治理主体，尝试着进行合作治理的实践。但是它们所代表的利益还处于高度分化状态，彼此之间以及和政府、市场的关系还没有理顺。在这个阶段的社区治理场域中，居委会作为国家权力在基层社区的代理人，其诉求必然是要实现街道政府对社区的有效控制和管理，这与其自治的法定地位严重不符，陷入身份尴尬与治理困局；业主委员会以及处于碎片化状态的社区居民团队或准组织作为“独立”的主体开始出现在社区利益博弈的空间中，但组织属性尚不清晰、作用依然有限；各种类型的社区社会组织也逐渐进入了公众的视野，正在尝试发出微弱的群体话语与主张，一幅丰富多彩的社区治理图景正在逐步展现。但社区场域中多元主体间的力量并未平衡，其中居委会作为国家的代理人，具有很强的“合法性”，加之文化传统的巨大惯性，民众对其仍具有认受性和依赖性，这就预设了其作为社区治理主体中的一元，获得了独特的地位与权力。

在合作型社区中，虽然出现了多元社区主体，但从权力关系来看，各主体间地位严重不对等，彼此间很难在平等的基础上进行公平博弈，政府与其他多元的社区主体之间是一种“伙计”的关系模式，其关系的形态呈现为“协作-竞争”的状态，这是与过渡形态的性质相一致的。这时人们对于社区中哪个主体发挥何种作用，尚未达成共识。社区不同主体间处于一种分化、碎片化的状态，存在很多声音，但是又没有形成一种“和音”，社区实质上是陷入了一种“失范”状态，处于失衡、混乱运行的过程中，社区治理中很难形成一致意见，社区自治理陷入僵局。

3. 现代自治型社区

现代自治型社区中，社区处于高度的、有机的整合状态，社区多元主体充分发育并且在社区治理中发挥各自的独特作用，其社区治理形态即

“社区制”。在社区场域，社区社会组织充分发育，与其他“志同道合”的社区治理主体围绕着社区公共议题进行平等协商、反复博弈，共同致力于社区善治。在这类社区中，居委会、业主委员会、物业服务公司和社区自治组织等主体充分发育，各司其职；社区、社会组织以及社会工作者也实现了有效联动，协商共治；社区居民的参与意识、参与能力以及参与载体不断完善，积极为推动社区自治的实现贡献力量。

就治理主体而言，居委会、业主委员会、物业服务公司和社区自治组织是其治理机构中的核心架构，治理主体多元、独立，能够在社区治理场域中的不同位置按照各自的行动习惯进行互动。从权力关系来看，社区治理的多元主体围绕社区善治的目标形成了“多元复合”的合作治理格局，社区多元治理主体（包括政府基层组织）之间是一种“伙伴”式合作关系。多元主体间的利益诉求在充分“讨价还价”的基础上实现高度、有机整合，在“公序良法”的规范下实现良性运行和协调发展。

总之，上述三种类型的社区共时性地存在于中国当前的社区场域中，在实践中表现为各种各样的模式和路径。但是，伴随着社区多元主体的不断发育、社区共同利益的逐步整合以及国家治理现代化的渐序推进，社区治理必然呈现出这样的一幅图景：就社区的组织化程度而言，社区在“有机整合”基础上的组织化程度不断提高，社区组织充分发育，并且在代表和凝聚社区居民利益方面作用凸显；就社区的规范化程度而言，国家与社会形成了合理的分工，各司其职，社区各个利益主体以社区为平台讨价还价，规范有序，实现了社区的自组织。因此，现代自治型社区是最终的努力方向和基层社会治理的合法性目标，而传统政府主导型社区只能作为历史，终将消弭于历史的尘埃中；合作型社区也只是在过渡的意义上才具有“暂时”存在的合理性。

上述不同国内外社区治理模式是在特定时空情景中形成的。从历史的角度看，我国社区治理经历了从单位制到街居制、社区制的历史演变（何海兵，2003）。在街居制和社区制混合存在的过程中，地方政府通过社区这一载体向下施展行政权力和提供公共服务，但由于治理理念、方式和机制等方面的限制，这一时期的社区治理总体上存在较强的行政化导向。党的十八届三中全会召开，以及上海市委“一号课题”发布以来，强调街道的公共管理、公共服务和公共安全等职能回归，强调治理的落脚点是城乡社区，强调通过体制机制创新实现人的发展和人的福祉。这些重要的精神和举措，为新时期社区治理提供了重要的方向指引。

2.4　已有研究评述

作为国家治理体系的重要组成部分，社区治理是国家治理在城市社区的表现形式。从当下的经验现实来看，城市社区治理迫切需要培育和孵化社会组织以实现“社会协同”，需要充分利用信息化手段拓展参与渠道和途径以深化“公众参与”，也需要公共空间、支点和平台使多元主体在充分协商沟通的基础上实现“治理创新”。本书的目标是以“整合性治理”为主线，通过对上海社区治理的历史考察，以及基层社区治理现状的实证研究，反思当前基层社会治理的现实困境和深层根源，建构社区为本的整合性服务模式，优化基层社会治理体系，提升治理能力。

2.4.1　社区体制改革中潜存的两个路向

20 世纪 90 年代以来，在“治理”理念的影响下，社区制作为继单位制、街居制之后我国城市基层社会管理的组织形态和管理体制，开始走向历史前台（何海兵，2003；侯利文 等，2012）。众多学者在总结国内体制改革创新实践经验的基础上，围绕着“国家与社会权利关系”这一核心问题，提出了社区体制创新之路，李友梅（2007）将社区建设概括为“基层政权建设”和“基层社会发育”两种路径。其中，杨敏（2007）认为，当前的社区建设运动，建构起了国家治理单元，而不是一个可以促进市民社会发育的地域社会生活共同体；夏建中（2003）以城市业主委员会的出现及其作用发挥的案例研究，提出了其作为“公民社会的先声”的可能性论断。石发勇（2010）也指出，业主委员会的崛起为业主提供了正式参与渠道和社区合作平台，从而有效地促进了基层治理。

以党的十八届三中全会为分水岭，社会治理的内涵存在几种差异显著的取向。一是管理取向的社会治理，即这一阶段的社会治理等同于社会管理或公共管理之意。例如，王浦劬（2014）提出，社会治理即“治理社会”，指的是特定治理主体对社会实施的管理。二是合作取向的社会治理。例如，李培林（2014）指出，创新社会治理体制，就是要形成政府、企业、社会的共治局面，更好地发挥社会力量的作用。三是权利/服务取向的社会治理，即强调社会治理所具有的服务性意涵。例如，王思斌（2014，2015）从服务型治理的角度阐释了社会工作在社会治理中的作用机制。

2.4.2 多元主体与“三社联动”

近年来，基层社会治理创新的研究，更加注重政社分开与合作机制的探讨与实践，“社区多元主体合作共治”以及“三社联动”是其核心观点。“三社联动”是近年来我国社区工作者从实践中总结出的一种社区治理创新模式，目的是把分散的社区、社会组织和社会工作者联系起来，协调互动，形成合力（徐富海，2015）。“三社联动”是在我国社会体制改革——“政社分工”的背景下出现的，是与社会治理创新紧密联系在一起的；“三社联动”也是实践先行的，是在我国基层政府尤其是中华人民共和国民政部（以下简称“民政部”）的大力推动下开展的，是一项政府主导、社会组织、社会工作者参与社区建设的过程。“三社联动”的大规模开展源于2013年，民政部将“三社联动”作为基层社会治理创新的重点工作，要求各地在城市社区推进。2015年以来，全国15个省市已经召开23场专题研讨会。2015年10月，民政部在重庆召开了全国社区社会工作暨“三社联动”推进会，2017年9月，民政部社会组织管理局在杭州市召开社区社会工作暨“三社联动”座谈会。

在此基础上，学界也展开了相关的学术研究。徐永祥等（2016）在梳理学术界对实践经验总结的基础上，从学理与反思的角度厘清了作为学术概念的“三社联动”。他们认为，“三社联动是居委会、社会组织和社会工作者在社区领域围绕社区居民开展的社区治理活动，其目的是提高居民福祉、实现基层民主、促进社区内生性发展；作为自治协商平台的居委会和项目运作载体的社会组织、专业服务提供者的社工之间均存在双向互动关系”。社区、社会组织以及社会工作者是社区场域中多元主体的核心构成，其彼此之间的“联动”对于社会治理创新具有重大的建构价值和意义（叶南客 等，2010；顾东辉，2016；徐选国 等，2016）。也有学者从实践经验出发，在“三社联动”的概念基础上，提出了“多元主体复合治理”的概念。例如，陈娟（2011）以杭州市“社会复合主体”创新实践为研究对象，认为“复合治理”就是强调政府与市场主体、民间社会组织形成多元复合主体，通过合作、协商等多种手段共同治理公共事务的一种新型治理模式。

2.4.3　社会组织主体地位的凸显

新一轮社区治理改革中，政界和学界都聚焦于社会组织作为创新主体的突出作用。王名（2006）指出，我国社会治理创新的关键在于进一步推进政府职能转变，加快并下定决心落实政社分开，努力实现向社会放权和释放更多的公共空间，推动社会组织激发自身活力，广泛参与各个层面的社会治理创新实践活动。社会组织是社会治理的重要主体，“社会治理”更加强调要激发社会组织活力（李强，2014；李友梅，2016）。

上述学者的论述中，我们可以清晰地看到，基层社会治理变革，时刻都在回应政府与社会关系的论题，虽经历着从管理向治理的一系列转向，但“社会中的国家”以及“社区作为基层治理的基本单元”仍然是改革中的真实存在；新一轮城乡社区治理中的创新做法、实践经验与体制机制仍缺乏系统整合和理论提升。在现有研究的基础上，本书的写作意图，一是对基层社会中政府自上而下“全能主义”的纠偏，着重研究基层社会治理实践中所呈现的创新模式与做法，例如，“两个自下而上”的机制创新、“家门口”服务以及作为自上而下行政性任务的“环境整治”如何实现对社会力量的吸纳与合流，并注重城乡的差异，进行提炼和总结；二是对理论界各执一词的矫枉，表现为对社区治理原则和目标的全面把握，对新常态背景下基层社会治理中存在的问题与困境进行解释和研析，对治理中多元主体角色与功能的反思性重构，以及在此基础上建构社区为本的整合性服务模式，实现理论与实践的联通建构。而这也构成了本书的核心内容与意义。

第3章　理论基础与分析视角

3.1　治理的初始缘起与概念厘定

治理“Governance”来源于拉丁文的“Gouvernail”，原是“掌舵、引导和操纵”之意。从词源学角度看，拉丁文“Gouverne”（指导、指引）、“Gouvernement”（统治、政府）、“Gouvernance”（治理）三个词相同，随着民族国家的建立，“Gouvernement”（统治、政府）的理念逐渐确立起来，后来几经演化，逐渐被“政府”或“统治”取而代之。“治理”本意复兴之后，当代的政治学家、社会学家都从学科的视角出发对“治理”做出了许多新的界定，其内涵与外延都发生了很大的变化，远远超出了其传统的经典定义。

格里·斯托克（Gerry Stoker）是对目前流行的治理理论进行梳理和总结的第一人。他指出，纵观现有的关于“治理”的界定主要包括五种。① 治理意味着一系列来自政府但又不限于政府的社会公共机构和行为者。它对传统的国家和政府权威提出了挑战，认为政府并不是国家唯一的权力中心，各种公共和私人的机构只要其行使的权力得到了公众的认可，就都可能成为在各个层面的权力中心。② 治理意味着在为社会和经济问题寻找解决方案的过程中存在着界限和责任方面的模糊性。这预示着国家与社会之间、公共部门与私人部门之间的界限和责任日益变得模糊不清。③ 治理明确肯定涉及集体行为的各个社会公共机构之间存在着权力依赖。所谓权力依赖指的是，致力于集体行动的组织必须依靠其他组织，为达到目的，各个组织必须交换资源、谈判共同的目标；交换的结果不仅取决于各个参与者的资源，也取决于游戏规则以及进行交换的环境。④ 治理指行为者网络的自主自治。这一自主的网络在某个特定的网络中拥有发号施令的权威，它与政府在特定领域中进行合作，分担政府的行政管理责任。⑤ 治理理论认为，办好事情的能力并不在于政府的权力，不在于政府下命令或运用其权威。政府可以动用新的工具与技术来控制和指引，而政府的能力和责任均在于此（格里·斯托克，1999）。

罗兹（Rhodes）认为，治理标志着政府管理含义的变化，指的是一种新的管理过程，或者是一种改变了的有序统治状态，一种新的管理社会的方式。此外，他还详细列举了治理的六种权威定义：① 国家消减公共开支，以最小的成本取得最大的利益，作为最小政府的治理；② 指导、控制和监督企业运行的组织体制，作为公司的治理；③ 将市场的激励机制和私人部门的管理手段引入政府的公共服务，作为新公共管理的治理；④ 强调效率、法治、责任的公共服务体系，作为善治的治理；⑤ 政府与民间、公共部门与私人部门之间的合作与互动，作为社会一般控制系统的治理；⑥ 建立在信任与互利基础上的社会协调网络，作为自组织网络的治理。

世界银行对治理的界定，即为了发展而在一个国家经济与社会资源的管理中运用权力的方式。有效治理的含义：① 公民安全得到保障，法律得到尊重，特别是这一切都必须通过法治来实现；② 公共机构正确而公正地管理开支，即进行有效的行政管理；③ 政治领导人对其行为向人民负责，即实行岗位职责和工作责任制；④ 信息灵通，便于全体公民了解情况，即具有政治透明性。

联合国全球治理委员会对治理的界定具有很强的代表性和权威性。它认为，治理是各种公共的和私人的机构与个人管理其共同事务的诸多方式的总和。治理是使相互冲突的或不同的利益得以调和并且采取联合行动的持续过程。治理包括有权迫使人服从正式的制度和规则，也包括各种人们同意或认为符合其利益的非正式的制度安排。治理有四个特征：① 治理不是一整套规则，也不是一种活动，而是一个过程；② 治理过程的基础不是控制，而是协调；③ 治理涉及公共部门，也包括私人部门；④ 治理不是一种正式的制度，而是持续的互动。

从一般意义上看，治理就是采取公共和私人部门合作共同应对公共问题的管理方式。奥斯特罗姆（Ostrom，1990）认为，治理就是共同确定规则用以约束个体及集体行为的方式；宾汉姆等（Bingham et al.，2006）认为治理是“影响私人部门、公共部门和公民个体的决策和行为的引导过程”。从更确切的含义看，治理是集体行动的决策过程，意味着一系列利益相关者，如政府、商业组织、市民社会、劳工组织等作为多元行动者参与的过程（Rasche，2010）。从深层背景来看，治理理论的兴起与信息化和全球化背景下传统官僚科层组织的式微有关。官僚机构的等级森严、体制僵化以及灵活性弱，与公民社会的自主性和私人部门的效率形成鲜明反差，摒除官僚组织的垄断权力，通过引入更多的主体参与公共事务的决策与执行过程，就成为治理理论的核心命题。

治理的概念在 20 世纪 90 年代引入中国。较早的重要研究如徐勇（1997）的论文《GOVERNANCE：治理的阐释》、毛寿龙等（1998）的专著《西方政府的治道变革》、俞可平（1999）的论文《中国公民社会的兴起与治理的变迁》等。俞可平主编的《治理与善治》（2000）一书对国外治理理论的研究成果做了比较系统的引介。

那么，“治理”到底具有什么内涵呢？它在何种意义上符合我国社区治理体制改革创新的内在要求和方向？俞可平（2001）结合国外诸多学者的界定指出，治理包含五个方面的内涵要素：一是意味着一系列来自政府，但又不仅限于政府的社会公共机构和行动主体；二是意味着在为社会和经济问题寻求解决方案的过程中存在着权利和义务方面的模糊性；三是肯定了在涉及集体行为的各个社会公共主体之间存在着权力依赖；四是意味着参与主体最终将形成一个自主的网络；五是意味着办好事情的能力并不仅限于政府的权力，不限于政府的发号施令或运用权威。

在笔者看来，治理的几个核心属性使其具有强大的解释和运用能力，一是强调主体多元而非一元主导；二是强调合作、协商而不是发号施令；三是强调共同目标而不是各自为己；四是突出参与治理的多方共赢而非权力的此消彼长。正是在这个意义上，实务领域也出现了许多从社区管理向社区治理转型升级的典型实践，如所谓的上海模式、沈阳模式、江汉模式等。具体而言，陈伟东（2000）在研究武汉市江汉区社区建设时指出，社区建设的根本问题就是体制创新，是要探索一种全新的城市基层社会管理体制，以替代已经失效的单位管理模式。而江汉区在民政部推动的社区建设背景下探索形成的社区治理模式具有如下特征：行政调控机制与社区自治机制结合、行政功能与自治功能互补、行政资源与社会资源整合、政府力量与社会力量互动。

在治理理念的指导下，我国城市基层社会治理体制创新应该遵循“党委领导、政府支持、社区自治、循序渐进”的原则。同时，城市基层社会治理体制改革与创新可以从以下几个方面推进。一是党的领导“从体制保证型”向“功能作用型”转变。具体来说就是党组织的功能定位由全面介入社区治理的体制保证型制度安排，转变为以党建促参与、为基层群众自治创造条件、借助执政党的组织资源对社区治理加以引导和调控的功能作用型制度安排。二是政府的角色从“直接干涉介入”到“宏观调控资助”的转变。这是政府职能转变以及作用方式上的关键调整，由此社会治理才有更为充分的创新环境和空间。三是发育社会。构建专门化、自主化的社会网络体系、社会组织力量，赋予社区高度完整自治权，推动社会力量有序承接政府转移职能，继而满足居民日益增长的美好生活需求。

3.2 社会工作与基层社会治理创新

社会工作是推进社会建设、创新社会治理和促进共享发展的重要制度要件和专业力量（徐永祥，2005；李迎生，2008；向德平，2008；王思斌等，2009；关信平，2017），对基层社会治理具有重要的建构价值和意义。截至 2017 年年底，社会工作专业人才资源总量超过 100 万人，其中，持证社会工作者达 32 万人，且三分之二以上活跃在社区中。社会工作在助力保障改善民生、创新社会治理、促进社会和谐、夯实党执政基础等方面发挥重要作用（民政部，2017）。可见，聚焦于基层社会治理，既是审视中国社会工作的重要面向，也是中国社会工作发展的关键议题。

其一，社会工作治理功能的规范性研究。中国社会转型所引发的社会变化为专业社会工作发展提供了机遇，而社会治理则为社会工作的进一步发展拓展了空间。有学者认为，社会工作是社会治理的有益补充（何芸 等，2016），与社会治理具有同构性（韩庆祥，2013；纪德尚，2015），可以在社会治理创新中发挥独特的作用（谢建社 等，2012；柳拯，2013；李迎生，2014）。也有学者认为，社会工作的治理功能要实现由规训技术向社会建设的转变（郭伟和，2014），最终迈向“服务型治理”（王思斌，2015）。

其二，社会组织参与基层治理的相关研究。一是结构主义视角下社会组织的“依附型”存在。研究多强调国家和政府对社会组织的支配性影响，是一种将社会性融于行政体系内部的社会治理模式。如“分类控制”（康晓光 等，2005）、“利益契合”（江华 等，2011）和“行政吸纳”（康晓光 等，2008）。二是行动性视角下作为“理性神话”的社会组织发展。社会组织可以弥补政府和市场的不足，提供各类社会服务（王名 等，2010；葛道顺，2011；景天魁，2012），是多元治理结构的重要主体（刘振国，2010；关信平，2011），是一种横向秩序协调机制（李友梅，2015）。

实际上，社会组织发挥理想功能是以一系列复杂条件为基础的（朱健刚 等，2013；李友梅，2017），忽略了中国本土社会组织产生和发展的多重逻辑及其制度环境的复杂性（黄晓春，2014，2017），就很难实现对社会组织参与社会治理的准确描摹。

其三，社会工作“嵌入”基层社会治理研究。学界对于专业社会工作介入社区的主流观点是嵌入式发展（熊跃根，2003；孙莹，2004；王思斌，2011；王瑞华，2011；陆士祯 等，2011）；社会工作参与社区治理的路径则集中体现在“三社联动”的制度设计之中（杨贵华，2015；徐永祥，2016）。但是复杂的街区权力关系限制了专业社会工作深度嵌入（朱健刚 等，2013），实际上，嵌入也未必获得发展。“嵌入式发展”只能体现在结构功能上，而相对忽略了发展的过程以及行动策略的动态性（黄晓星 等，2015），有关“嵌入性”的研究尚未在“机制”层面充分展开，继而由于过于笼统和宽泛而失却了分析性价值，影响了理论与解释的深度

（刘世定，2014）。而关于“三社联动”的研究也缺乏对“主体性”以及在此基础上“专业整合性”的强调与重视。如何保持专业自主性，以及在主体发育基础上实现“有效联动”就成为现实中的关键议题。

其四，社区为本的整合性社会工作。近年来，已有学者从行动研究的视角提出要建构一种“社区为本的社会工作”（陈涛，2011；张和清，2011），核心议题是推动社区为本（Community-Based）的整合社会工作实践（张和清，2016），实现资源整合。也有学者从灾害社会工作的角度尝试建构以社区为起点、以关系重建为核心，以多种服务方法与知识传统的有效整合为主要内容的社会工作整合性服务模式，以有效拓展社会工作整合服务的理论视域和实务方法（文军，2015，2016）。

整体上看，社会工作融入社区治理在实践和理论层面都得到了一定关注，也取得了丰硕研究成果。但也存在一些亟须面对的困局和值得推进之处。首先，在理论层面，已有的研究都或多或少地共享了“国家与社会”关系的理论元素，尚缺乏能更精准地把握社会工作以及社会组织融入基层社会治理的不同主体间关系的中层理论和分析框架；其次，在实践聚焦方面，已有的研究多偏重于对碎片化行动策略以及情景化治理实践的个别化、单一化研究，较少关注策略和实践背后的机制以及机制之间的联动、协同所构成的整合性服务模式；最后，从研究偏好来看，已有研究也形成了“整合”的共识，但对达成共识的路径、机制以及策略缺乏应有的关注和研究，忽略了社会工作融入基层社区的价值性、策略性以及系统性的统一，对最具实践内涵的“融入”过程中的“整合机制”也鲜有讨论。

由此，本书以社区治理中社会组织参与的全景观图谱和过程为表述载体，注重以实证研究为基础的多主体比较研究与模式整合提炼，挖掘社会组织融入基层社区治理过程中所借助的具体和中观维度的机制要素，并将其放置于一个总体性的理论框架中去建构、解释与分析，以延长已有分析的解释链条，建构一种能够上下贯通、横纵联动的中间层次的社区为本的整合性社会工作服务新模式，以优化社会组织参与基层社会治理的服务效能和行动策略。

3.3 迈向共治的新阶段：合作治理及其在中国的适用性

托克维尔（Tocquevile）在证明社会自治的必要性时，认为社会还处于一个低复杂性程度中，社会的低复杂性决定了政府能够有效地治理一个社会，即使需要社会自治组织参与社会治理的过程，也是以政府为中心的，社会自治组织所扮演的是协助政府治理的角色。但是现在，治理已不再是以政府为中心、以社会自治力量为辅助的治理，而是政府与社会自治力量的合作治理（张康之，2006）。

实际上，治理的概念包含了合作的属性。由于治理主体具有多元性和相对独立性特征，治理活动的开展必然要求参与者相互团结协作。美国学者埃莫森等（Emerson et al.，2012）强调合作主体的利益关联，指出作为治理的一种具体形态，合作治理（Collaborative Governance）是指众多利益相关者共同参与完成的制度安排，这一安排用以确定共同行为准则和协调利益关系。安塞等（Ansell et al.，2008）对合作治理作出了经典定义，认为合作治理就是公共行动者和私人行动者通过各种方式共同制定公共物品的供给规则，更具体地说，就是通过公共论坛的形式将一群公共和个体利益相关者集合在一起，共同作出一致同意的决策过程。他们还阐释了合作治理的六大特征：① 合作是由公共部门或者机构发起；② 参与合作方包括非政府成员；③ 参与者直接参与决策过程，而不仅仅停留在与政府部门的咨询协商阶段；④ 合作形式是正式的，并且由集体共同作出决策；⑤ 合作的目标是作出一致决策；⑥ 合作的焦点是公共政策或公共管理。从上述研究大体可以看出，与治理的一般含义相比，合作治理更强调治理主体间的平等关系与一致决策，强调利益相关者围绕公共事务作出共同讨论形成最终方案的过程（陈家喜，2015）。

敬乂嘉（2014）认为，合作治理是介于政府治理和自治理之间的复合性治理模式，其基本特征是不同治理主体为解决共同事务而对各方治理性资源进行的交换和共享。政府可以采用默许、邀请、授权或其他方式，支持社会组织参与公共事务的咨询、决策、实施、评价和监督，共同实现对公共需要和社会矛盾的发现、形塑和回应。在合作治理过程中，政府要解决的是行政治理与外部需求之间的不匹配问题，将社会性的治理资源吸纳进来，丰富公共事务中的交互方式与认同方面，形成复合的治理结构和应对能力。在西方国家，引入社会组织常常成为增强政府合法性的方式。虽然这在中国也是一种悄悄成长的趋势，但从总体看，目前社会组织仍然积极地靠近政府以获得合法性。在合作治理形态下，政府与社会组织形成相互代理甚至相互代表的关系，共同进入咨询、评议和决策的过程中。

中国的城市社区不是一个单纯的自治单元，还承载着国家治理的内涵，城市社区治理是政府触角（社区党组织、社区居委会）与其他各类社区主体（社区老年协会、社区义工组织等）进行协商、合作以及在此基础上的集体决策过程。居委会也从来不完全是政府的派出机构，也始终处于“行政”与“自治”的二元张力之中，时而“国家”，时而“社会”。由此，社区属性的复合性、治理主体的多元性以及治理过程的协商性，无疑都强化了合作治理理论作为我国社区治理结构解释框架的适用性（陈家喜，2015）。合作治理理论对于促进我国城市社区治理结构优化，实现社区善治具有重要的启发意义。社区治理本质上就是各利益相关者的共同参与，在参与过程中达成共识，形成社区公共事物的解决之策。而这一参与本身同时有助于增强各主体的社区认同、主体意识、责任意识和获得感。

3.4　分析框架与进路

笔者认为，应该将社会治理纳入社会体制改革这一结构性体系之中进行分析，同时，它与政治体制改革、经济体制改革相勾连。本质上，社会治理是社会体制改革的重要实践面向，它意味着党、政府、社会之间以某些共识性规则为基础而达成新的治理结构，进而共同致力于达成社会民生、社会活力与社会秩序的目标。这里的共识性规则可能是“党委领导、政府负责、社会协同、公众参与、法治保障”，这里的新型治理结构，就是全民共建共治共享的社会治理格局。由此社会治理开始走向“合作共治”的新阶段。党的十九大提出，“打造共建共治共享的社会治理格局”，要“加强社会治理制度建设，完善党委领导、政府负责、社会协同、公众参与、法治保障的社会治理体制，提高社会治理社会化、法治化、智能化、专业化水平”，要进一步“加强社区治理体系建设，推动社会治理重心向基层下移，发挥社会组织作用，实现政府治理和社会调节、居民自治良性互动”，也进一步为党领导下的“合作共治”提供了现实的依据。由此，本书基于“共治”与合作治理的理念，从学理上提出分析思路如下。

1. 政社分开基础上的“共同治理”

以“政社分开”为原则，切实转变政府的社会职能，可以实现政府与社会组织在分工合作的基础上对社会的共同治理。我国现行的社区建设体制是在特殊的经济与社会背景下形成的，经济体制改革的深化是社区建设的最初动力源。目前的“政社不分”社区建设体制只是一种过渡性的体制，随着市场经济的发展，这种体制既无法担当国企改革保障者的角色，也无法适应城市社会管理重心下移的新趋势。而以“政社分开”为原则，切实转变政府的社会职能，实现政府与社会组织在分工合作的基础上对社会的共同治理，则是社会体制改革的核心。“两级政府、三级管理、四级网络”这一社区体制，是特定历史条件下的产物，在社区管理与建设的早期探索中发挥了重要作用。但由于其只是行政体制内部的改革创新，并未触及“政社不分”“政社混淆”的社会体制本身，故存在着难以克服的结构性缺陷，越来越难以担当促进基层社区的社会发展、社会管理与社会服务的制度角色。按照“政社分开”的原则，切实转变政府的社会职能，积极引入现代社会工作制度，建构政府与社会之间分工合作体制，是我国社区建设制度和体制创新的必要条件（徐永祥，2006）。由政社之间的分工与合作、公共财政体系的支撑以及专业化和职业化的工作体制等三要素构成的现代社会工作制度，是社会体制创新的有效抓手，具有解决社会成员困难、化解社会矛盾、维持社会秩序的重要功能。就我国社区建设的实践来看，引入现代社会工作制度，既是建设现代社会管理体制和社会发展模式的必然要求，也是提升整个社会文明和社区服务水平的必由之路。我国社会管理体制改革的方向之一，就是以“政社分开”为原则，切实转变政府的社会职能，努力剥离政府包揽的或直接从事的社会服务职能及部分社会管理事务，积极培育和发展各类社会组织。

2. 多元主体分工合作的治理体制

社会管理体制改革与创新的关键在于切实转变政府的社会职能，积极培育民间社会组织，建立现代公共财政体系，努力构建现代性的、政府与社会分工合作的治理体制。在计划经济时代，我国不存在现代意义上的社区及社会工作。随着社会主义市场经济体制的确立以及“单位制社会”的解体，社区建设、社会工作开始逐步获得了生存与发展的土壤。现行的社区建设体制，是政府改革城市行政管理体制的结果，但它仅仅是政府内部行政权力与职能的重新分配，只有行政性没有社会性，并未改变“政社不分”这一传统社会体制的结构性缺陷。在构建和谐社会的新阶段，该体制已难以承担社区的社会发展、社会民主、社会治理与社会服务的制度角色。因此，社会的进步和发展、社区建设的深化，无不有赖于社会管理体制的改革和创新。

应该看到，社区建设是整个和谐社会建设的基础或重要组成部分，讨论社区建设的体制离不开对整个社会管理体制改革的研究。或者说，要把社区建设体制的改革创新纳入整个社会管理体制改革的宏观视野，高度重视社会管理体制改革创新的意义，积极借鉴国际上社会建设的成功经验，构建和谐社会所需的社区建设新体制。首先，“政社分开”原则及在其基础上的政府和社会组织的分工与合作，是社区建设体制创新的根本要件。其次，切实转变政府的社会职能，解决政府职能的越位和缺位问题，是实现“政社分开”的重要环节。再次，积极培育和发展非政府、非营利的社会服务组织，尤其是专业性的社会服务机构，是实现“政社分开”、政府社会职能转变和社区发展的重要内容。最后，改革传统的财政制度，建立有利于社区建设创新发展的现代公共财政体系，是“政社分开”的社会管理体制的重要组成部分，也是提高社区社会福利与社会服务水平的物质前提。

但需要注意的是，党的领导与多元主体治理是有机统一的。社会治理必须实现党的领导、依法治理和社会多元主体参与共建的统一（周大鸣，

1993；马伊里，2008；唐皇凤，2008；竺乾威，2008；王名，2009；康晓光，2011；郁建兴 等，2012；燕继荣，2013；周志忍 等，2013）。党组织在社区或社会治理中的作用越来越受到关注，学者们正在努力把这种现象学术化。其结果就是出现了“党、国家与社会”或者“政党-政府-社会”的分析框架（林尚立，2001；谢春涛，2011；景跃进，2005，2019）的学术共识。例如，石国亮（2011）的研究发现，政党-政府-社会三者之间的关系将影响社会组织的发育前景，林尚立（2001）研究了党、国家与社会的一般关系，景跃进（2005）研究了党、国家与社会三者关系在乡村治理实践中的体现，认为相比于党、国家与社会的框架，政党-政府-社会的框架更加适合用来分析社会治理问题，并呼吁“将政党带进对国家与社会关系的分析中”（景跃进，2019）。党实际上是一种重要的“整合性”力量，是基层社会合作治理得以有效运转的关键性力量，也是中国基层社会治理中最具有中国特色的核心。

3. 基层自治与社会组织充分参与相结合的创新机制

从社会治理的组织共建的角度看，基层社会人口规模迅速膨胀，人口结构具有多样性，面对部门职能错位与越位、政府管制行政模式色彩重、多元分化治理现状以及碎片化难以复制的“创新”等治理困境，必须实现部门协同与行政建制调整，着重从部门参与社会治理入手，探讨基层管理体制、治理结构、治理过程、权力配备、资源配置、权力行使以及人员配备的改革，深入挖掘基层自治的支持体制、社会组织参与社会治理协同作用等，实现“自上而下”公共服务的下沉、“自下而上”的基层自治与“外来嵌入”的社会组织服务的有机整合和链接，形成立体化、整合性的服务生态圈。

4. 共建共治共享的基层社会整体性治理新格局

在以党组织为核心与其他社会组织分散化之间、在部门分割的行政管理体制与复杂的社会问题和需求之间、在居民公共参与不足与基层治理碎片化之间，基层社会治理割裂化、碎片化与封闭化严重，使得基层社会治理创新的联动与系统效应变得越来越重要。基层治理不是单一的社会管理与社会治理问题，也不是某一个部门或社会组织可以承担的重要使命，而是在“党委领导、政府负责、社会协同、公众参与、法治保障”的社会治理体制背景下实现社会治理体制的创新，构建共建共治共享的基层治理新格局，是“牵一发而动全身”的系统性改革和重组。在这一过程中，要实现党建引领的政治逻辑、社会治理重心下移的管理（服务）逻辑，以及社区选择性参与的生活逻辑（吴晓林，2019）的高度统一和整合。所以，必须在全面调查和深入研究的基础上，厘清共建、共治与共享之间的差异性与统一性，提炼与共建共治共享的基层治理相结合的实现路径，为更好地实现基层社会治理创新提供实证依据。

第 4 章　上海模式：社区为本的服务整合

4.1　逻辑起点与阶段分期：上海创新社会治理的历史沿革

上海的基层社会治理创新实践是与上海浦东新区（以下简称“浦东”）的开发开放同步推进的。20 世纪 90 年代开启的浦东开发开放，无疑是上海现代化发展和改革开放事业中的一项里程碑式的决策。开发开放的二十多年来，浦东经济社会建设取得了巨大的成就，已经从农村为主的边缘郊区快速发展为现代化新城区，基层的经济社会发生了翻天覆地的大变化，而这些变化就进一步对社会治理与建设，特别是基层社会治理提出了新要求、新挑战。

整体上看，上海社区治理的探索前后大致经历了三个阶段，20 世纪 90 年代是上海社会治理的起步阶段，进入 21 世纪初，经济社会形势的不断变化倒逼了基层社会治理的不断创新，而 2010 年以后，特别是 2014 年上海市委“一号课题”实施以来，基层社会治理成为浦东以及所有街镇同步推进和探索的主动行为，“一号课题”的深入推进与实践构成了重要的形塑力量和变量，逐渐孵化与建构了新时代社区治理的“上海模式”，而“一号课题”的实践成果也转化为上海模式的内在构成。

4.1.1　“两级政府、三级管理”：国家基本管理单元与“上海模式”的初步形成

在全国推进城市社区建设的脉络下，上海市的社区建设是如何演进的

呢？在 20 世纪 90 年代以来的社区服务、社区建设实践中，上海市的探索在全国范围内起到了示范性带头作用。为了适应上海改革持续深入、开放不断深化、城市社会经济发展不断变化的新形势，切实加强社区管理和基层政权建设成为当时中央和上海市委共同关注的核心议题。20 世纪 90 年代以来推进的社区建设与管理实践，是政府面对“单位制社会”的解体和城市管理重心下移的要求，主动对城市行政管理体制改革的尝试。其实质就是在街道和社区层面进行体制机制建设，以加强基层政权巩固，即国家政权的建设过程。在这种政治和历史语境下，“街道社区”不断形成，成为中国特色城市社区建设中的独特现象，体现了政府行政职能与社区社会职能的交融与统一。而这种现象以较早开启城市社区建设与管理进程的上海尤为显著，全市在行政体制称谓方面习惯于将街道称为社区，这进一步凸显了街道与社区的模糊边界及其裙带关系。1996 年 3 月，上海市召开了上海有史以来的第一次城市工作会议，时任市委书记黄菊作了《加强社区建设与管理，不断提高城市现代化管理水平》的报告，对上海在新时期的社区建设与管理工作做了全面部署，标志着从原先单一属性的“单位制”向具有综合性、整体性的社区建设与社区管理的转变。此次会议拉开了上海乃至全国范围内城市社区管理与社区建设的序幕。

在这样一种背景下，从 1995 年 5 月开始，上海在十个区的十个街道进行了“两级政府、三级管理”的试点，后来又发展成上海城市社区建设与管理的“两级政府、三级管理、四级网络”的组织体系（徐永祥，2001）。其中，两级政府指的是市、区政府，三级管理指的是市、区和街道的管理，四级网络里将居委会意义上的社区纳入社区管理架构之中。建设体系的发展前后分为两个阶段①。其一，从 1996 年至 2003 年的“两级政府、三级管理”模式阶段，以让权为主，其基本特征是强化了街道的权责。1996 年，上海又提出市区“两级政府、三级管理”的城市管理改革新措施，即将区政府的部分权力进一步分权至街道办事处。街道虽然不是一级政府，但享有相当于城市政府的部分管理权力。其核心是城市管理

① “上海模式”两个阶段的介绍参考了冯猛《浦东新区社区治理（创新）变迁线索》的调研资料。特此致谢。

（主要是公共社会管理）的重心进一步下移，使街道形成较完整的分级管理体制，明确了街道在社会建设和管理中的职责主体地位，即由街道出面对城区管理、社区服务、社会治安综合治理、精神文明建设、街道经济发展等实行统一组织、综合协调和监督检查，从而形成新的管理结构体系。其二，从 2003 年至 2006 年，是“两级政府、三级管理、四级网络”模式阶段，以分权为主，其基本特征是淡化街道经济功能，加强街道与居委会的社会管理功能。这也是网格化管理提出的阶段。2004 年 8 月，由上海市民政局提出的《关于推进上海社区网格化管理的总报告》指出，从 1996 年起，上海市政府已经建成了“两级政府、三级管理、四级网络”的管理体制。但实际上，真正强调“四级网络”，即把居委会明确纳入城市社会管理体制实践序列中的基本标志，还是“非典”疫情期间以居委会为核心的属地化管理，这使人们看到了这一基础自治组织网络发挥出来的巨大的社会动员与组织功能。由此网格化管理的思路开始全面渗入上海基层社会治理实践。

在十多年的实践中，这一体制越来越成熟，成为上海社区建设的一个主要特色，形成了鲜明的“上海模式”。其基本特征是，上海将社区定位在街道层面，在保持街道作为区政府派出机构性质不变的前提下，通过向街道适度放权，实现政府行政管理重心的下移，强化政府在街道社区层面即第三级的行政权力与行政效能。此外，上海还在街道以下，即居民委员会所属的居民小区，构筑起第四级管理与服务的网络（何海兵，2012）。在此基础上，构筑了领导系统、执行系统和支持系统相结合的街道社区管理体制。首先，由街道办事处和城区管理委员会构成了社区管理领导系统。这样街道办事处的一级管理地位得到有效明确，实现了权力的下放。与此同时，为了有效地克服条块分割带来的诸多问题，在街道办事处以下又建立了由街道办事处牵头，派出所、环境卫生管理所、工商行政管理所、街道医院、房管办事处、市容监察分队等单位联合参加的城区管理委员会来商量、协调、督查城区管理和社区建设的各种事项，制定社区发展规划。这样条形的专业管理与块状的综合管理形成了有机的整体合力。其次，在街道内组建了由 4 个委员会（市政管理委员会、社区发展委员会、社会治安综合治理委员会、财政经济委员会）组成的社区管理执行系统。不同委员会之间分工明确、权责清楚，使得街道在对日常事务的处理和协调中有了具体的组织依托。再次，辖区内企事业单位、社会团体、居民群众及其自治性组织构成了上海模式的社区管理支持系统。它们通过社区委员会、社区事务咨询会、协调委员会、居民委员会等组织形式展开工作，主要负责议事、协调、监督和咨询，进而为社区管理提供有效的支持。最后，该模式还将居民委员会这一群众性自治组织作为"四级网络"来进行社会管理，在实际工作中注重充分发挥居委会这一网络组织的作用，推动居民参与社区管理，实现有效社区治理。

这种体制设置在当时而言是具有极大创新意义的，同时也具有明显的制度优势和功能作用。具体来看，一是初步理顺了政府在基层社区管理上的条块关系，有利于调动和发挥街道办事处和政府各职能部门在社区建设上的积极性；二是大大加强了政府在社区建设第一线的人力、物力和财力，使得社区第一次成为各类行政资源关注或倾斜的地方；三是有利于居委会成员安心、专心于社区工作，有利于党和政府对基层社区的管理控制；四是企业剥离出来的大部社会服务与社会管理职能，借此体制比较顺利地转移到了街道办事处及其所属社区（徐永祥，2006）。其目的在于推动市、区两级政府及相关职能部门的分权和权力下沉，以街道办事处为主体，强化政府在街道社区层面的行政效力和行政效能。

不难看出，上海市探索形成的独特社区管理体制，具有较强的政治、社会、经济发展动因，这种独特的社区管理体制，具有一定的积极历史意义。有学者指出，20 世纪 90 年代以来的社区体制改革，意味着对街道、居委会组织的赋权，是一种将街居制从边缘位置带回行政权力的主流架构中的重要做法。这种做法，是一种将国家行政权力向下纵向延伸的体现，因此，在很大程度上体现了社区管理纵向秩序整合机制的强化（李友梅，2012）。但是，对于特定历史时期，这种纵向权力秩序的强化是应对当时社会转型带来的风险的重要抓手，是促进社会稳定转型以及社会权力分化有序运行的权宜之举。从具体实践过程来看，由于历史和制度化惯性，特定历史时期形成的这种纵向秩序强化机制在新的历史时期依然发挥着强有力的惯性力量，反过来约束了横向协调机制的完善。例如，在之前的居委会换届选举中，本来应该体现居民自治属性的选举，却体现出较强的行政化色彩，导致行政权力的不断生产与再生产（耿敬 等，2011）。这种横向机制的失调，以及纵向联动上的困难，是当代社区治理面临的关键议题，也是新一轮创新社会治理、加强基层建设应着力破解的重要任务。

随着社会转型的不断推进，原先的基层社会治理改革并没有朝着其应该彰显的社会属性演化，反而在中国特定语境中出现了更为强劲的社区政治意涵，出现了所谓基层治理中的内卷化困境（何艳玲 等，2005）。正是在这一背景下，“上海模式”又开启了新一轮的改革历程。

4.1.2 网格化管理：“上海模式”在合流中走向固化与定型①

在改革探索中，网格化管理的思路开始全面渗入上海基层社会治理实践，“两级政府、三级管理、四级网络”在单位制解体之后有效地实现了对基层社会的管理，表现了明显的制度优势，逐渐演化成“上海模式”的核心内涵。但是随着改革的不断深入，城市社区的管理形态发生了转型，从形式上看就是单位制日渐让位于社区制，但社区制在发展中也已暴露出内生的“行政整合过度与社区自治能力不足”这一影响城市基层社会秩序建构的弊病。为了消除这一弊病，各地积极探索，上海模式也开始新的改革探索。其基本的预设是区街政府权能过剩，基层社会治理组织（社区居委会）能力不足，无法承担单位组织转移出来的社会任务。在此理念预设下，该路径主张国家权力下沉，放权到居委会等社区组织之中就成为必然，其本质是通过体制内部的权力优化重组以推进社会管理的尝试。这就是“网格化管理”的实践。而“上海模式”的改革由于其内在与“网格化管理”的契合，也不断将“网格化管理”的思维和做法吸纳到自身的改革实践中，具有逻辑上的同构性。

所谓网格化，就是“以街道、社区为基础，在管理辖区内，以一定区域为基准划分单元网格，建立城市网格化管理信息平台，对城市部件、事

---

① 部分内容已发表在《学术论坛》2014 年第 12 期。

件实施管理，实现市、区、专业处置部门和网格监督员四级联动的管理模式和信息资源共享系统”。其本质上是应用现代科学技术，在社区内通过社区资源与信息共享，从而有效整合社区资源，消除信息不对称，以社区互动、共同参与和共同行动等方式，实现社区自治管理，从而提高社会管理效率的一种现代社会管理模式。网格化管理是与自上而下的垂直行政管理形态相对应的、水平型的社区自治管理形态，从而完成“条块结合”的立体式、全方位的社会管理形态。从操作角度来看，“网格化”就是按照一定的标准将一个管辖的地域范围划分成若干网格状的单元，由专人对网格内居民的诉求与存在的问题进行差异化、具体化、个性化、跟踪式、全时段的服务与管理。其主要思路是充分利用现代信息化技术以打破传统的城市管理部门和行政区划空间之间的界限，仿照科层化的组织设计，在管理流程和手段上将整个网格化管理过程划分为信息收集、甄别立案、任务派遣、任务处理、结果反馈以及评估结案等 6 个环节，进而实现在精密建构的“网格”中，能够问题发现及时、危机反应灵敏、应对处置有方、管理科学高效和服务具体到位。网格化在城市社区管理体系中的具体实践表现为以下四点：第一，以街道、社区等基层管理单元为基础，通过标准化的方式划分出城市社会管理的若干网格；第二，以信息技术为依托，加强不同网格之间的交流联系和信息沟通，建立信息资源共通共享共用的整合与联动平台；第三，建立统一的资源调度和协调机制，克服“条块分割”，以制度化方式整合各部门原先分散的管理和资源，以实现管理的高效化、科学化与协同性；第四，保持网格系统的兼容性和开放性，通过不同网格之间的相互兼容来实现“多网合一”和动态化管理（郑士源 等，2005）。

上海市浦东新区的网格化管理是在原有的“两级政府、三级管理”的基础上展开的。根据市委、市政府的要求，做了精心准备，结合浦东实际，浦东新区选择了具有较强代表性的潍坊新村街道竹园社区和花木街道联洋社区为首批试点社区①。

竹园社区在网格化管理中建立了“社区党委/社区治理委员会”架构。

① “上海模式”的“网格化管理”试点参考了冯猛《浦东新区社区治理（创新）变迁线索》的调研资料。

社区党委由街道党工作委员会（以下简称“党工委”）领导，下设6个居民区党组织、社区新经济组织党支部和社区流动党员党支部，并对有关社区单位党组织进行属地化管理。社区党委由社区居民区和社区单位党组织选举出的党代表选举产生，实行党代表常任制，不设级别、不设科室、不设编制。社区治理委员会主要是整合、协调社区内各类非党组织，包括6个居委会、社区工作站和警务站，下设秘书处和社区管理委员会、社会工作委员会办公室。这个方案的定位，是要进一步完善社区管理体制，以社区党组织为核心，增强社区凝聚力和服务能力，成为传统类型社区推进网格化管理的示范点。

联洋社区方案分两步走。第一步，建立“社区党支部/社区管理委员会”架构。社区管理委员会（以下简称“管委会”）直接对应一个大型居委会，社区党总支只管理按照属性纵向设置的流动党员、退休党员等支部，暂不设立横向的社区党建联席会等组织。第二步，在入住人口达到一定规模、社区形态进一步完善后，社区党总支要在纵向上管理若干个居民区党支部和以属性为依据建立党的新经济组织等党支部，在横向上依托社区党建联席会、在职党员理事会，整合社区内各个无隶属关系的党组织。社区管委会实行行政管理、行业管理和居民自治“三位一体”的制度安排，由街道办事处、相关职能部门派出机构、开发商、物业管理单位代表和社区单位代表组成，对社区事务进行研究决策，并牵头协调物业管理联合会，管辖若干个社区工作站和居委会。这个方案侧重于形成多元参与、共同治理的模式。

网格化管理最核心和最关键的内容是实现非集中控制和资源、信息的共享与整合。当时社区建设中的难点问题之一，就是“条块分割、信息与资源部门化、孤岛现象普遍存在”，这一问题已成为效率低下、控制失灵的主要瓶颈。网格化管理理念的提出，在很大程度上就是希望改善这一状况。这是一种全新的资源整合机制，依托这种机制，不但可以把政府各个条线、各个条块之间的资源整合起来，还可以把党政资源、市场资源、社会资源和个人资源整合起来，形成社区建设的合力和活力。

具体来看，“网格化”显著的优势有三点。第一，行政权力的下沉使政权力量和社会个体在更微观的层面上实现了联结，有助于提高行政管理的绩效，使行政权力纵向到底，将过去“上面千条线，基层一根针”变为“上面千条线，基层一张网”，通过这一载体可以使党的声音和政府的服务延伸至整个社会的最基层，以“服务”代替原来的“管控”，有效消除社会管理的“盲区”。第二，网格管理人员的定时巡视和排查，能及时掌握群众诉求与动态，使社情民意信息的掌控由“被动接受”变为“主动收集”，从而使得信息的“收集-反馈”间隔时间大大缩短，可以在第一时间介入与解决问题，以优质高效服务赢得民心，以未雨绸缪的预案堵塞可能导致日后危机爆发的漏洞，夯实了党执政的群众基础，提高了党执政的合法性。第三，网格化突破了一般性管理和服务的范畴，它通过在“两级政府、三级管理”结构之下，增加“网格”这一新的层级（且先不论“网格”的性质如何），变为四级责任体系，即“两级政府、三级管理、四级网络”，使得基层社会管理体制发生了变革，一定程度上有利于形成新的社会管理格局（由此可见，上海模式与网格化管理存在逻辑性的同构性）。

由此观之，网格化管理作为制度创新，是要解决社区管理中的“条块分割、孤岛现象”的现实问题，体现出对原有体制的创新，在回应基层社会的多元化、复杂性的矛盾与问题、需求与服务等方面具有高效、快捷的优势，是对已有体制上的向下补足和完善。但随着网格化的技术性倾向的凸显，其思想理念基本上还是全面掌控基层秩序、“社会稳定压倒一切”“一竿子插到底”，制度设计基本上也是遵循着科层化行政权力在基层的铺展与细致的逻辑构建而成，是在未触动原有“街道-居委会”体制的前提下，在社区之下细化出的微小单位——“网格”中来实现的一次行政资源和服务资源的再次整合。由于其价值取向和心态是维稳，总体性支配策略与等级化控制思维依旧赫然在场，这就决定了基层社会权力结构因缺乏社区实质性参与力量和主体，而呈现“垂直结构”有余但“平面结构”不足的困局，强大而刚性的行政力挤压和吞噬了弱小而耐性的自治力，社会联结遭到破坏，场域内的运行结构缺乏弹性，形成刚性的社会强制模式，压制了社会的活力，降低了社会游刃有余应对复杂、不确定的社会风险的能力。同时在社会管理中存在行政责任、任务下沉的多，服务资源、权限下沉的少，权责不对等问题，这就决定了网格化难以改变政府条线部门的科层结构和权威资源的垄断地位，难以带来公共服务治理应然的政府条线部门的权责在宏观意义上的横向整合与联动。

在网格化的观照下，居民成了被权力管理和监控的客体，社区蜕变成了行政权力在网格内挥洒意志的空间场所，而不是整合社区内利益相关者的生活共同体。因此，如何淡化“网格化”的行政色彩，实现社区自治力量与政府行政力量之间的有效协作，消弭“网格化”的技术限度，优化技术进步与社会治理之间的关系，进而找到网格化管理与社区自治间的二元交叉点，在此基础上达到互构与互强共赢的目的，这也构成了社区建设、社区制改革、社会治理新一轮创新的方向和着力点。

4.1.3 创新社会治理、加强基层建设：上海模式的新一轮改革与巨变

随着经济社会的持续转型升级，上海在社会经济领域也面临着一些新的问题，例如，经济加快转型发展（产业技术升级）；人口总数大量增加（上海市约 2 428 万常住人口，饱和）；社会结构趋于多元（多种力量并存）；群众利益诉求复杂（权利意识、利益维护等）；信息传播深刻变化（信息化、互联网时代、大数据等）。特别是 2010 年以来，社会个体化、原子化程度不断加深，居民需求更加多元，传统的“两级政府、三级管理、四级网络”的管理思维和体制难以有效匹配与应对。

就浦东而言，更是如此。浦东的面积约等于上海市的五分之一，人口约占上海市的四分之一，经济总量占上海市的近三分之一。由此可见，浦东基层社会治理是作为大都市的大城区、大镇域、大社区基层社会治理。而与此相关，浦东新区社会治理、基层建设的基本背景，呈现三大鲜明特征①。

第一，区域广、单元多，基层治理的幅度较大。浦东实际管辖面积约 1 210 平方千米，辖 12 个街道、24 个镇、910 个居民区、365 个村；常住人

① 具体参见内部文件《上海市浦东新区实验区工作成果》汇报稿。

口约 550 万；街道平均管辖 7 平方千米、镇平均管辖 53. 7 平方千米。其中最大的街道花木街道（20. 9 平方千米，是全市最小街道静安区石门二路街道 1. 1 平方千米的约 19 倍）、最大的镇祝桥镇（160. 2 平方千米，为全市最小镇宝山区庙行镇 5. 9 平方千米的约 27 倍）。大区、大镇、大街道特征突出。

第二，类型多、差异多，基层治理的跨度较大。浦东新区中，相对成熟但新情况新挑战不断涌现的城市化社区（包括联洋和碧云等国际化社区、陆家嘴等深度城市化社区、花木等快速城市化社区），尚处转型磨合期、各类问题矛盾比较聚焦的城乡接合部（如北蔡镇、川沙新镇等），高速推进、大量治理难题亟待破解的大型居住地区（如三林镇、曹路镇等）以及发展任务较重、各项配套设施和服务保障资源亟须健全完善的远郊农村地区（如大团镇、万祥镇等）等各种区域类型多元并存；另外，区内辖 7 个功能定位有别、发展阶段各异的开发区，开发区与所在街镇、周边街镇、相关街镇在产业发展、城市管理上关系交织、利益交错；城乡结构差异、南北区域差异、街镇内部差异集中凸显。类型多、差异多导致治理经验的碎片化、原子化问题突出，加之不平衡、不充分的发展造成整体性治理与服务联动的困难。

第三，变迁快、需求多，基层治理的难度较大。随着市场经济的高速发展，迪士尼、大飞机等重大项目集中推进，城市化进程和大型居住区建设不断深入，各种产业形态、社会管理形态不断涌现，各类经济、社会组织蓬勃新生，各层面外来人口大量集中快速导入，区域产业结构、社会结构、人口结构变迁较快，各类主体的多样化需求集体呈现，社会治理特别是基层治理要适应这种快速变迁、需求多元的格局，其难度是可想而知的。

为回应上述背景与挑战，也为与快速转型的经济社会相适应，浦东新区先行先试、勇于探索，认真贯彻习近平总书记对上海提出的关于"坚持以人民为中心的发展思想，着力推进社会治理创新，超大城市精细化管理水平得到提升"的要求，市委前书记韩正指出，"随着上海经济社会快速发展，基层情况每天瞬息万变，出现的新变化、新情况、新问题，我们有些掌握、有些只掌握部分、有些根本不掌握。基层解决问题手段有限、资源缺乏、责任无限、力量严重不足。许多亟待解决的问题就事论事解决不行，制度创新上要有新突破，政策安排上要有新举措。通过调研，能够及时发现问题，深入研究问题，集中各方面智慧，借鉴基层成功经验，提出政策举措”。同时，上海在社会治理领域做出的探索，也是中央对上海作为特大城市要及时回应其发展过程中面临的各种问题的探索的期待。正如韩正指出的，市委“一号课题”事关党的十八届三中全会精神的贯彻落实，事关夯实上海当前和长远发展的基层基础，要真正推动社会治理的创新和基层建设的加强。“一号课题”系列文件的出台是问题倒逼、形势所迫、改革驱动和制度创新以及主动作为共同作用的产物。

在上述多重背景下，2014 年年底，上海市委市政府出台了《关于进一步创新社会治理加强基层建设的意见》（以下简称《意见》）以及 6 个专项文件[①]。《意见》指出，社会治理的核心是人，重心在城乡社区，关键是体制创新，积极探索一条符合超大城市特点和规律的社会治理新路。上述重要决策对当代社会治理做出了新的回应，其中，坚持核心是人，这是社会治理的根本出发点和落脚点；坚持依法治理，强调法治而非人治；坚持改革创新，激发社会活力、转移政府职能；坚持重心下移，要将社会治理的重心落到城乡社区。“一号课题”对上海过去二十多年的社区管理、社区治理体制进行了创新，尤其是在基层社区治理方面，具有一系列新的理念和做法。在 2016 年上海市委创新社会治理加强基层建设推进大会上，韩正同志指出，市、区县各条线部门贯彻落实市委“1+6”文件，一定要眼睛向下解决具体问题，彻底转变思想观念，真正做到一切围着基层想、一切围着基层干、一切围着基层转，以此形成“对下服务”的工作机制。这表明，强调基层、面向城乡社区，进行服务下沉与提供，进而打通服务

---

① 2014 年年底上海市委出台的“一号课题”成果，形成“1+6”系列文件（以下简称《文件》），包括《关于进一步创新社会治理加强基层建设的意见》《关于深化街道体制改革的实施意见》《关于完善居民区治理体系加强基层建设的实施意见》《关于完善村级治理体系加强基层建设的实施意见》《关于组织引导社会力量参与社区治理的实施意见》《关于深化拓展网格化管理提升城市综合管理效能的实施意见》《上海市社区工作者管理办法（试行）》。

居民“最后一公里”的问题，成为“创新社会治理、加强基层建设”的重要关注点。

从其目标定位来看，主要指两个“进一步”。其一，“进一步完善基层社会治理体系。在基层社会治理中，党的领导坚强有力，政府主导作用全面发挥，社会各方有序参与，基层群众自治成效明显，政府治理与社会自我调节、居民自治良性互动局面基本形成，社会治理多元合力显著增强”。其二，“进一步提高基层社会治理能力。提高基层统筹协调能力、改革创新能力、服务群众能力、依法治理能力、组织共治能力、引导自治能力、信息化运用能力等，努力使基层社会治理体系掌握群众诉求渠道更通畅、回应群众呼声更灵敏、提供服务管理更完善、开展群众工作更扎实、维护社区平安更有力、营造良好环境更有效”。第一个“进一步”奠定了基层社会中不同主体功能定位和治理体系的基本格局，第二个“进一步”明晰了基层社会治理能力现代化的基本内涵以及指标构成，这就为上海市新一轮基层社会治理与社区服务创新指明了方向。

从改革的内在逻辑和理路来看，街道体制改革是“一号课题”的关键和核心，也是创新社会治理、加强基层建设的重大举措。①

第一，取消街道招商引资职能，回归“三公”定位。《文件》指出，“原社区（街道）党工委更名为街道党工委，作为区委派出机关，在地区社会治理中发挥领导核心作用。取消街道招商引资职能及相应考核指标和奖励，街道经费支出由区政府全额保障，推动街道工作重心切实转移到公共服务、公共管理和公共安全等社会治理工作上来”，由此展开了对街道以及街居体制中相关要素的系统改革。2015 年 3 月，根据市委、市政府部署安排，浦东新区区委、区政府印发了《进一步创新社会治理加强基层建设的实施意见及责任分工》，在区委组织部、区地区工作委员会指导推进下，浦东新区各街道坚持“两手抓、两促进”，完成了机构挂牌、干部调整、人员到位、居民区书记进享编、工资待遇增加、文件政策出台等系列规定动作，同时更加关注机制完善和落实实效，更加注重群众在改革中的

① “1+6”体制改革的内容，特别是本部分中的案例介绍具体参考和使用了冯猛《浦东新区社区治理（创新）变迁线索》调研资料，特此致谢。

获得感，着力通过体制机制改革切实解决群众的所需、所盼、所忧，真正做到基层有活力、管理出实效、群众得实惠。

第二，与网格化管理体系相嵌套，党组织在基层的领导核心作用更加凸显。《文件》指出，“进一步建立完善城市网格化综合管理中心、社区党建服务中心和社区综治中心”“建立健全以居民区党组织为领导核心，健全居民区联席会议平台，推行居民区党组织兼职委员制度，增强居民区党组织统筹社区资源的能力，切实保障居委会、业委会依法履行职责”。就具体的推进来看，街道“撤二建一”，撤销原有综合党委和居民区党委，新建社区党委并将党建办公室作为日常办事机构，将社区党建服务中心作为工作平台，社区党委统一负责区域化党建、“两新”组织①党建和居民区党建，极大提升了党建资源整合利用能力。例如，陆家嘴街道办事处运用“金色纽带”党建新模式，打通“高大上”中央商务区和“接地气”居民区之间的阻隔，以居民区和商务楼宇为单位，依靠现有网格化综合管理责任区及楼宇综合服务站，建立若干个以“楼-居”“楼-楼”为单位的片区区域党建共同体，通过“两楼联动、两头延伸”，将各自需求和资源进行互补，并解决了以往“一头冷一头热”的问题，积极探索了金融城社区党建新途径。潍坊新村街道成立区域青年工作共建委员会，整合上海纽约大学、中国石油西气东输管道公司等单位资源，采取委员单位团委书记每6个月担任轮值主席的方式，开展相关特色活动，找到了一条借社区党委之力推动党建，促进社区文化融合发展的新路。

第三，街道的职能定位和工作思路更加明确。《文件》指出“街道主要履行加强党的建设、统筹社区发展、组织公共服务、实施综合管理、监督专业管理、动员社会参与、指导基层自治、维护社区平安”等八项职能，对街道体制进行如下改革，“街道党政内设机构按‘6+2’模式设置，即统一设置党政办公室、社区党建办公室、社区管理办公室、社区服务办公室、社区平安办公室、社区自治办公室，同时可根据街道实际需要，增设2个工作机构”。由此，组织架构上的改革匹配了改革以后的职能定位，

① “两新”组织即新经济组织和新社会组织。

改变了以前部门设置与上级条线部门简单对应、科室划分过细的情况，一定程度上解决了职能重复交叉、工作忙闲不均等问题。例如，通过街道党建办公室将党建工作进行统一归口，整合了区域化党建、“两新”组织党建、居民区党建等原本分散在社区党建联席会议、综合党委和居民区党委的职责，更加有利于发挥党组织在基层社会治理中的领导核心作用，有利于基层党委整合各方资源。

第四，建立职业化体系，基层队伍更加有保障。《文件》中提出，要建立社区工作者职业化体系，要“根据岗位特点、工作年限、受教育程度、相关专业水平等综合因素，建立社区工作者岗位等级序列”，要“建立与岗位等级和绩效考核相衔接的薪酬体系”等。就具体各区街的推进实践而言，这次改革不仅在居民区党组织书记和社会工作者队伍方面出台了居民区党组织书记进享编、社会工作者工资待遇提高等举措，还注重全方位优化职业发展体系，增强了社区服务岗位的吸引力，提高了社区工作者的职业认同感、荣誉感、自豪感，起到了激励作用。例如，各街道通过居民区党组织书记后备干部“蓄水池”建设，一些德才兼备、实绩突出、群众认可的优秀同志被纳入培养体系，获得了教育培训的机会、展现自我的舞台和未来发展的空间。再如，各街道通过建立职业化制度体系，除了较大幅度提升社会工作者收入水平外，由街道社会工作事务所直接与社会工作者签订合同，使社会工作者获得了“类体制内”身份，大大提高了社会工作者岗位在就业市场上的吸引力，有利于拓宽社会工作者队伍来源。

第五，协商民主，基层自治和社区共治合力彰显。《文件》指出，“充分发挥居民区党组织领导下的居委会自治功能，以居民需求为导向，创新自治的内容和形式，激发自治活力”“建立健全以议事协商为重点的民主决策机制，切实发挥听证会、协调会、评议会作用，健全自下而上的自治议题和自治项目形成机制，有序引导居民全程参与自治事务”。由此观之，在工作思路上此次改革强调将原先的“向上对口”和“对上负责”转变为“向下对应”和“对下负责”，有关部门想方设法、主动作为，加强基层服务，各街道转换思路，有意识地改变过去“接单+派单”的工作模式，把更多精力放在服务一线、服务群众上，形成了区街两级主动适应街道新体制和基层新变化的氛围，更加有利于街道强化问题导向和需求导向，解决基层的实际问题。

特别是，此次改革建立的“两个自下而上”机制（自下而上的自治项目形成机制和共治议题形成机制），为街道开展社区共治和居民自治工作指明了方向，尤其是街道在发挥基层党组织形成和实施共治议题、自治项目中的核心作用等方面，通过“两个自下而上”机制，很好地引导和鼓励了社会力量广泛参与。例如，金杨新村街道在居民区建立了“双治”理事会，理事会经居民代表会议选举产生，有合法身份，有规范章程，为居民区各方治理主体搭建了协商议事、协调工作、协作管理、协同推进的“四协”功能平台，形成了居民找问题、专家会商对策、理事会定决策、团队来执行的居民区“双治”运行机制。东明路街道通过引导居民区制定自治规则或公约，采取“公议式”社区自治、菜单式法治授课、选聘式法律顾问、孵化式法治培训、网格式法制宣传等，把法治元素融入和渗透社区的自治共治，提升社区建设科学化水平。

第六，深化网格化管理，城市综合服务管理效能显著提升。《文件》提出，要“将治安巡逻防控网、武装应急处置网、群防群治守护网与城市综合管理网格充分结合，确保城市管理、社会治安等各类网格可相互叠加、减少交叉”“推进网格化与联动联勤融合，建立全市相对规范统一的城市网格化综合管理体制”“城市网格化管理主要承担对可巡查发现的城市管理、市场监管、街面治安等领域部件、事件问题的巡查发现、派单、处置、监督、考核，强化对需多部门协同解决的城市管理顽症问题的牵头协调处置责任”，继而在此基础上，“推动重心下移、力量下沉、权力下放，促进条块联动、条条协作”。

从实践结果来看，一方面，基本实现了基层综合管理全覆盖，使街道调动资源的能力更强，运行机制更顺畅；另一方面，实现了问题的发现与问题的解决机制同步推进和创新，并把重心落在问题的处置和解决上。例如，浦东通过城市网格化综合管理与大联勤大联动深度融合，网格化综合管理的范围从狭义的城市管理领域拓展至社会治安（参与打击犯罪）、食品安全、消防安全等领域，初步实现了“一口受理、联动处理”，改变了以往条线工作“各说各话、各唱各戏”的“单打一”局面；街道有关部门职责、资源和力量下沉到工作站，实现从街面到小区、从管理到执法、从发现到处置，全过程、全方位、全覆盖的信息沟通和工作联动，初步实现了城市常态管理与应急处置联动。

在此基础上，2017 年 3 月，《上海市社会治理“十三五”规划》（以下简称《规划》）出台，这是上海首个社会治理五年专项规划。《规划》的目标体系为基层社会治理更加有活力、社会组织发展更加健康、社会治安综合治理体系更加完善、城市运行体系更加安全、社会工作人才成长环境更加优化。其中，让基层社会治理更加有活力，意味着更为积极地激发和调动基层社区的潜在活力和优势资源，这是将原先社区从被动治理对象转为积极治理主体的重要创新。同时，2017 年 4 月，《上海市居民委员会工作条例》（以下简称《条例》）发布，成为全国首部有关居委会工作的地方性法规。《条例》进一步强调居委会自治功能的发挥，强调居委会对业主委员会、物业等主体的指导和监督。上述规定进一步强化了在“一号课题”背景下探索基层社区自治共治的新要求和新举措，进一步将新时代创新基层社会治理的“上海模式 3.0”制度化和常态化。

综上所述，上海新一轮的基层社会治理改革在体制、机制上进行了深度创新，在具体做法、实践特色和项目品牌上形成了丰富样态，取得了积极的治理成效。

4.2　深度探索与实践逻辑：新时代基层社会治理的上海经验

“上海模式 3.0”本质上是在以往治理经验基础上的累进，是对基层社会情势、社会实践中遇到的新情况、新问题的不断回应，更是对“创新社会治理、加强基层建设”的不断探索与推进，是在对人民美好生活向往以及获得感的不懈追求和努力的基础上持续探索、不断拓展的结果，逐渐形成了社会治理新常态背景下基层社会治理创新与服务的“新模式”。笔者认为，“上海模式 3.0”指的是以“政社分工”基础上的“合作共治”

为核心，以党的建设与社会治理的有机嵌合为主线，以制度创新与队伍建设为重要支撑，以人民为中心的发展和有获得感为价值指引，以治理重心的不断下移和社会组织的有力培育为特色，初步实现了社会治理的社会化、法治化、智能化、专业化，以及在此基础上政府治理、社会调节与居民自治良性互动的、社区为本的整合性的基层社会治理创新实践。

4.2.1 上海模式的核心："政社分工"基础上的"合作共治"

政社关系问题是基层社会治理创新中的核心和关键问题。政府与社会之间的关系，以及关系背后所呈现的内在机制、动态演化过程是理解社会治理的重要线索，也是推进与优化政府治理、社会调节与居民自治良性互动的重要理论前提。因此，对新时代上海模式的理解要从政社关系的性质角度来分析其是否存在明显的不同和创新。

政府与社会（组织）分属于两个不同的运行领域，具有不同的运作机理和内在逻辑。因此，如何避免两者之间的冲突、实现两者的良性互动就成为学者们关注的重要议题。实际上，20 世纪 80 年代以来，政府与社会的关系问题成为很多社会科学研究的分析范式和知识基础，学术界就该议题已经进行了丰富的学术积累，取得了一系列重要的研究成果。从埃文斯（Evans, 1985）和帕特南（Putnam, 2001）等人对政府与社会良性互动的实现路径的具体探讨，到斯考切波（Skocpol, 2008）在政府与社会互动中理解国家能力，并进行了"找回国家"的尝试，到米格代尔（Migdal, 2013）对国家与社会互动的宏观考察中提出的"社会中的国家"研究新路径，政府与社会的关系问题也实现了从宏观制度结构到微观互动机制的研究转向。

从制度结构研究方面来看，多元主义、法团主义以及威权主义（Authoritarianism）是影响较大的三个传统。多元主义是一种复杂的理论综合体系。在理论上，多元主义强调，社会与国家应该是分立的，市民社会是一个自主的活动领域。在政策设计上，多元主义则主张公民的权利和自由具有首位的重要性，为了避免国家的干涉，强调国家与社会之间应该保持距离（Whyte, 1992）。在国家与社会的关系上，多元主义将社会视为先于国家产生、外在于国家、具有不受外界影响的独特运作逻辑的一个自主和独立的领域，社会具有价值优先性。国家应当是社会意志的代表机构，是经由社会赋权而获得合法性的（刘安，2009）。这从洛克（Locke，1982）关于国家的产生以及市民（公民）社会和国家的关系等理论中可以体现出来。在权力配置上，多元主义存有两个假定：一是社会中存在各种各样的组织（利益集团）；二是因权力资源高度分散而呈现出的一种多中心格局（景跃进，2003）。在现实实践中，多元主义的"社会中心论"（市民社会）理念在西方社会，特别是在美国，对现实的政治运作具有主导性的影响力，是西方政治思想的主流。

法团主义主张社会和国家应该是融合的，两者融合所形成的法团化组织应该是整个社会良好运作的中介；利益团体与国家的边界则是相对模糊的，它们的联系也是制度化、常规化、强制性的；国家应该是一个积极主动的行动主体，超然于这些多元化团体，并将它们整合进国家决策结构中，实现国家与社会之间的有机整合（陈家建，2010；吴建平，2012）。斯密特（Schmitter，1974）认为"法团主义可以被定义为一种利益代表体制，在这种体制中，社会中各个构成单位都被组织到数量有限的，具有单一性、强制性、非竞争性、等级化秩序性及功能分化性等特征的各部门中，这些由国家创建的部门能够得到国家的承认或认证，并被授予在各自领域内的垄断性代表地位。不过作为一种交换，国家对它们的领袖选择和需求表达享有一定程度的控制权"。

威权主义作为一种理论思潮，其出现在 20 世纪 30 年代，是与极权主义对立而存的。大体而言，我们可以将威权主义理解为现代化政体类型中，介于极权政体与民主政体之间的一种较为温和的专制政体形态。威权主义一度对中国政治具备相当的解释力（黎安友，2007），即便并不完全。从 20 世纪 30 年代的提出，到 20 世纪 60 年代内涵的系统界定与完善，再到第一波以官僚威权主义为代表，第二波以威权主义外延的拓展（包括软威权主义的子概念）为代表的发展，威权主义在对现实政治的研究中都彰显了极大的理论穿透力。然而，随着威权主义在新阶段的发展中对各种制度因子以及理论元素的融合与吸收，其理论内部的张力越来越大，其未来发展存在极大不稳定性。例如，郁建兴（2012）指出，分权化威权主义理论并不能有效解释中国地方政府的行为模式。

实际上，上述三个思潮都在某种程度上进行与实践着对中国体制改革的解读，同时也都存在解读上的局限。由于中国的发展模式独具特色，它独有的成长与变迁模式、注定依托西方语境和价值观、按照既有东西方经验构建的分析理论将面临有效性困境。

从互动机制研究方面来看，20 世纪 90 年代以前，对于政府与社会关系的认识一直受一种单向思维的影响，倾向于认为政府与社会是一种零和博弈关系，即政府强必定社会弱，而社会强必定政府弱。20 世纪 90 年代以后，学界发现政府与社会之间的零和博弈关系并不是必然的，尤其对发展中国家而言，很多时候政府可以和社会形成一种互动合作的关系，而且进一步的研究发现，政府与社会双方的互动在特定环境下能相互增权（Mutual Empowerment）（汪锦军，2015），即一方面政府能力得以有效提升，另一方面社会自主性也得以有效发育。政府与社会在分工协作的基础上可以带来诸多的改革创新空间。

而合作治理在近几十年的公共领域治理实践中迅速成长，就成为理解政府与社会互动实践的重要理论认识框架（见第 2 章文献综述，在此不再赘述）。一方面，政府的有效治理需要社会的充分发育和参与，为其提供合法性的支撑和基础；另一方面，社会也需要政府在主动让权的基础上逐渐成长为社会治理场域中的重要力量，以实现对“社会”的有效保护。从这一意义上看，政府与社会的良性互动不仅不会削弱政府的权力，而且会在互动中实现政府与社会的合作共治和善治。

布林克霍夫（Brinkerhoff，1999）提出了政府在推动与社会合作中的五项具体步骤。第一，建构有利于伙伴关系创立和操作性安排的行政结构、进程和机制，其首要的是分权。第二，开展公共部门和公务人员与社会力量有效合作的制度化能力建设，包括给公共部门提供相关资源和激励措施，以充分与民间组织和非政府组织互动。第三，作为能力建设的必然要求，为公共机构人员提供相关培训，以使其善于并致力于与社会力量的合作，包括战略管理、政策执行、社区关系与延伸、利益相关者协商、确保服务质量与监管等。第四，建立必要的促进社会组织参与及公私伙伴关系的法律框架，包括对非国家机构（如非政府组织、兴趣团体协会等）的法律承认，与资助伙伴关系活动相关的财务和政府购买服务机制的建立。这些机制需要超越标准合同，聚焦于共享权力和在潜在合作者之间联合决策等问题。第五，发展社区和公共关系战略，以使社会认识到政府的意图和合作的计划，并确保利益相关者参与到合作安排和政策进程中。这就是说，政府与社会的合作更多的是一种建构的过程，需要在具体的实践中进行建构，而不是一种自发的秩序。

因此，要想实现对中国国家与社会关系的认识，就必须要转向中国的实践，特别是基层社会作为政府与社会的交汇地带、国家与社会力量的共存场域，就成为观察政府与社会关系实践的重要观测点。从上海的治理实践来看，特别是“一号课题”出台以来，政府对职能的进一步精简、对服务的进一步下沉以及对社会的进一步培育等一系列举措都是在回应和解决这一命题，即如何更好地实现“政社分工”和政府对“社会”的有力培育，以及在此基础上达到“合作共治”。这典型地体现在，上海在新一轮治理改革中对街道职能的重新定位，对招商引资功能的上移，以及对居委会、社区基层建设的不断推进，对社会组织的不断培育与孵化等都是在优化政社关系，建构一种分工合作的共治机制和格局。下面笔者以浦东新区社区治理的经验为例来阐释上海模式新一轮改革中所嵌含的治理逻辑和实践创新。

从浦东的治理经验来看，一方面，其从体制上开始了“政社分工”的尝试，这就为合作共治提供了基本的前提。第一，精简职能，全面取消街道招商引资职能。《文件》指出，“取消街道招商引资职能及相应考核指标和奖励，街道经费支出由区政府全额保障，推动街道工作重心切实转移到公共服务、公共管理和公共安全等社会治理工作上来”。这一“釜底抽薪”之策，有效地解决了基层政府的“经营者、经纪人”角色，实现了“服务性政府”的积极建构，社会建设以及基层治理与服务提供成为政府工作的日常，进而实现政府职能有序转移和服务前移。第二，服务导向下扎实推进街道体制改革。“按照街道职能定位和创新体制的要求，街道党政内设机构按'6+2'模式设置，即统一设置党政办公室、社区党建办公室、社区管理办公室、社区服务办公室、社区平安办公室、社区自治办公室，同时可根据街道实际需要，增设2个工作机构"。将街道的"三中心"拓展为"六中心"[①]，各中心是街道履行"公共服务、公共管理、公共安全"基本职责的载体，服务群众的窗口，推进社区共治自治的平台。如此布局，使得街道各中心定位更准确、功能更完整。在此基础上，进一步明确了街道内设"6+2""六中心"等机构设置，明确了街道班子职数、班子分工和编制额度，为街道体制改革提供政策支持和制度保障。

另一方面，浦东新区也在不断强化制度创新的过程中，形成了基层公共事务共商共治的体制机制，这就为合作共治的有效落地提供了方法保障。其主要做法有三点。一是出台基层共商共治制度。出台了《浦东新区关于推进基层公共事务共商共治的若干意见》，明确共商共治范畴、参与主体、平台载体、程序、工作机制等，鼓励群众参与到共商共治议题中来。二是完善镇管社区模式。在完善乡镇治理体制方面，出台《浦东新区关于推进镇管社区工作的指导意见》，加强镇管社区，"建立社区中心，作为镇政府服务居民的工作平台，就近为居民提供行政事务和基本公共卫生、文化等服务"，明确了镇管社区主要履行统筹区域化党建、开展社区服务、指导居（村）工作、组织共商自治的四大职能，镇职能部门与镇管社区之间、镇管社区和居（村）之间、镇管社区内部"两委一中心"（社区党委、社区委员会、社区中心）之间的运行机制。三是推进基本管理单元建设。通过出台《关于浦东新区完善镇管社区基本公共服务资源配置的若干意见（试行）》，做实基本管理单元，"配置相应的公共服务资源和行政执法、专业管理力量，设立社区事务受理服务中心、社区卫生服务中心、社区文化活动中心和城市网格化综合管理中心等中心或服务点"，从基础教育、卫生、文体、养老、社区事务受理中心等五个方面，提出了基本公共服务设施建设的具体目标，并制定了相关保障措施。

---

① 由原来的"社区事务受理中心、社区文化活动中心、社区卫生服务中心"拓展为"社区事务受理中心、社区文化活动中心、社区卫生服务中心、城市网格化综合管理中心、社区党建服务中心和社区综治中心"。

由此观之，浦东基层社会治理创新的关键是政府职能的有序归位和转移，以及在此基础上基层公共事务共商共治的体制机制的建立，并且在不断的探索中形成了“合作共治”的治理思维、制度约束和组织架构，成为浦东模式深入推进的“核心”与“灵魂”。

4.2.2 党建引领治理创新：党的建设与社会治理有机嵌合与互构

党的十九大指出，要坚持党对一切工作的领导。“党政军民学，东西南北中，党是领导一切的”“提高党把方向、谋大局、定政策、促改革的能力和定力，确保党始终总揽全局、协调各方”，这既含有对党的战略定位上的“领导”、覆盖范围上的“全域”，也涵盖功能性质上的“整合”和布局内容上的“四维”，为新时代创新社会治理指定了方向和核心。上海以党的建设为引领，将党的建设贯穿于社会治理的各方面和全过程，并积极建构了党对各项事业的全面领导和引领，注重基层体制机制的探索创新，充分体现了新时期党建引领治理创新对于城市治理体系和治理能力现代化的重要战略意义。而浦东的鲜明特色也体现在党的建设与社会建设的互构与耦合，即党委领导下的治理拓展，不断建构党建工作与基层社会治理的耦合与嵌入，实现了彼此互构。下面笔者结合在 H 街道关于“互联网+党建”为主题的相关实践探索进行分析[①]。

第一，以党建网络为支撑，强化社会治理创新中的协同效应，提升超大城市整体治理能力。首先，强化党建引领，构建设置优化、领导有力的基层党组织体系。一方面，浦东新区按照市委要求，开展社区党建和社区建设的综合试点，探索形成了“三纵、三横”（纵向形成社区党工委、居民区党总支和直管党员三个层次，横向形成社区党建工作联席会、居民区党建联席会和在职党员三个界面）的基层党建工作网络，并以“三服务”[②] 活动为抓手，着力推进党的基层组织建设、党员队伍建设和制度建

---

① 关于浦东新区 H 街道的党建治理经验参阅了徐选国博士的《党社互构：党建引领下互联网+社区治理模式创新——基于上海 H 街道的实证研究》的调研报告，在此致谢。

② “三服务”即党的上级组织为基层组织服务、党的基层组织为党员服务、党的各级组织和党员都为群众服务。

设，为和谐社区建设提供有力的政治和组织保障。另一方面，不断强化基层党组织领导核心作用。2007 年，浦东新区制定了《关于加强社区党组织领导，积极构建和谐居住区的若干意见（试行）》，进一步明确了居民区党组织、居委会、物业公司、业主委员会等组织的职责和关系。2012 年，浦东新区制定了《关于充分发挥党组织在基层群众自治中作用的实施意见》，建立健全贴近实际、符合规律、体现特色的基层党组织领导的充满活力的群众自治工作体系，努力实现党的领导、政府管理和基层自治的有效衔接与良性互动。截至目前，浦东新区已经探索形成了市-区-街道-居民区四级联动的党建工作联动体系与网络，实现了不同层级社会治理创新形成的制度合力。其次，以区域化党建为依托强化“条”“块”协同以及推动各类单位参与社区治理。浦东新区为扎实推进区域化党建，出台了落实基层党建工作责任制的意见，探索多维度、立体化党建责任制考核内容，并完成街道党工委更名、社区党委组建，区、街镇党建服务中心全部更名挂牌。通过区域化党建平台与机制，各辖区单位在党建引领下，被有效统合到基层社会治理场域中，构成了社会治理的重要构成力量。从治理效果上看，这种党建工作的联动机制建构了纵横结合的整体性治理网络，确保不同层级、不同类型、不同单位在党建平台上的密切协同，共同提升城市治理能力。这种改革探索充分挖掘了中国特有情境下治理创新的政治资源和组织资源，有效提升了当前城市治理转型的系统化、整体化水平。

第二，坚持党对一切工作的领导，多层面践行基层党组织的政治引领功能，推动社区公共性和公共空间的规范、有序发展。本质上要保证党在基层社会治理各领域中的政治引领力，以及把方向、谋大局、定政策、促改革的现实治理能力和定力，这也是实现党建与社区治理耦合互构的关键设计，需要统筹规划、系统开展。这主要体现为一个核心与多元主体，党建引领下治理格局的搭建。在实践中，H 街道结合上级文件精神与 H 社区实际，形成了“三个创新”和“三个转变”的党建格局。其中，“三个创新”主要是党建引领下，互联网+社区自治理念上的创新；党建引领下，互联网+服务群众形式上的创新；党建引领下，互联网+整合资源渠道上的创新。“三个转变”包括以下内容。① 党建引领从“唱戏”向“搭台”

的转变。这种转变扭转了以往由党组织唱主角、群众参与做配角的“错位现象”，也避免了很多基层治理中党组织“缺位”的现象。② 服务群众从直接关爱向资源整合转变。对于居民多元化需求，要求党组织走出围墙寻求资源，把凝聚和整合各方资源打造为党组织在基层的优势，推进驻区单位、街边商户服务资源的整合和服务载体的创新，改变过去仅仅靠党组织和党员直接上门服务群众的传统工作路径。在服务群众工作中，居民从原先单一的被服务者角色转变为自我服务、服务他人的主体角色，彰显其主体性和主人翁特征。③ 凝聚人心从品牌宣传向群众团队转变。通过培育群众自己的团队，推进群众融入团队，改变过去党建品牌的单一宣传模式，挖掘楼道和社区资源，创新丰富多彩的群众文化活动，进一步将这些群众团队整合为党建凝聚人心的有效载体①。其中微心愿、团队党建等品牌服务就是在上述党建思想转变过程中进行的实践创新，这是 H 街道对党建工作思路和模式优化的重要探索。

上述“三个创新”“三个转变”，都是牢牢坚持《意见》中指出的街道社区党组织的“三大领导核心”而形成的。“三大领导核心”指的是，确保街道社区党组织成为党的路线方针政策在城市基层得到贯彻落实的领导核心、城市基层社会治理的领导核心、团结带领群众共创城市美好生活的领导核心。如此，也就保障了党对社区工作的有效领导。

第三，强化党建工作与社区“减负增能”、公共资源的配置、民生项目的实施紧密对接，增进社区居民自治主体意识和治理能力，使党和人民群众的有机联系进一步密切。一是减轻负担、轻装自治。按照“应减必减、能并则并、可减尽减”的原则，扎实推进居（村）委会“减负增能”，形成居（村）委会台账目录和协助政府事务清单，下派到居（村）委会台账基本目录由 80 多项减少到居委会 11 项、村委会 12 项，建立台账“准入”协同审批机制、定期巡查机制、专项检查机制。二是打造社会治理综合信息服务平台——“千点三核一平台”。其中，“千点”指系统的覆盖面涉及全区 36 个街镇、1 200 多个居（村）委会以及各区级部门和

① 参见 H 街道《城市基层党建引领社会治理案例：柳博篇》中的“序言”，系内部资料。

单位；“三核”分别指基础信息核、数据应用核以及决策分析核；“一平台”指社会治理综合信息平台，各级用户使用同一平台。“千点三核一平台”实现了基础人口、房屋数据、为农信息、老龄信息等大数据的对接，直接服务于街镇、居（村）日常工作的开展；较好地解决了居（村）台账多头报送、反复填写等问题，减轻了基层工作负担；信息化技术的创新开发，丰富了基层工作创新的手段。三是财力保障、开展自治。按照“项目化管理、参与式治理”“用途由居民自主议定、花销由居民参与其中、收效由居民评估和分享”的总体思路，出台了《浦东新区居委会工作经费使用管理暂行办法》，加大了居委会建设和自治经费财力保障，其中自治工作经费达到每个居委会每年 8 万元。四是健全监管完善自治。推进居（村）务公开、民主管理，不断提高居（村）委会开展群众自治、做好群众工作的能力。

上述工作的开展，也是在居民区党建以及居民党员、志愿者的积极参与中完成的。实际上，基层党建不能就党建而谈党建，也不能离开党建而谈治理。只有党建与治理的有机结合和协同，才能实现两者的协同推进。故此，H 街道以至整个浦东的城市基层党建更强调各级党组织在推动党建工作时紧紧围绕提升人民群众的获得感开展工作，党建工作机制紧密嵌入睦邻社区建设、白领驿站、15 分钟生活服务圈、居民自治金项目以及社区自治服务等民生服务项目之中。这些做法显著提升了党和人民群众之间的有机联系，更提升了群众对城市治理的认同感和参与感。

第四，党建引领下社区秩序和活力的“帕累托最优”改进。这主要涉及两个方面的探索，一是社区秩序是如何维护的，多元主体彼此之间如何实现良性互动；二是社区动力来自哪里，如何激发不同主体的创新力以推进社区善治的实现。这就需要形成一种多方主体对公共问题的持续关注，继而形成长效、稳定的参与机制以及理性、负责的参与精神。这一问题的有效解决从深层次上看还涉及社区公共性构筑这一核心问题。黄晓春（2017）认为，公共性指的是人们从私人领域中走出来，就共同关注的问题开展讨论和行动，由此实现私人向公众转化的过程中所形成的一种对社区公共事务的关注意识。但应注意的是，公共性的构筑需要一定的切入点，是在居委会、党员骨干的积极引领下展开的，特别是在公共需求的发现、公共议题的形成以及处置方案的制定、公共问题困扰的解决等环节中都需要党建、居民、居委会等多主体的沟通互动。

浦东以城市基层党建引领基层自治共治的做法恰恰形成了一种以政党嵌入式工作机制促进活力与秩序良性相依的新格局。反过来，基层自治的不断推进，也夯实和建构着党组织的合法性和权威性，通过服务重建了党的合法性，这是新时期基层党建的重要路径，实际上也是党的社会性以及服务性的重要体现①。一方面，现有的党建工作要实现一种方法路径的转变，从传统的政治性党建转向社会性、服务性的党建引领，更加注重党的多层次引领功能发挥，更注重“软”的价值引领、服务引领、专业引领、项目引领以及人才引领，从而实现在活力迸发的同时嵌入式的柔性引领，有助于基层自治与共治的秩序得到有效维护。特别是要注重通过强化党的社会性以及服务性基础来实现“润物细无声”式的渗透式引领。这应该成为新时代党建工作的常态化手段。另一方面，新媒体技术是革新传统党建的新力量，即要嵌入和吸纳新的时代因素以强化党建工作的成效。例如，通过更具开放性的党建工作网络、信息化的党建平台与多元化的党建联动机制的搭建，为形成自治与共治所依托的公共性提供重要的耦合载体和机制渠道。这样也有利于社区治理平台渠道的多元化扩散，以及治理活力的不断激发。

质言之，浦东在基层社会治理中，通过党建工作的不断创新，建构了一种以精准发力的工作机制在多维空间延展党建的治理网络，实现了对城市社会的精准治理，也在不断实践着党建引领下社区秩序和活力的“帕累托最优”改进。针对新时代的党建形势与环境的变迁，上海的基层党建工作不仅注重形成全覆盖的党建工作网络，更注重针对城市经济社会生活中不同性质的空间形成精准发力的工作路径和平台。例如，在楼宇空间中围绕公益、慈善、文化等现代组织关注的核心领域形成宽松的党建网络；在互联网空间中围绕议题设置以及引导公众注意力分配结构等前沿方法，构

---

① 党的社会性以及服务性的问题是一个重要的论断，也是新时代党建的重要维度，即要凸显党在建设中的社会性的重构。

建开放而又具有向心力的党建网络；在流动空间中围绕公共服务递送等焦点问题形成动员网络。通过这些柔性而又精准的机制，城市基层党建可以进一步对“溢出”传统行政治理网络的社会空间进行有效吸纳（黄晓春，2017）。这些新的党建工作领域的铺排，有效地实现了党对新时代各项工作、各个领域的治理引领力，也不断夯实与拓展着党组织网络的横向和纵向渗透力，并且在不断吸纳新因素、拓展新空间中重构党的核心引领力。

综上所述，上海党建引领社会治理的创新实践，以及在探索中所形成或正在形成的这些路径、工作逻辑和服务场域无疑具有极大的研究与探索价值，不仅对超大城市社会治理创新走出新路子具有重要意义，而且对塑造转型期国家治理能力的微观基础具有重要的支持与建构意义。

4.2.3 治理重心下移的实践探索：浦东创新社会治理中的“两个自下而上”

浦东社区治理与服务创新中也注重对体制、机制创新，以此推进社会治理重心的不断下移。从实践层面看，自“1+6”文件实施以来，浦东各个基层街镇在“创新社会治理、加强基层建设”战略部署的落实中，充分聚焦市委强调的“眼睛向下看”“重心在社区”“关键是体制创新”“核心是人”等重要思想，形成了全面深化政府职能转变、全面推进治理机制创新、全面激发基层自治活力、全面加强政府自身建设（四个“新”全面）的格局，同时更加注重突出问题导向、更加注重体现科学精细管理、更加注重加强联动协同以及更加注重对基层社会工作者人才队伍建设及其专业功能的发挥，在需求式服务、体验式治理的过程中，推进治理重心的不断下移，继而实现与落实“以人民为中心的发展思想”和居（村）民的获得感、幸福感。

市委“一号课题”在提出关于“推进居民自治，激发社区基层活力”时指出，要深化居民自治机制，充分发挥居民区党组织领导下的居委会自治功能，以居民需求为导向，创新自治的内容和形式，激发自治活力。并进一步强调，“健全自下而上的自治议题和自治项目形成机制”，有序引导居民全程参与自治事务；“建立健全自下而上的居委会工作评价体系”，以居民知晓度、参与度、满意度为重点，加强居民对居委会及其成员的评价监督，由此，形成了“两个自下而上”机制。具体来说，所谓“两个自下而上”机制指的是自下而上的居民自治议题形成机制和自下而上的“自我服务”项目评估机制。自下而上的居民自治议题形成机制旨在从厘清政府与居民自治的边界入手，进一步拓展基层群众参与社区自治共治的渠道，努力实现“培育一批主体、探索一套机制、提供一系列服务、打造一批品牌”的目标。自下而上的“自我服务”项目评估机制指的是委托专业第三方社会组织对“自我服务”项目的实施进行全过程监测、评估，包括对项目实施、项目成效、财务管理等方面进行日常评估、中期评估和终期评估，并将评估结果纳入下一年度的申报工作中。

在社区治理层面，H 街道与其自身治理过程中存在的实际特征和现实需求结合起来，通过一系列具有导向性、特色性和成长性相融合的社区共治和居民自治实践，探索形成自下而上、供需对接、自我服务、专业支持、项目化实施多元一体的 H 街道社区治理模式。其中，最明显的举措是积极落实市委“两个自下而上”机制精神，结合 H 街道实际制定出台了《关于落实“两个自下而上机制的实施意见”（试行）》《H 街道践行“两个自下而上”整体流程（试行）》。H 街道自 2015 年启动“自我服务”项目试点工作，首批 3 个项目取得较好成效，于 2015 年社区代表会议上讨论通过，并于 2015 年 9 月在街道 33 个居民区全面推广“添福祝寿”敬老爱老自我服务项目，进一步，在 2016 年确定了 36 个自我服务项目。居民自治工作成为 H 街道社区治理的重要特色品牌。这其中，社区社会工作发挥着重要的专业指导、资源链接、项目合作等作用，有效探索出一条社区社会工作参与基层社区自治共治的道路。

2016 年年初，浦东新区区委组织部到 H 社区调研街道践行“两个自下而上”机制情况时，要求街道完善结构体系、加强制度设计、细化运作流程，尽快拿出一套完善的可复制、可推广的规章制度①。具体而言，要求 H 街道在完善“两个自下而上”机制时坚持以下四个方向。一是体现

① 引自 FW：《践行“两个自下而上”要体现党建引领》，区委组织部网，2016 年 1 月 8 日。引用时有删改。

党建引领，在实践中发挥党员、党组织的核心作用，进一步体现自治、共治和区域化等特点。二是完善结构体系，对居民个人、居民区及团队，以及街道等不同主体的需求进行分层分类探究，并通过不同载体和方式予以回应。三是要用项目及时串起“两个自下而上”机制，通过项目化方式，有效体现出居民自治议题与自治项目的形成过程以及项目评价过程，通过清晰的流程图、明确的时间节点、规范的审核把关等要素，促成相关主体的有效联动。四是要细化实施环节和步骤，形成一套有效运转的制度，成为一个可操作、可复制的社区治理范本。在上述市委的文件精神以及区委的具体要求指引下，H 街道结合自身实际，形成了“两个自下而上”机制的相关意见，即制定出台了《H 街道关于进一步推进“两个自下而上”机制的实施办法》（以下简称《实施办法》）①，通过制度化方式将“两个自下而上”机制予以强化和落实。《实施办法》强调，要以“创新、协调、绿色、开放、共享”为发展理念，积极探索“两个自下而上”机制在社区的实践运用，引导多元主体参与基层共治自治，进一步扩大有序参与、推进信息公开、加强议事协商、强化权力监督，切实发挥街道、居委会在社会治理中的基层基础作用。树立了减轻基层压力、激发基层活力、凝聚基层合力、增加基层动力、提升基层能力的目标，通过建立健全“两个自下而上”机制，广发动、广纳谏、广参与、广受益，进一步深化基层党组织领导的充满活力的基层社区共治和群众自治，全面推进社区治理体系和社区治理能力现代化，努力走出一条具有 H 街道特色的社区治理新路，加快实现需求式服务、体验式治理的“社区梦”。

实际上，“两个自下而上”机制旨在推进社会治理重心的下移，深入居民区开展服务与治理工作，以及实现治理与服务绩效的“精细化”。而此也是社区治理“上海模式 3.0”的核心特征之一。

4.2.4 浦东探索的价值旨归：以人民为中心的发展思想和获得感

以人民为中心的发展思想不是凭空而来的，而是有着深厚的马克思主

---

① 引自《H 街道关于进一步推进“两个自下而上”机制的实施办法》，内部资料。

义理论渊源和中国特色社会主义实践基础的，是对我们党关于经济、政治、文化、社会、生态文明发展理论的系统提炼与总结（蔡昉，2016），特别体现在党的十九大形成的习近平新时代中国特色社会主义思想中。《中国共产党党章》中，党的根本宗旨就是“坚持全心全意为人民服务”，同时要求做到“发展为了人民、发展依靠人民、发展成果由人民共享”。

据此，以人民为中心的发展思想，落实在基层就是“以人民的美好生活为中心”。在实践中就可以转化为“人民对美好生活的向往，就是我们的奋斗目标”，朴实无华的语言、掷地有声的承诺，体现了党执政理念中“坚持以人民为中心的发展思想”。而从基层社会来看，居民的获得感、幸福感就是对“以人民为中心的发展思想”成效的检验。从上海的基层探索经验来看，以人民为中心的发展思想以及在此基础上的居（村）民获得感就成为浦东模式背后的价值理念和追求。一方面，基层社会治理的推进以服务和需求为导向，居（村）民是发展与治理的中心；另一方面，基层社会治理创新的探索成效以居（村）民的满意度和获得感为判准。由此激活和形成了创新社会治理的内源性动力，实现了价值诉求、理念行动与治理实践的统一。

第一，从价值诉求上看，需求导向下的基层社会治理成为常态。高行镇物业治理的创新探索、“张江 613”城市运行体系的资源部门整合实践、金桥镇永业一居“螺蛳壳里的和谐家园”以及合庆镇的“菜单式服务群众”工作法等基层治理实践，都是源自居（村）民需求的多元化导向，治理过程也鲜明地体现了“以人民为中心的发展思想”。

例如，合庆镇的“菜单式服务群众”工作法探索实践。“菜单式服务群众”工作法是在党建引领、村民自治的基础上产生的，是村党总支针对村民在日常生活中遇到的难题和提出的诉求而创立的工作方法，为了丰富服务载体、提高服务质量，党支部以“积分制”为监督考核手段，逐步形成了“群众点单、支部下单、党员接单”的基层党组织服务新模式，在两年多的实践过程中不断调整创新，为村民提供了精准的服务，受到群众的一致好评。其做法可以概括为四点。

（1）走访调研，村民“点单”。“菜单式服务群众”工作法从 2015 年实施以来，每年村党支部书记都会带领“两委”班子成员、村民代表、党小组长等骨干成员，以入户走访、定期座谈、慰问关怀等多种形式开展“翻箱倒柜”、地毯式的调研工作，直面群众的问题和意见，由每户家庭列出自己的问题与需求，村干部进行汇总，列出年度群众“急、难、愁”问题清单，并进行公示。一方面党员干部全面了解村民需求，有利于时刻牢记自己的使命和责任，实现广覆盖、零遗漏的需求调研；另一方面全面调研实现了全民参与基层自治，保障了村民参与管理集体事务、共建美好家园的权利，有利于提升村民的归属感和自豪感。

（2）需求分类，支部“下单”。在走访调研结束后党员干部将村民需求进行分类整理，建立问题清单，形成包括扶贫帮困、公益服务、平安建设、环境整治、爱心奉献等几大板块的服务菜单。同时党支部召开“两委”班子会议、党员干部会议、村民小组长会议，与党员干部共同商议服务内容，通过多方协商、共同参与讨论出共性和个性相结合的需求清单，确定需要上级部门协调支持的问题、需要列入年度工作计划中的问题，确定长期性的服务内容和个性化的问题，采取合理规划、逐一突破的方式进行需求分类，在几大固定板块的基础上增加村民自荐板块，充分考虑到村民的个性化服务，从而不断提升村民的获得感和满足感，增强村民对干部的信任度，加强党组织的形象建设。

（3）宣传动员，党员“接单”。“菜单式服务群众”工作法注重发挥党员的先进性和模范作用，通过党员会议、社区宣传栏、黑板报、微信公众号、党员微信群等多种渠道进行宣传，动员党员积极参与“接单”，实现从分派任务到党员自觉认领的转变，加强党员与群众的紧密联系。坚持“个人自愿申报、量力而行、特长优先、业余时间”的原则，充分发挥党员的能动性，以干部带动党员，党员带动广大群众参与。同时举办“菜单式服务群众”签约仪式，将“服务菜单”认领者信息及完成情况全部“上墙”，以制度化的方式规范党员的服务质量，推进服务工作的有效开展。

（4）积分管理，确保质量。为确保“菜单式服务群众”工作法指导下的党员服务群众质量，村党支部专门设置党员积分指标，采取分类积分方法，细化服务内容，合理量化分值，为每位党员干部统一制作党员服务积分管理簿，发放“菜单式服务群众手册”，以“党小组网格化管理”为抓手，由党小组长对照考评标准，对党员服务进行评议和打分，实行“一人一档、一事一记”管理原则，同时将党员积分及排名情况进行公示，形成党员之间的良性竞争，增强党员的责任感和荣誉感。同时党小组负责做好党员服务工作的信息化收集和积分等级工作，加强对党员服务群众质量的监督和管理，党员服务群众积分也将作为年度党员量化考评的重要依据，以此来激发党员的工作动力。

第二，从理念行动上看，共治体系不断完善、整合性治理理念不断深入。通过近几年的探索，浦东新区的基层公共事务共商共治得以系统推进，参与主体的范围日趋明晰、程序日臻规范，共商共治的成果真正转化落实，形成了塘桥街道“潮汐式”停车、潍坊新村街道“楼组党建”、周家渡街道“没有围墙的养老院”以及外来人口管理的南码头“三个实有”信息平台、高东镇“集中统一管理”和高桥镇“以外带外、以外管外”等典型案例。例如，共治成果“潮汐式”停车是塘桥街道为了解决社区“停车难、乱停车”的难点问题，将基层群众自治组织、属地单位、社会组织、企业法人、社区各界人士等社区主体纳入社区治理和服务体系中的一种实践探索，通过与交警、市职能部门的跨部门合作，使各种社会资源、市场资源进入公共服务领域，提高了服务质量。从最初的错时停车试点到后来的“潮汐式”停车，再到工作内容的全面拓展，“停车难”项目最终探索出一条社区共治的整合性治理道路。再如，上钢新村街道在老旧小区以“打通生命线”为口号，解决了乱停车堵塞消防通道的难题。高桥镇为了与来沪人员输出地建立沟通联系机制，在陆凌村建立山东平邑籍来沪人员管理服务工作站，实行社区化管理和参与式共治，取得较好效果。

第三，从治理实践上看，自治经验不断推广。浦东新区不仅满足于培育自治典型，还注重扩大改革成果，推广典型经验，将“盆景变苗圃、苗圃变森林”。例如，合庆镇“1+1+X”自治工作法的推广（“1+1+X”自治工作法最早是由合庆镇探索形成的村民自治模式，第一个“1”，指党组织的领导；第二个“1”，指村民自治章程；“X”即根据自治章程制定的实施细则）。“1+1+X”自治工作法推广以来使党组织的领导进一步加强，干群关系明显改善，破解了农村社会治理中的很多难题，很好地夯实了基层基础。再如，北蔡镇中界村引导村民参与村务管理监督，一举解决了自留地补偿这个从20世纪70年代末遗留至今30多年的难题；大团镇金石村村干部把“草根宪法”当作金钥匙，成功解决了说服村民土地流转、开办家庭农场、防止“三违”回潮的难题。同时，自治金管理办法的推广也是一项重要成果，其以“自治金”为支点，撬动社区治理创新。陆家嘴街道自2011年开始探索通过项目化运作方式创新居民小区自治管理模式，经过5年的实践和探索，累计实施自治项目649个，涉及资金602.3万元，涵盖了楼组建设、文化教育、惠民实事、群团培育等居民区建设的各个领域，形成了一批居民认同度高、影响力大、可复制、可推广的品牌项目。

同时，社区服务能级进一步提升。按照社会管理的有效性和公共服务的均等化、可及性、便捷性要求，目前浦东新区已全面形成以“3+1”中心（“3”即社区现已建成运行的社区事务受理服务中心、文化活动中心、卫生服务中心，“1”即大力推进建设的社区生活服务中心）为主要内容的社区综合服务架构，形成了覆盖全区的“1+36+X”（“1”为区级平台，“36”为36个街镇受理平台，“X”为分中心）一门式服务网络。同时，浦东新区加快推进公共社会事业及大型居住社区项目建设，教育、卫生、文化、体育、民政、住房保障等领域的公共服务资源的均衡化配置水平显著提高。例如，在公共文化资源配置方面，形成了区、区域、街（镇）和村（居）的覆盖城乡的四级公共文化设施网络体系，其现有人均公共文化设施建筑面积高于上海全市的平均水平。

第四，从治理成效上看，居（村）民的获得感显著提升。例如，合庆镇的“菜单式服务群众”工作法的治理实践，解决了一系列村民“急、难、愁”的问题，显著提升了党的形象，夯实了党在基层的公信力，进一步形成了基层社会治理的组合力。“菜单式服务群众”工作法实行党员干部主动认领问题、发现问题、及时解决问题的模式，既提供服务也建言献策，将党员群众纳入基层服务与管理中，形成一种干部带头引领、党员积极参与服务的模式。同时，引入多方主体参与基层社会治理中，不断壮大志愿者队伍，凝聚社区合力，建立一项村域长效管理机制，形成党组织领导下的全民参与社区建设和社会治理的组织力。例如，张江镇在城市治理中坚持以群众面临的实际问题与困难为导向，以群众需求为首要考虑因素，以群众的终端感受为落脚点，将“感受式服务”作为基本的群众工作方法，更作为衡量各项工作实效的标准。服务效果如何，最终要靠群众来检验和评价，在群众诉求表达、诉求回应、参与评价机制等方面不断健全与完善，从而保证服务主体与服务对象需求的无缝衔接、服务动机与服务效果的有机统一，实现由“精细化治理”到“感受式服务”的转变。

4.2.5　治理重心的不断下移和社会组织的有力培育

党的十九大主张要“加强社区治理体系建设，推动社会治理重心向基层下移，发挥社会组织作用，实现政府治理和社会调节、居民自治良性互动”。社会治理重心的下移，是单位制解体以来实现社会再整合和再组织化的重要策略和基本趋势。治理重心的下移，意味着基层重要性的不断强化，这就要求基层社区中多主体的充分发育以及对政府职能转移进行有效承接。而作为增量主体之一的社会组织（特别是社区社会组织）的大力培育以及在基层社区中的作用发挥就成为新时代上海模式的关键。从实践来看，浦东基层社会治理，本质上就是基层社区场域中不同治理主体互动与合作的过程，其中社会组织有序参与则是浦东模式的鲜明特色和亮点。

整体上看，为培育发展社会组织，进一步增强社会发展的活力，浦东出台了一系列的政策和举措。(1) 出台《浦东新区关于进一步推进社区社会组织发展的指导意见》（浦府办〔2015〕14 号），明确四个重点发展的领域，即提供社区生活服务、推动社区互助救助、满足文化体育需求、促进基层治理和社区参与的四类社区社会组织，在营造发展环境、做实服务管理、加强工作保障等方面为街镇提供路径和支撑。有关举措已在浦东新区“十三五”社会组织扶持政策中形成配套条款。(2) 探索完善浦东新区政府购买服务机制。制定社会组织承接政府购买服务资质目录，通过“供需对接·一站式服务”平台等载体推动公益服务项目规范化、专业化运作。（3）实现街镇社会组织服务中心全覆盖。构建社会组织服务中心网络联动平台，加强各中心互动结对与指导培训，充分发挥街镇社会组织服务中心预警网络、辅助管理、公益项目服务和能力建设支持功能。引导街镇和居（村）各类群众活动团队健康发展。（4）加强公益示范基地建设。加强由浦东公益服务园、浦东基金会服务园、浦东公益街和社区公益服务园组成的浦东公益示范基地建设，努力将基地打造成浦东公益性社会组织的孵化成长园区、政社合作供需对接的服务平台、公益项目和产品研发的集散基地、公益组织和公益人才的集聚中心、公益理念和公益文化的输出高地。加强公益组织交流和文化传播，组织社会组织公益活动月等活动，进一步强化社会组织参与社区共建共治功能。

在上述一整套政策的有力推动下，浦东的基层社会治理中社会组织充分发育，专业作用不断得以凸显，社会治理格局不断优化，各主体分工有序、合作发展，初步实现了政府治理和社会调节、居民自治良性互动。（1）各类社区社会组织不断壮大，社区发展基金会普遍建立。2015 年年底，浦东新区各街镇全面建立社区发展基金会，总额达到 1.18 亿元，基金的设立、管理和使用进一步规范，有力地促进善款募集和社会融合。（2）浦东街镇社会组织服务中心实现全覆盖，并在此基础上进行了组团式互助机制的建构尝试。2016 年，浦东新区将发展较好、实践充分、功能完备的塘桥街道、川沙新镇、陆家嘴街道、浦兴路街道、金杨新村街道、洋泾镇等 6 个街镇社会组织服务中心确定为网络发展核心，其余各街镇分属 6 个网络小组。各小组定期开展培训、召开会议、交流学习、互动参观，初步形成了浦东新区的社会组织服务中心陪伴、互助、成长计划，创新建立了组团式互助机制。浦东新区民政局创新互动机制、发挥典型经验，形成各街镇社会组织服务中心“传帮带”的互动平台和网络小组，逐步建立起具有浦东特色的互动增能发展模式①。（3）组团式互助机制取得显著成效，有力地推进了社会组织专业功能的拓展与发挥。截至 2017 年年底，全区获评社会组织规范化评估

① 引自《浦东街镇社会组织服务中心实现全覆盖》，东方网，2017 年 11 月 14 日。

3A 及以上等级的社会组织共 285 家，约占社会组织总数的 15%，3A 及以上等级的社区社会组织 139 家，约占社区社会组织总数的 49%。潍坊新村街道、川沙新镇、金杨新村街道、浦兴路街道等 4 家社会组织获得第二届、第三届“上海市先进社会组织”。川沙新镇、康桥镇、航头镇的社会组织服务中心还积极推动建立专项发展资金、社区专项基金等，用于开展社区公益创投项目、扶持社会组织发展。塘桥街道、川沙新镇社会组织服务中心等起草了政府购买社会组织服务的若干意见、项目清单与扶持社会组织发展的若干意见等文件，助力街镇扶持社会组织和公益事业发展。唐镇、高行镇社会组织服务中心还结合“家门口”服务体系，整合各居（村）委会的需求清单和资源清单，有针对性地引入社会组织，促进了居（村）民对社会组织的认知与接纳。社会组织逐渐成为浦东基层社区中不可缺少的一元，有力地助推了基层社会治理能力和体系的现代化。

第5章　社会治理重心下移与服务集成实践

5.1　"家门口"服务：社会治理工作重心下移的浦东实践

5.1.1　"家门口"服务：内涵、价值与意义

"家门口"服务，是浦东新区2017年的一个亮点民生工程，是基层社会治理的一种整合性服务范式创新，是贯彻习近平总书记对上海提出的关于"坚持以人民为中心的发展思想，着力推进社会治理创新，超大城市精细化管理水平得到提升"的要求，也是落实市委"1+6"文件以及中国共产党上海市第十一次代表大会精神的关键举措。

概而言之，"家门口"服务是以构建与开放、创新、高品质浦东新区相适应的社会治理体系为目标，以综合统筹、系统集成、自治共治为路径，以居（村）"家门口"服务站建设为抓手，聚焦深化基层治理体制机制，着力推进平台、载体、功能+项目、机制、队伍建设，依托居（村）党建服务站，通过标准化建设、规范化运营、信息化支撑和专业化支持，构建居（村）层面"家门口"服务体系，实现"生活小事不出居（村）、教育服务就在身边"，破解服务群众"最后一公里"难题的一项系统工程。

"家门口"服务既是对社会治理与服务的基层拓展，也是破解服务群众"最后一公里"难题的关键举措，在浦东的新一轮服务创新中具有重要的价值和意义。其在理念价值上充分实现了"以人民为中心的发展思想"，

是对习近平新时代中国特色社会主义思想的直接服务转化，行动上也是对上一轮浦东创新社区治理与服务创新实验区工作的纵深拓展和深入推进。

就其意义而言，建设“家门口”服务体系，主要有两个方面的意义①。一方面，这是落实和推进党的十九大提出的“社会治理重心向基层下移”的重要举措，是对上海市委“1+6”文件的深化落实。党的十九大中提出“加强社区治理体系建设，推动社会治理重心向基层下移，发挥社会组织作用，实现政府治理和社会调节、居民自治良性互动”。同时，“重心下移、资源下沉、权力下放”“一切围绕群众转”，是市委创新社会治理、加强基层建设的基本原则。为落实好市委要求，浦东新区区委提出了“三转”的工作理念，即部门围绕街镇转、街镇围绕居（村）转、居（村）围绕群众转。推进“三转”不能空对空，必须有抓手、可落地，“家门口”服务体系建设就是关键一招。另一方面，这是服务群众“最后一公里”的民生工程。区委在基层调研中发现，服务群众还有不少需要改进的地方，可用三个字来点出其中的差距。第一个字是“远”，虽然每个街镇都设立了“三中心”，但由于浦东新区区域大，特别是郊区农村，很多居（村）享受不到“15 分钟生活服务圈”的便利。第二个字是“散”，居（村）委会虽然有一些服务功能和资源，但分散在各个条线，居民办事往往找不到对应的点、对应的人。第三个字是“虚”，有的居委会牌子挂了二三十块，但很多是“有牌子无服务”，服务不落地，群众对此有意见、有抱怨。建设“家门口”服务体系，就是要针对这三个字，为群众提供更加就近、便利、实在的服务。

5.1.2 “家门口”服务：现实推进与实践逻辑

“家门口”服务，是浦东新区社会治理与服务创新的一项系统的民生工程，其推进过程分为前后累进的三个阶段。一是系统谋划与集中试点阶段，主要任务是形成“家门口”服务体系建设方案，并选 4 个街镇集中试

① 引自 2017 年 8 月 23 日在“贯彻城市基层党建会议精神推进‘家门口’服务体系建设会议”上 M 领导的讲话。

点；二是统筹部署与全面推进阶段，主要任务是开展动员部署和工作培训，在全区 36 个街镇全面推进，并进行评估验收；三是总结反思与提升完善阶段，主要任务是实现全区覆盖，全面提升浦东新区居（村）社会治理精细化水平。

第一阶段：系统谋划与集中试点（2017 年 3 月初—5 月底）

第一，服务体系建议的牵头部门是地区工作党委，参加部门是推广小组其他各成员单位、各镇，以形成区层面工作方案、区级服务资源和服务项目清单（2017 年 3 月初—4 月底）。由地区工作党委牵头，相关职能部门配合，在科学调研与系统论证的基础上，形成浦东新区居（村）层面“家门口”服务体系建设的工作方案、区级服务资源清单和服务项目清单，加强全区面上指导，为街镇、居（村）实际操作提供借鉴参考。第二，开展集中试点（2017 年 4 月底—5 月底）。在川沙新镇、陆家嘴街道、浦兴路街道和书院镇同步开展集中试点，各选取 1～2 个居（村）委会推进“家门口”服务站建设，以形成典范引领。

第二阶段：统筹部署与全面推进（2017 年 6 月初—2018 年年底）

第一，召开工作部署会和培训会（2017 年 6 月初—6 月中下旬）。6 月初，召开浦东新区推进“家门口”服务体系建设工作部署会，下发工作方案、服务资源清单和服务项目清单等，进行全面动员部署。6 月中下旬，召开培训会，到 4 个试点街镇现场参观，邀请条线部门进行相关培训。第二，各街镇全面推进（2017 年 7 月初—2018 年年底）。各街镇梳理形成居（村）需求清单、社区资源清单、服务项目清单，整合居（村）委会现有的各项服务功能，推进“家门口”服务站建设。至 2017 年年底，30% 以上的居（村）完成建设；至 2018 年年底，80% 以上的居（村）完成建设。

第三阶段：总结反思与提升完善（2019 年 1 月初—2019 年年底）

2019 年，基本实现了居（村）“家门口”服务站全区覆盖，并进一步总结经验，完善机制，全面提升浦东新区居（村）社会治理精细化水平和为民服务质量。同时，就服务的内容拓展、服务升级以及制度化建设等议题展开新一轮建设，争取率先实现治理现代化。

上述“家门口”服务的实践推进也呈现了明显的内在逻辑，本质上是对 2014 年以来基层社会治理与服务实践经验和创新做法的整合与提升，是对服务资源、服务平台以及服务力量的多维度的整合性尝试以及服务递送系统，即一种以人民为中心的服务集成实践。

（1）系统集成，把分散的服务资源统筹起来。这主要指“家门口”服务作为平台的整合功能。第一，综合统筹，推动部门资源下沉。当前基层社会治理中存在的突出问题就是如何打通服务居（村）民的“最后一公里”。而浦东新区的社区公共服务资源分布在教育、卫生、民政等多个部门，大多聚集在区级、街镇层面，群众需要服务时常常“找不对路”，无法就近、快速获得。为此，浦东新区“对症下药”，全面梳理区级可下沉的服务资源，涵盖党群、政务、生活、法律、健康、文化、社区管理等七大类，涉及 19 个区级部门、42 个服务项目，形成区级层面的服务资源清单和服务项目清单。同时，按照“部门提供清单，基层按需对接”的原则，建立公共服务资源条块对接机制，供居（村）结合实际，点单式选择，实现“服务前移”。第二，党建引领，实现社会资源集成与开发。通过区域化党建，把驻区单位、服务社区的市场主体的服务资源整合起来，例如，有的与市政企业共建，引入绿化养护资源；有的与“点帮帮”等社区服务公司合作，引入市场化服务资源。通过“两新”组织党建，把新经济组织、新社会组织的服务资源整合起来，例如，引入辖区律所、调解类社会组织等资源。通过居民区党建，把内生服务资源激发出来。浦东的探索实践，使社会组织、市场企业、社区能力等社会资源高度集成、充分融合，最大限度地拓展了公共服务资源总量，为提供多样化的社区服务建立了“资源库”。第三，项目运作，促进服务资源实地转化与使用。浦东新区坚持项目化运作方式，集成部门下沉资源和社会统筹资源，根据社区服务的需求点和社区治理的重难点，推出“基础+特色”的服务模块，把抽象的服务资源转化成具体的服务项目。如党团关系转接、补助事项申请、公用事业缴费、法律咨询、健康咨询、文化活动指导等。此外，各居（村）结合实际，挖掘与培育特色服务项目与品牌，实现服务资源的高效率使用。

（2）功能综合，把分散的服务平台结合起来。这主要指“家门口”服务作为品牌的集成功能。第一，打破分割，实现服务平台再整合。之前，居（村）委会挂牌，少则20多块、多则30多块。然而，这些平台“各自为政、站点分割、资源分散”，无法为群众提供高质量、精细化的服务。为破解上述问题，浦东新区广泛听取街镇、居（村）和群众意见，决定在居（村）层面，以居（村）党建服务站为依托，把各类平台整合起来，建设一个开放度高、功能齐全、上下联动、左右互通的“家门口”一站式服务平台，以空间优化促服务优化，实现基层服务体系的重组再造。第二，精准服务，实现平台功能分类实策。在“家门口”服务站建设过程中，总的要求是通过平台整合实现功能综合。浦东新区根据居（村）类型丰富、服务人群多元的实际，打造了不同类别的服务功能板块。例如，在农村地区，设有代写建房申请、代办就业保障等服务；在高度城市化地区，设有彩绘文化墙、微景观、绿植养护等技术指导服务；针对上班族，建立错时、延时工作制，设有微信办理平台等服务；针对老年人，建立代办服务制，设有水电煤代办缴费、柴米油盐和新鲜蔬菜代购等服务。第三，利用“互联网+”，实现服务平台信息化、智能化。加强科技在社区服务中的有效运用和综合利用，实现群众在“家门口”就能享受“互联网+”带来的多种服务。例如，结合“浦东云”建设，把街镇社区事务受理中心、党建服务中心等软件服务系统向居（村）点延伸，加快推进政务自助服务，通过“浦东易生活”线上线下平台，为居（村）民提供精准便利的生活服务；积极发挥“浦东e家园”平台作用，进一步完善社会治理综合信息服务平台，持续推进居委会信息化建设，促进信息资源融合共享。

（3）自治共治，把分散的服务力量凝聚起来。这主要指“家门口”服务对多元化力量的整合和凝聚。第一，居民自治，服务项目的提供真正“以人民为中心”。服务站建设坚持自下而上、结合居（村）实际情况，以居（村）为主导，运用“1+1+X”基层自治机制，通过听证会、协商会和评议会，把服务项目的选择权、决定权、评价权交给群众，强化居（村）民参与社区服务的意识和责任，营造基层民主协商和参与自治的良好氛围。在需求提取时，邀请居（村）民及利益相关方，通过问卷调查、微信征集等形式，精准把握社区服务需求。在项目选择时，通过众创会议、开放空间讨论等形式，由居（村）民群众选定哪些项目进服务站。在项目运行一段时间后，根据群众评价，及时调整和改进服务项目。第二，多元共治，强化社区服务后台支撑。深化区域化党建，推进社区委员会建设，实现区域资源双向互换、需求对接；完善"走千听万"机关干部联系居（村）机制、基层疑难共性问题研究机制；建立基层约请制度，居（村）可约请区或街镇职能部门、区属企事业单位，共同推进解决社区"急、难、愁"问题，构建党建引领基层治理新格局，形成融自治、共治、德治、法治于一体的社区利益共同体、生活共同体和文化共同体。第三，推进"全岗通"，强化"家门口"服务的队伍保障。为保障"家门口"一站式服务的实现，浦东新区制定社区工作者培训手册，聘任具有丰富群众工作经验的退休书记作为督导，带教陪岗，全程跟进指导社区工作者队伍建设。逐步引进与推行对社区工作者自下而上的群众测评和第三方独立评估相结合的考核体系，充分发挥考核的"指挥棒"作用，以"全岗通"服务理念为指导，推行居（村）制度规范化、建设标准化、管理信息化，实行首问负责制、指定责任制、兜底负责制，全面推进社区工作者"一专多能、全岗都通"，不断提升服务群众的能力水平。第四，自治家园，提升基层社会治理水平和能力。一个有活力的"家门口"服务站，不仅需要广泛的可参与性和互动性，更应注重激发社区居民的公益精神和规则意识，体现出社区"家"的温度。"家门口"服务站的建设不仅通过导入外部资源解决居民需求，更需要不断激发社区内生的资源释放，推动居民有序、有效、有意识、有能力地解决自己社区的治理需求，从提升居民参与感、获得感到建设公民有责任感、成就感、归属感的自治"生态圈"，逐步推动社区的自治共治。

此外，"家门口"服务体系的建设，也进一步梳理完善了居民区自治共治工作的组织网络、载体、团队、项目和机制。例如，自治金工作引入众筹机制，从"项目"参与到"资金"参与的转变，不仅实现了资金来源的多元性，激发了自治团队的责任意识，更重要的是社区公益宣传的社会化程度大大增加，社区资金、资源进一步得到有效分配，对社会公益资金的使用、管理和分配，又为基层自治共治提供了公共空间，促进基层治理结构和自治能力的优化提升。

5.1.3 “家门口”服务：实践成效与逻辑张力

首先，从“家门口”服务推进的实践成效①来看，“家门口”服务统筹推进有力、成效初步显现。2018 年，36 个街镇已有 700 多个居（村）在试点推进，其成效可以概括为三个方面。

（1）“三个清单”不断夯实服务的专业性和社会性

“三个清单”是“家门口”服务站的标配。“三个清单”是指需求清单、资源清单和项目清单。建设“家门口”服务站，第一，要形成需求清单。服务要以需求为导向，需求的提取要坚持“自下而上”，要通过召开听证会、协调会、评议会、座谈会、意见征询会等多种形式，以居（村）区域内各类组织和各个群体为对象，广泛征集、分类提取。前期开展集中试点的居（村），第一步都是摸需求，例如，浦兴路街道通过网络版问卷调查，形成了“社区居民需求调查报告”，排摸汇总了七大类服务的需求情况，并进行排序，哪些需求是首先要满足的，一目了然，非常有针对性。第二，要形成资源清单。地区工作委员会前期多次征集职能部门意见建议，对条线可以下沉到居（村）的公共服务资源进行梳理，形成了浦东新区“家门口”区级服务资源清单，在培训会中下发以供大家参考。街镇和居（村）层面也要梳理、排摸居（村）区域内的市场、社会、自治共治资源，结合公共资源和内生资源，形成具有本居（村）特点的资源清单。第三，要推出项目清单。需求清单和资源清单出来后，一对接就可以形成项目清单。形成的浦东新区“家门口”区级服务项目清单，可供各街镇和居（村）点单式选择，培训会上也会下发。各街镇在“三个清单”相结合的基础上，推出若干符合居（村）实际的服务项目，满足不同群体

---

① 参考 2017 年 8 月 23 日在“贯彻城市基层党建会议精神推进‘家门口’服务体系建设会议”上 F 领导的讲话，以及地区工委在“浦东新区构建‘家门口’服务体系动员部署会”上 W 领导的讲话。

的多样化服务需求，切实提高服务的专业性和社会化水平。

（2）三类机制筑牢服务的常态化、制度化

“家门口”服务站建设同时结合了居委会标准化建设、“全岗通”模式推广等。建设过程中，要着眼于今后的常态长效管理，建立健全三大机制。第一，为民负责机制。结合“全岗通”推广，服务站都要设置“一门式”、柜台式的前台接待，方便群众办事。为推动履职尽责、工作落地落实，要实行首问负责制、指定责任制和兜底负责制，确保各项工作责任到人、落实到位。第二，分类的项目服务机制。七大服务板块中，每个板块都有相应的服务管理机制。特别要强调的是政务服务要建立健全错时工作制度、延时工作制度、“全岗通”服务制度。健康服务要建立全科医生巡诊进居（村）机制，完善居民健康自我管理机制等。第三，工作支撑机制。其中，一是自治共治机制，特别是要坚持“1+1+X”基层自治机制，建立听证会、协商会和评议会“三会”制度等；二是信息化支撑机制，新时代以来社区居民需求的线上表达成为常态，因此要整合各类信息化的数据平台与时俱进，结合“浦东云”“浦东易生活”“浦东 e 家园”、社会治理综合信息平台等建设，加大“互联网+”管理服务在居（村）层面的应用；三是考核评价机制，加大街镇评价和群众评价在考核中的权重，要充分发挥考核的“指挥棒”作用，引导各级部门增强服务意识。

（3）重组再造了居（村）功能，实现了服务整合

一是集成了服务系统。“家门口”服务站把党建服务站、社区事务居（村）代理室、志愿者服务站等已有站点系统集成，把政府、社会、市场力量高度融合，把公共资源、服务资源、自治共治资源汇聚到一个终端，实现了线上与线下服务相结合，服务居民与居民自我服务相结合。二是体现了功能综合。在居（村）层面打造的“家门口”一站式服务平台，集合了党群、政务、生活、法律、健康、文化、社区管理等七大类服务功能，最大化利用了居（村）委会有限的办公用房资源。例如，书院镇塘北村根据农村实际，把所有能办理的事务都归口到服务站中，如就医记录册领用补换、社保业务受理、居住证办理、为行动不便的老人上门采集人像等行政事务特办，让老百姓体验综合服务。三是做到了项目对路。19 个

职能部门全面梳理可下沉的七大类服务资源，形成区级层面资源清单，梳理出 42 个服务项目，提供给居（村）点单。例如，区妇女联合会开展了两轮精细普查，从问题中理出符合妇女特点的前五位需求（依次排序为维权咨询、助老帮困、生活技能培训、妇幼保健、心理咨询），设计服务项目，让基层妇女联合会选择。各街镇通过“三会”，即听证会、协商会和评议会，把服务项目的选择权、决定权、评价权交给群众，体现了“项目不在多，而在于对路”的特点。

就其推进的内在逻辑而言，“家门口”服务实际上是浦东基层社会治理的一种整合性服务范式创新，是对 2014 年以来基层社会治理与服务实践经验和创新做法的整合与提升，是对服务资源、服务平台以及服务力量的多维度的整合性尝试。从其近年的实践探索来看，也取得了明显的服务成效，即“三个清单”下服务专业性和社会性的不断夯实，三类机制联动中服务常态化、制度化的建构与筑牢，居（村）功能重组与服务整合，以及在此基础上居（村）民满意度、获得感的有效提升。与此同时，“家门口”服务也遭遇了实践中的张力和进一步推进中的困难。

（1）形式的下移与内容的下移之间不相匹配

“家门口”服务旨在就近为居民提供七大类服务，这也是与党的十九大提出的“社会治理重心向基层下移”相一致的。但是，也需要对治理重心下移到底指的是什么、是什么的下移、如何下移、下移之后可能引发的问题等进行进一步的反思与研究。浦东新区的“家门口”服务由于对上述方面的问题尚未做出有效的思考和解答，也没有就服务下移的具体事项、建设标准以及理想状态达成基本共识，笔者在实地调研中，“家门口”服务的相关居（村）负责人都表达了对即将到来的评估的担忧和疑惑。因此这就可能存在理念与服务的不匹配、认识与行动上的不统一、下移形式和内容之间的不协同，以及居（村）之间的不同步等问题，进而造成“家门口”服务的悬置与社区服务的脱嵌等问题。

（2）标准化的服务项目与差异化的居（村）实际之间存在张力

标准化的组团式服务体系，应更好地考量具体的差异化的居民需求。

“家门口”服务项目如何进一步动态地、弹性地考虑到其他人群的需求（更高层次需求）问题，特别是如何实现与人民对美好生活需求的动态匹配与耦合调整是“家门口”服务体系建设中存在的一个逻辑上的张力。例如，为特色项目的因地制宜留足调整的空间和弹性，在操作与执行过程中为弹性的、多样化的居民需求安排一种吸纳与反馈的机制，以及在标准化的服务平台中引入第三方的社会工作服务机构以实现服务提供上的联动可能是消解这一张力的重要举措。

（3）服务提供与服务接收之间的单向性传递

居（村）“家门口”服务主要涉及党群、政务、生活、法律、健康、文化以及社区管理等七大类服务项目，其目的是精准化、便利化服务群众，实现“日常服务就在身边，应急服务一键办成”，提高基层治理水平和为群众办事能力。然而，这一来自政府的“自上而下”的单向性服务递送也可能造成居（村）民沦为“不相关的邻里”，成为服务的“被动接受者”，一方面有可能造成居（村）民的“服务依赖”和“膨胀服务”，进而对政府产生不合理的更高期望；另一方面也造成了居（村）民服务参与和服务能力的萎缩和迟滞，不利于服务的精准、有效提供。这就是说，如何调动居民的主动参与，以及如何将居（村）民吸纳到“家门口”服务的提供中来，也是需要进一步考量的方向。要特别警惕与规避“家门口”服务中居民的被动行为、依赖心理以及不合理预期的形成。

（4）整合性的服务项目与条线服务事项的分割与个性化

“家门口”的服务体系涵盖党群、政务、生活、法律、健康、文化以及社区管理等七大类服务项目，一站式服务的提供在为居民带来极大便利的同时，无疑加大了对工作人员的能力要求，也不可避免地面临着来自不同条线统筹、协调上的困难。更为严重的是，个别服务站点表现出了条线职能部门业务下向传递的机会空间，这是需要引起足够重视的。因此，从这一意义上讲，“家门口”服务亟须理清其职能定位和性质所属问题，严格按照“清单制”方式开展服务提供，要从制度上切断行政业务向下传递的可能。

5.2 “邻里汇”：社会治理创新中的徐汇探索

与浦东新区的“家门口”服务相对应，徐汇区聚焦于基层党建和基层民众生活需要，在不断探索的基础上，逐渐形成了“邻里汇”的品牌模式。“汇”从学理意义上指汇聚、整合的意思，是对各类主体整合基础上的联动，旨在凝聚和汇聚社区治理的多方力量，继而建构社区治理共同体。其具体做法是在每个街镇建立 1～2 个“邻里汇”中心，整合街镇的居民自组织、社会组织、社区基金会与志愿团体，为徐汇区居民提供社区生活服务、为老服务、健康服务、文化服务、托幼服务、法律服务等多项服务内容，有效地便利了居民的日常生活，同时在这个过程中，基层党组织不断推动居民组织化，充分发挥基层党组织的引领作用。从“邻里汇”的品牌内涵、实践逻辑以及治理成效来看，这也是现实实践中的一种整合性服务实践。

5.2.1 “邻里汇”模式的理念与定位

“邻里汇”的建设和运行，是深入理解习近平总书记在党的十九大报告中所提及的“要抓住人民最关心最直接最现实的利益问题”“使人民获得感、幸福感、安全感更加充实、更有保障、更可持续”的要求，通过在社区中设置相应的公共空间，整合社区内的服务资源，以更好地服务于社区居民的日常生活需求。“邻里汇”工作最主要的理念便是服务居民、惠及民心。以下笔者以 Q 街道的调研为依托展开论述。

Q 街道先行先试，在探寻与创新“邻里汇”发展实践的过程之中，凝心聚力，在“汇”字上下功夫，形成了独特的“3HUI”工作法，即 Q 街道在社区治理与服务创新中所秉承的“惠民、汇邻、荟生活”的价值目标与实践方略。具体体现在，Q 街道深入把握“邻里汇”以人民为中心的发展内核（惠民），将满足邻里需要、动员居民参与（汇邻）和实现居民美好生活（荟生活）视为 Q 街道“邻里汇”发展的价值指引和发展方向，并将其具体化为汇需要、汇服务、汇居民和汇民心的“四汇联动”实践行动，有助于从其中探寻主体与服务联动的工作机制，丰富和发展当代基层社会治理与服务创新的内涵，有助于提升社会治理的现代化和精细化水平。

（1）汇需要：精准搜集、对标与满足需要。无论是物质文化需要，抑或是美好生活需要，两者都是党和国家在不同阶段执政和施政的关键点，即党和国家借助社会福利制度满足民众的需要。“邻里汇”模式从本质而言是基层公共服务和社会治理的空间场所，通过“邻里汇”这一空间容纳福利资金、资源和组织，向居民提供良好的公共服务，推动民众参与到基层社会治理的过程中。汇需要指的就是搜集和汇总居民需要，主要包含收集、整合、分类、回应和评估五个环节。为了有效汇需要，Q 街道设计了社区生活党建联席会议等机制，利用社区作为空间阵地，借助“邻里小汇”回应社区民众所产生的需要。运用楼宇党建点，使得都市白领能够就近满足就餐、娱乐和休闲需要，使得党建点人气爆棚。在“邻里汇”中，Q 街道引入申养专业养老机构，为辖区老年人提供良好的生活娱乐和交往场所，使得老年人生活质量显著提升。汇需要此时主要体现的是，街道和社区居委会合力借助一系列搜集需要机制，搜集、整合民众需要，并借助现有治理资源和体系回应需要，从而使得居民需要被满足，在这个过程中，居委会工作日益汇聚社区民众的心，而街道向社区推进各项工作也变得越来越顺利。

（2）汇服务：创新供给模式与构筑服务闭环系统。为满足民众的美好生活需要，在创新社会治理的过程中应当重视供给侧改革，不仅包含供给资源投入量的增加，还包含服务供给方式的改变，即运用社会工作学、心理学、老年学、护理学等领域的专业组织和工作者的力量，提升公共服务的专业性，同时拓展社会治理的社会性，即借助丰富多彩的社会活动，吸引民众的参与和支持。

因此，汇服务的内涵是通过设计系统完善且符合民众需要的公共服务体系，推动民众在推行“邻里汇”发展过程中不断收获获得感。Q 街道在推行“邻里汇”的发展过程中，强调以辖区为本，根据自身辖区特点灵活性运用多个资源链条购买不同的服务项目内容。Q 街道聚集诸多都市白领，街道通过招投标方式购买“九点社工站”的“沪语学堂”服务项目，每逢周末向新上海人及其家庭教授上海话，便于他们更好地融入上海文化。Q街道社区基金会，每年度会向本辖区社区的自治团队，每社区资助1~2个服务项目，运用社区志愿队伍提供社区相应的公共服务，在提升社区生活福祉基础上激发社区活力。

（3）汇居民：在服务居民过程中提升居民参与主体性。习近平总书记在党的十九大中提出建设共建共治共享社会治理体制，同时保证社会中兼具秩序与活力。所谓共建共治共享的“共”，并不仅仅指代政府、企业、社会组织、基金会等组织主体，同时也指代民众，即民众也应当充分地融入社会治理过程中，不断提升自身的参与能力和参与意愿，以使其在过程中成长和发展为基层社会治理的积极行动者。

汇居民指的是居民能够自主自发进入“邻里汇”，愿意参与构建“邻里小汇”的公共空间，继而让“邻里汇”公共空间变得有人气、让“邻里汇”项目能够有更多居民参与。汇居民分为三个步骤：首先，“邻里汇”“邻里小汇”所提供的服务活动是居民所需要的，因此在活动举办的时候能够汇集广泛的社区居民参与；其次，推动“邻里汇”和“邻里小汇”空间设置进一步公共化，能够成为社区民众的公共客厅、周末休闲的好去处、楼道邻居聊天谈话的固定地点，使得“邻里汇”能够不断汇集社区居民的人气，在这个过程中加强居民对公共空间的好感、提升社区或楼宇的社会资本、增强党组织和社会组织对民众的吸引力，为后一步的汇做准备；最后，在前期互动基础上，不仅加强了“邻里汇”对社区民众的吸引力和向心力，而且增强了民众参与的积极性和主动性，使得民众在日常过程中便成为积极行动者，在“邻里汇”公共空间中建立越来越密切的联系。

（4）汇民心：在输送服务过程中强化基层党组织引领能力。习近平总书记在上海考察时说，“老百姓心里有杆秤，我们把老百姓放在心中，老百姓才会把我们放在心中”。当前在推动“邻里汇”及其相关的社会治理发展过程中，基层党建是其中的核心要素，同时也是其最终归宿。在供给公共服务过程中，让党组织发挥更重要作用，能保证民众在有获得感的过程中拉近与党和政府的心理距离。

Q 街道重视将党建元素融入社会治理框架中，着力将党建空间和公共空间融合，让党组织看得见、用得着，成为民众和都市白领的日常生活内容。如此高调亮身份、亲切供给服务，赢得了民众和都市白领的心，使得他们自愿参与到治理过程中。Q 街道党建服务中心常规性地在周五设置白领读书会，都市白领汇聚在此纵论国家大事，积极学习党组织新的理念和论述。社区读书读报小组逐步发展成社区自治议事会，社区中的老党员出于对自身身份的信仰和对社区的热爱，自觉成为社区的积极行动者和居委会的好帮手，帮助解决社区中的疑难杂症。如此成效得益于 Q 街道坚持将汇民心作为“邻里汇”发展的最终旨归，即使得民众不仅仅将“邻里汇”看作供给社会服务的平台，同样将其视为建立良好社会关系的公共空间，更是将其看作参与社会治理和实现自我社会价值的重要平台。而此时基层党建工作借助党组织、优秀党员的力量，逐步走入内心，唤醒和增能普通群众，使得党建逐步做到汇聚人心，也成为基层社会治理永葆活力的重要增长极。

5.2.2　“邻里汇”的运行机制

Q 街道在推进街道社会治理过程中，是以阵地化党建和网络式参与为主要的创新突破点，即为了推动基层党组织在不同的功能空间中发挥引领作用，同时推动多元主体的网络式参与，切实保证社会治理过程中的秩序与活力目标并进。

在具体实践过程中，Q 街道主要借助四种实践方式和工具进行探索，分别是党建引领、以需求为本、项目驱动和邻里汇聚，前述四者不仅是“邻里汇”治理过程中的目标，更是有着相应的实践属性的惠民工程构成要件。

（1）党建引领。党建引领要充分发挥思想党建、组织党建及制度党建的功能和作用。思想党建，顾名思义是借助服务和规范化的党员活动，形塑干部和民众对党施政的战略方针予以认同，从而保证党在基层的执政地位。组织党建，即充分发挥基层党组织在协调利益和策划行动的中心地位，在街镇一级便意味着将党工委、党建办部门视为协调社会治理各个部门和条线的中心，以及整合辖区内企事业单位资源的中心结构，避免资源重复投入和保证社会治理的系统性、整体性；在社区一级便意味着充分发挥社区党总支的功能和作用，以充分动员普通居民、社区自组织、业主委员会和物业公司，在社区中共同协商解决社区事务，强化党总组织在居民心中的权威感，提升社区治理的效率。制度党建，意味着把基层党建作为构建共建共治共享社会治理体制的中心工作和核心元素，充分将之前探索行之有效的党建引领下的社会治理经验制度化，进而形成规范化的文件指南，保证社会治理成效能够持续产生和发挥作用。

（2）以需求为本。“邻里汇”从本质上而言属于基层公共服务供给，以保证民众的美好生活需要。因此，需求便成为整体工作推进中的最终目的。首先，以需求为本意味着“邻里汇”应当不断挖掘和分类社区居民需求，通过建立社区需求搜集机制，保证民众普遍所反映的需求能够为基层政治组织所知，在社区层面对社区需求予以分类和解决，能够在社区中解决的实务，借助“邻里小汇”及时得以回应和解决。如若需求难以在社区中得以满足，应当向上反映给街道办事处，运用“邻里汇”以及其他街道资源载体予以满足。其次，以需求为本意味着“邻里汇”应当不断制度化，以稳定地和持续地满足居民日益增长的美好生活需要。当前 Q 街道类似于诸多上海市中心城区，均面临着现代化进程中所生成的普遍需求，如老年化社会造成的养老需求、工作压力增加造成的亲子关系调适需求、外来人口涌入呈现的人口融合需求等，Q 街道借助整体“邻里汇”架构不断整合资源，借助项目的方式予以满足，如“沪语学堂”“四点半课堂”“申养机构养老”的诸多服务项目，这些项目均是充分发挥社会工作等专业优势、持续提供居民高质量的社会服务。

（3）项目驱动。项目驱动从本质上而言是一种服务供给方式，即借助将人、事、资源整合打包，并委托给相关专业机构的方式供给民众服务。项目驱动的方式是为了适应街道治理资源逐步缩减和民众需求逐步上升的不对等局面，通过将政府非核心职能转移给社会组织和企业的方式，在过程中借助第三方评估机构对项目进行监管和考核，这不仅有助于提升基层治理的灵活性，也有助于推动服务供给更加具有专业性和效率性。项目的产生和居民需求有着强关联，即通过科学搜集、整合居民紧急且迫切的需求，将需求扩散进入社会服务市场，邀请具有专业资质的社会组织和企业进行招投标，确定最具专业资质的机构来开展服务。

（4）邻里汇聚。邻里汇聚是“邻里汇”治理品牌的最终价值旨归，具有双向意涵。一方面，邻里汇聚是为了克服现代化社会生活的“原子化”现状，旨在提升社会生活的公共性。通过建立“邻里汇”“邻里小汇”、党建服务中心等公共空间，将社区居民、都市白领、亲子、老年人等相关社会主体汇聚在公共空间中，在活动中打破人际关系的屏障，使彼此间能够不断熟识，提升个人和社会中的社会资本，让社区成为熟人社区，让 Q 街道成为有温度的社区。另一方面，邻里汇聚是为了发挥社区热心人士的作用，推动产生更多积极的行动者，推动基层社会治理更加富有活力。在“邻里汇”发展的早期，“邻里汇”更主要的目的是借助公共空间聚人气，让民众作为顾客充分在过程中享受公共服务，然而后期，是要将民众视为公民，即对其赋权增能，使得他们权利意识和责任意识并举。此时的“汇”便不只是汇集居民和人气，而是汇集广大社会治理主体的共建共治共享格局。

5.2.3　“邻里汇”治理创新中的整合与困局

党的十九大指出社会治理创新应当追求的是建立健全共建共治共享社会治理体制，充分地实现社会治理专业化、社会化、法治化和智能化。如何识别和认识这些关于社会治理的论述，并将中央的价值期待转化成为具体的实践举措，是基层社会治理中的一大难点。

基层事务是“上面千条线”的基层聚合体，因此很容易流于非常杂乱而难于理清的境地，特别是在当前社会治理创新和基层党建的背景下，各种自上而下的价值倡导及其他先进做法，很容易造成基层社会治理创新的困扰。社会治理创新同时具有两个面向，其一是治理要素的增加，以此更好地调动多个领域主体的资源和优势；其二是在此基础上尝试将治理主体、治理资源和治理手段整合为治理系统，以此推动这些要素更好地发挥作用。

“共建共治共享”是社会治理的价值目标，凸显了“共”字，即社会治理绝非是行政管理、企业管理对组织内部的管理，而是更重视组织之间的分工与合作，追求的是组织间治理之道。“共建”指的是政府、社会组织、社区、企业等多元组织，应当在治理过程之中保持平等的格局，以便彼此之间充分发挥自身的权能和优势。“共治”则是完善和设计社会治理系统，避免陷入行政主体单一主导的尴尬局面，应当在治理系统中提供每一组织发挥自身优势和资源的结构性位置，以使其成为治理的主体。“共享”则是使参与治理主体均能够在治理中满足自身利益和需求，特别是针对两新组织，提供企业参与社会治理良好的激励，提供专业社会组织良好的经济条件，以促使专业的人做专业的事情。

而社会治理专业化、社会化、法治化和智能化，也有着丰富含义。专业化指代的是基层社会治理应当不断将社会工作、公共管理等专业力量引入基层治理队列之中，同时孵化、培育和引入专业社会组织，以切实转变工作理念、方法和模式，提升基层社会治理的专业性。社会化则区分于行政化，采用“一核多元”的工作模式，促使多元主体成长和成为社会治理主体，联动多方力量，共解社会难题。法治化是为了保证和强化基层社会治理的制度基础，推进政府购买服务、志愿者管理、基层干部选拔任用、社区协商等均有规可依，避免无序开展。智能化指代的是在理顺平台机制与制度，在充分实现多元主体发挥彼此功能的基础上，通过引入人工智能、大数据技术，提高基层社会治理迅速搜集和处理信息、应急危机能力。

通过与之对标，Q 街道在创新社会治理过程中仍存在进一步优化的空间。

其一，“邻里汇”与基层党建发展过程中融合度小。Q 街道在创新基层社会治理过程中，着重凸显两方面要素，即基层党建和“邻里汇”，并且在过程中逐步采取“双轨制”思路，有条不紊推进各自要素向前发展。基层党建逐步开始在原有社区党建基础上，逐步拓展出公租房小区党建和企业党建，其中绿谷新空间的“党建 plus”项目是其中富有特色的治理品牌。Q 街道在开展“邻里汇”过程中，采取“1+9+20”推进方式，建成和使用了“邻里汇”与数个“邻里小汇”。然而，值得警惕的是，两个方向发展初步出现了分化，可能会产生治理资源重复投入的问题，降低基层社会治理的效率。

Q 街道应当凸显“邻里汇”的价值和功用，将其作为街道社会治理创新的主要目标，“邻里”在前述解释中不仅是社区的邻里，更是楼宇的邻里、辖区的邻里，因此应当从广义层面理解“邻里汇”。在此基础上，应将“阵地化党建”作为“邻里汇”重要的治理元素，帮助其在具体的情境中链接不同组织主体、协调彼此利益、调解矛盾争端，避免多元主体可能产生的矛盾。虽然在现实层面来看，基层党建和“邻里汇”推进分属于不同科室条线负责，然而却需要灵活地在实践中合理协调双方推进工作、推进治理资源协调使用以避免重复投入，将治理空间（“邻里汇”“邻里小汇”和党建服务中心等）灵活性地视为公共空间开放共享，使得居民就近便可享受到公共服务并参与到社会治理过程中。这样做的现实目的还有另外的意义，即大多数基层党建工作如若失去“邻里汇”将不可避免地流于形式。因此，将两者结合起来的目的是打通社区和辖区内企事业单位的边界，推动彼此之间进一步融合，并从中发现更顺畅和更便捷的治理资源流通网络。

其二，从组织架构上看，“邻里汇”和“邻里小汇”并未完成有效对接。Q 街道在探索“邻里汇”发展过程中，逐步在社区中开始设立“邻里小汇”，然而对两者间的关系缺乏相应的认识，导致两者虽然名称如此相似，现实中却未有着显著的业务往来和关联。其缺乏对接主要表现在两个方面。首先，“邻里汇”和“邻里小汇”角色并不清晰，“邻里汇”是属于街道层次购买的项目空间载体，而“邻里小汇”则是立足于社区层面满足居民生活中需要的空间载体。两者虽然分属于街道和社区两个层次，但是其间开展的服务如何分工和协作，才能使得基层服务体系有效满足居民需要？例如，“邻里汇”开展类似的社区活动，而“邻里小汇”也开展相应的社区活动，造成双方功能重叠，难以提供差异化的功能和资源。其次，“邻里汇”和“邻里小汇”在信息和工作方式上并未制度化。“邻里汇”被街道更多地设定为专业养老服务机构，并在“邻里汇”定时举行社区活动。然而，无论是养老服务，抑或是社区活动都只能吸引周边社区居民参与。这个问题主要表现为“邻里汇”对“邻里小汇”的发展并没有建议权和评估权，“邻里小汇”更像是社区居委会下的工作资源。

其三，辖区内专业社会组织和社会企业等治理主体相对不足，尚未有效形成服务协同和治理整合。Q街道在开展社会治理创新过程中，不足之处表现为缺乏相应的治理资源、缺乏足够的专业社会组织、缺乏自身的公益园区。社会治理资源少，便会使得政府推进的社会治理创新缺乏有效的同盟伙伴。同时，社会组织和社会企业数量少，使得政府购买服务将无法采取竞争性的购买方式，难以提升购买服务的效率。

其四，Q街道缺乏相应的第三方评估机构，政府本身治理经验不足，因此对社会组织、社区社会组织的绩效难以有效判断，这种情况下需要借助第三方评估机构来帮助政府监管和评估项目服务绩效。

面向未来，Q街道的整合性治理需要进一步整合多元治理任务和凝聚治理创新共识。当前在推进以“邻里汇”为主导的社会治理创新时，实际上面临着多重治理任务，主要包含“邻里汇”建设、“邻里小汇”建设、绿谷新空间建设、馨家园建设四类任务，从目的而言也是不同的，“邻里汇”建设瞄向的是街道层面的养老服务功能和统筹“邻里小汇”功能，“邻里小汇”建设针对的是社区层面的社区公共服务供给，绿谷新空间建设是面对企业园区开展的楼宇党建服务，馨家园建设针对的是公租房小区开展的党建服务。

从表面上来看，Q街道推进的社会治理创新包含着街道和社区两个层级，及其“邻里汇”和党建工作两个任务。同时，“邻里汇”与“邻里小汇”在街道和社区职能划分中也并不清晰，即都是开展社区文化活动和社区养老服务，差别仅表现在“邻里汇”能够提供更加专业的照护服务。党建工作并不是单纯地张贴标语、构建红色空间，而是着重探求利用服务来实现基层党建的目的和内涵。这些元素如果从表面上来看是混杂的，在推进治理过程中大多数只能流于“头痛医头、脚痛医脚”，社会治理欠缺系统化的稳健推进。如此缺乏清晰的顶层设计，会使得社会治理的投入产生内卷化的效应，造成基层政府财政投入效率较低。

因此，必须从实质层面理清基层党建和“邻里汇”两个任务之间的关系，并在实践中自觉有效地推进。基层党建的首要目的是政治性，即希望保持民众对基层政府和社区党总支的信任，发挥我党基层组织在基层社会中的统筹能力。然而为实现此目的，也要考虑新时代的社会特征，即民众逐步从单位制中抽离出来，政党已难以利用单位有效管理社会中的庞大民众，换言之，需要借助民众所喜爱的形式吸引广大居民的参与，在此过程中才能够有效发挥政治的引领性与号召力。所以，当代基层党建主要依靠服务要素实现其目的。

“邻里汇”虽然是致力于发挥基层社会治理的社会性，即应针对不同群体的需要设计和提供不同的服务，以此换来居民对“邻里汇”“邻里小汇”的热情支持，然而在此过程中需要强化民众的志愿服务思维，将他们从服务接受的被动者转化为提供非正式支持的服务者。然而，为了避免由此产生的社区社会组织和热心居民开展活动的无序性，需要强化基层党组织的引领能力，将治理资源的丰富性转化为富有成效的社会服务。因此，“邻里汇”在过程服务中也需要借助党建要素才能够实现汇需要、汇服务、汇居民和汇民心的价值目标。

总结来看，应当紧密将基层党建和“邻里汇”推进双向任务融合成统一任务，并且借助“邻里汇”品牌吸纳和整合 Q 街道治理经验，实现 Q 街道整体性治理的目标。在实践层面，需要推动不同治理地点发挥其社会空间的属性，使得空间在室内设计支持下实现多重功能，让居民能够就近接受街道所提供的社会服务，避免治理资源的重复投入。

同时，在街道科室分工基础上，应当强化党工委的统筹作用，将不同科室功能统合起来，整合不同条线部门的资源和优势，制定中长期和年度社会治理规划，有步骤地支持相关治理主体参与到治理过程中，使全街道层面对未来社会治理发展方向有着稳定的预期。而后，应当积极借助区域化党建机制，在年度社会治理规划制定完成后召开区域性的党建联席会议，通告年度社会治理规划和特色社会治理专项项目，让辖区每个主体知晓后续规划方向及其参与方向，使得彼此之间在凝聚共识基础上更有规划地链接资源、整合资源和使用资源。特别是针对 Q 街道，其内部具有一系列大企业，将自身的年度社会治理规划在企业年度规划之前发布，有助于撬动大企业社会责任资金的投入，吸引更多社会资金进入社会治理服务资源库中。

第6章　社会组织参与基层治理的整合实践

6.1　新时代社会组织的战略地位与治理功能

随着我国社会与经济体制转型的加速推进，国家对于社会领域的关注与日俱增，社会组织的作用日益得到彰显。党的十八大以来，创新社会治理作为一种思潮，成为推动社会持续发展的强大动力，并明确提出要充分发挥社会组织在社会治理中的积极作用，提升社会组织参与公共服务和基层治理的能力，加快推进政社分开、权责明确、依法自治的现代化社会组织体系建设。党的十九大明确提出要打造共建共治共享的社会治理格局，推动多元主体参与到社会治理的实践活动中来，加强社会治理制度建设，完善党委领导、政府负责、社会协同、公众参与、法治保障的社会治理体制，提高社会治理社会化、法治化、智能化、专业化水平，同时提出加快实施政社分开、激发社会组织活力、克服社会组织行政化的倾向等要求，并进一步推动社会治理重心向基层下移，发挥社会组织作用，实现政府治理和社会调节、居民自治良性互动。2017年，民政部下发《民政部关于大力培育发展社区社会组织的意见》（以下简称《意见》），就如何培育发展社区社会组织提出总体要求和部署。由此可见，改革和优化社会组织的治理功能，对于推动政府职能转变、政府与社会协同治理具有重要的价值和意义，是深化党和国家机构改革、推进国家治理体系和治理能力现代化的重要组成部分。2018年《中共中央关于深化党和国家机构改革的决定》强调要激发群团组织和社会组织活力，推进社会组织改革。这就明确提出了新时代进行社会组织体制改革的必要性、迫切性和现实性。

在改革开放至今的 40 多年中，我国社会组织的发展存在五个明显的阶段分期，即“萌芽发展期”“曲折发展期”“平稳发展期”“增速发展期”以及党的十九大以来所开启的“改革发展期”。不同阶段社会组织的发展、发挥的功能、遇到的问题以及需要调整的方面都存在显著差异。新时期、新阶段社会组织的治理功能呈现了明显的累进和聚焦，达成了其在治理功能上的共识，即社会组织是国家治理现代化的重要构件，是人民美好生活向往的重要回应者，是社会服务供给侧改革的核心地带，是市场经济纵深推进的延伸地带，是共建共治共享社会治理格局的重要载体，是社会治理改革倒逼机制的重要构成，也是实现政府治理和社会调节、居民自治良性互动的关键环节。

6.2　结构优化与治理创新：新时代社会组织的发展态势与特征

经历了党的十八大以来的“增速发展期”，社会组织在结构优化、改革共识、服务购买、治理创新等领域都发生了一些新的变化。而为了与这些新的变化相适应，也必然要求人们的认识发生同步的调整与改变。

第一，社会组织在数量增长的同时也伴随着结构与功能上的优化。大量地活跃于城乡基层社区的社区社会组织数量增长明显，已经成为基层社会治理中重要的不可忽视的治理力量；社会组织增量改革、存量发展进程中不同类型的组织都获得了一定程度上的发展，支持型、枢纽型社会组织以及大量的社会工作服务机构实现了“跨越社区边界”的治理，开始成长为政府职能转移后的重要承载者。

以上海市浦东新区为例，截至 2018 年 7 月 31 日，浦东新区社会组织总数达 2 228 家，其中社会团体 389 家，民办非企业单位 1 835 家，基金会 4 家。其中活跃于浦东新区教育、文化、卫生、体育、社会服务及生态环境等领域的社会组织 1 780 余家，占总数的近 80%；服务浦东新区工商经济及科学技术研究相关领域的行业协会商会类、科技类社会组织近 200 家；各类备案群团类社区社会组织也都实现了不同程度的数量增加。更为可喜的是不同类型的社会组织业务互联、互通渐成网络，横向联系不断强化，成为社会秩序横向联动机制的重要生长点。由此，社会组织发展中“原子化”“碎片化”的逻辑正在多样化社会组织的横向联动与功能互补中发生着改变。在现代社会治理中，政府已不是社会治理的唯一主体，社会组织、城乡社区社会组织、社会公众等都成为社会治理的重要主体，初步形成了共建共治共享的社会治理格局。

第二，社会组织体制改革已成不可逆转之势，改革的共识不断凝聚、实践不断拓展。一方面，是国家战略中改革共识的凝聚。“加快形成现代社会组织体制”是党的十八大提出的重要理论命题。加强社会建设，必须加快推进社会体制改革，要加快形成政社分开、权责明确、依法自治的现代社会组织体制。党的十八届三中全会进一步提出，要加快推进国家治理体系和治理能力现代化，创新社会治理体制，激发社会组织活力。党的十九大强调，要加快实施政社分开、激发社会组织活力、克服社会组织行政化的倾向等举措。由此观之，关于社会组织改革的原则、改革的方向、改革的内容、改革的目标等都已经逐渐清晰，改革的共识得以有效凝聚。另一方面，是先行先试，实现治理创新实践的不断累积与拓展，改革的实践不断深化。2009 年浦东新区开始实施公益项目招投标，探索建立社会组织诚信体系，建立承接服务项目的社会组织名单和优质社会组织名单。2013 年开展公益服务项目“供需对接 · 一站式服务”平台，通过项目对接、过程检测、项目评估及项目指导等一体化的服务，助推社会组织成长。2015 年印发《浦东新区关于进一步推进社区社会组织发展的指导意见》，新增社区社会组织 100 多家，在全市率先实现了 36 个街镇社会组织服务中心全覆盖。2016 年区政府印发《关于“十三五”期间促进浦东新区社会组织发展的财政扶持意见》，两年来共拨付扶持资金近 2 000 万元。同时大力推进社区基金会建设，截至 2017 年，已有 13 个街镇建立社区基金会。2017 年在 6 个街道试点成立社区社会组织联合会，2018 年在浦东新区 36 个街镇全面推开，在此基础上进一步搭建社区社会组织党建平台，充分发挥党建引领社区社会组织参与城市基层治理。

第三，政府不断加大对社会组织的培育和发展力度，购买社会组织服务成为一种常态化机制。政府购买服务是政府在公共服务领域中职能转变和市场化改革的重要机制，是社会组织获得资源的重要渠道，已经成为政府与社会组织之间合作关系建构以及社会组织稳定发展的关键。特别是在社会治理重心下移的过程中，各种资源在基层的汇聚显著缓解了制约社会组织发展的资金瓶颈压力。从浦东新区统计数据来看，对于注册类社区社会组织，2017年政府购买服务占该类组织收入的57.8%，而根据《上海浦东新区社会组织发展报告》数据，2016年民办非企业单位收入中直接或间接通过政府购买公共服务和补贴收入所占比例为32.4%，除样本数据注册类社区社会组织中的其他类型外，仍然可以直观地看出政府购买力度的不断增加，政府购买服务日趋常态化。通过这一机制，社会组织的资源状况发生显著变化，实现了稳定的发展预期。而从备案类社区社会组织发展主要资源条件来看，社区自治金发挥了一定的作用，有38.7%的备案类社区社会组织表示自治金是其主要资金来源，33.0%为组员自筹，社区和街道的补助所占比重较小，仅有1.95%和1.3%，社会组织的资金来源渠道相对多元。

整体来看，通过政府购买和社会化的多元化筹资渠道，社会组织的资源总量增大、来源增多，资源结构趋向合理，资源短缺局面显著改善，回应多样化需求的能力显著增强。与之相对应，社会组织自身能力建设问题、服务专业化问题等已经成为新时代社会组织改革发展的全新使命。

第四，自媒体与大数据等技术手段下社会组织发展的环境不断被重塑，机遇与挑战并存。一方面，新的技术手段拓展了社会组织服务提供与开展的空间和领域，构成了社会服务治理创新的重要维度；另一方面，新的技术手段也不断促进了社会组织服务提供全过程的透明度、公开化，使得社会组织面临着规范化、公信力以及专业化的多重压力，进一步构成了其改革创新的动力之源。

6.3 新社会组织：内涵、特征以及发展原则[①]

6.3.1 新社会组织内涵界定

新社会组织是随着社会转型的推进以及治理环境的优化而从社会组织中剥离和成长起来的。作为社会组织发展到新阶段的产物，新社会组织是深化改革、创新社会治理的重要载体。

因此，对新社会组织的研究要从社会组织产生的历史长河中“重新扎根”（Re-Root）（Zhao，2010），在此基础上提出新社会组织的“发生学”，以此来理解新社会组织的提出、内涵性质与功能定位。

1. 背景场域：社会的转型与体制的转轨

社会的转型和体制的转轨以及改革的不断深入，使得国家与市场、国家与社会的关系发生了深刻的变化和调整。这是理解转型期社会组织发展的基本背景场域，也就是说社会组织的出现是改革开放与社会转型的必然。

改革开放以前的社会实际上是一种“总体性社会”（Total Society）（孙立平，1994）。其主要特点就在于国家通过城市社会单位化和农村社会公社化的制度安排，实现了对社会资源控制权与配置权的垄断，个人被单位制度、户籍制度和身份制度等一系列的刚性地位分割制度所限制，活动空间有限。社会具有明显的“极强国家、极弱社会”的特征，只有国家而没有社会。因此，非政府组织，尤其是所谓的社会组织没有任何生存与发展的空间与环境。

1978 年以后，中国相继进行了经济体制改革、政治体制改革和社会改革，开启了“前所未有的大变局”。其一，“市场”作为独立于“国家”的第二域逐渐发育，社会主义市场经济得到了迅速发展，市场经济体制基本建立，并取代计划经济体制成为国家经济领域的主旋律；其二，“社会”

---

① 部分内容已发表在《学习与实践》2015 年第 7 期。

作为独立于“国家”之外的第三域也获得了自主的空间，政府机构精简和职能转变在探索中不断前行，“小政府、大社会”的理念成为政府治国理政的愿景得以确立；其三，随着“国家”的小型化、“市场”的规范化以及“社会”的独立化，社会场域中的各种主体与成分逐渐发育、成长，客观上使社会组织获得了发展的机遇和空间。

经过 30 多年的改革，一个相对而言较为丰富、自由和开放的结社生态系统逐渐形成，社会组织作为其主要制度形式也渐趋规范，社会组织在推动个人参与、实现社会价值、拓展公共领域等方面形成了丰富的社会舞台，并且成为中国社会转型与治理创新不可忽视的建设性力量。

2. 概念辨析：趋同性的认识与差异化的所指

随着实践层面社会组织的发展，学术界也开展了对社会组织的多学科研究。无论是学术界的文章还是政界的文件，经常使用、交叉使用的概念大致涉及非政府组织、非营利组织、民间组织、中介组织等。一般来说，这些不同称谓并无实质上的不同，但如从严格的语义来讲，彼此之间还是存在着不可不察的差别。因此，在认识和理解新社会组织这一概念时，必须对相关的一些概念进行严格地辨析，以明其意。

（1）非政府组织。非政府组织主要是相对于政府组织而言的，旨在强调社会组织的非官方性，表明社会组织不属于政府组织范畴。但正如俞可平（2006）所言，现实中人们对这一概念的使用存在两大误区。一是认为只有那些重要的、经过相关部门正式批准和登记的组织，才属于社会组织。而大量存在于社会中的非正式组织就会被人们排除在“非政府组织”的范畴之外，不把它们作为社会组织体系的重要组成部分加以对待。二是把“非政府组织”的“非政府性”极端地理解成与政府没有任何关系，甚至是与政府相对立的，这就不利于建立健康的政社关系。

（2）非营利组织。非营利组织的概念主要是相对于企业（市场）组织而言的，旨在强调社会组织与企业和公司等市场组织的不同，它是不以“市场理性”为其行动逻辑的。但现实中它容易模糊社会组织为了自身生存所从事的必要的有偿服务与营利活动之间的界限，造成现实中人们对非营利组织公信力的误读，以及人们对从事非营利组织工作的积极性，进一步造成了人们对其非营利性的责难和公信力的拷问，非营利组织的发展面临“被困慈善”的命运。问题的关键在于人们对于“非营利”的定义以及标准的界定上。

（3）民间组织。民间组织也是相对于“自上而下”的政府组织而言的，重点强调其组织的民间性，自下而上的形成路径表明社会组织的形成动力来源于民间社会。由于中国自古以来的“官本位”色彩，现实中由民间力量自发形成的社会组织在发展中面临众多困难。如民间组织的合法性存在问题。民间组织由于发自民间，没有政府“自上而下”的授权，也就是说不具备“合法性”，其作为独立法人主体的地位存在问题，导致其在社会中的“认受性”“认可度”存在严重不足，进而就阻碍了其发展。

（4）中介组织。中介组织主要是从组织所处的地位以及所起的作用的角度来说的，旨在强调其联结资源、信息的桥梁地位和作用，而对于它以什么样的性质来实现这一功能没有做出清晰的界定。因此，现实中的中介组织大多以“营利性”的行动逻辑来展开活动，如律师事务所、会计师事务所、房产中介等，它们与其说属于社会组织，不如说属于市场组织。在我国加快建立社会主义市场经济体系的过程中，此类组织会随着服务行业的发展不断增多，在经济生活中扮演重要角色，但与社会组织完全不同。

（5）群众团体或人民团体。此类概念主要是对于中国政治体制而言的，是现存体制下特定的政治范畴，形式主要涵盖中国共产党领导下的工会、妇女联合会等，以及其他少数特殊团体，如中国科学技术协会、中国残疾人联合会等。其典型特征是具有很强的政治和行政色彩，有相应的行政级别，人员由国家给予正式的编制，并且具有一定的行政管理与服务职能。就其在社会中的地位及其所发挥的功能来看，它们更像政府组织，而不是非政府组织，与社会组织的概念在本质上相差很远，但基于中国的国情，在多数情况下还是把它们归为社会组织的范畴。

（6）第三部门组织。第三部门主要是相对于第一部门和第二部门，即“政府”和“市场”之外的领域而言的范畴，与之相对应第三部门组织主要是指活跃于该领域的组织形式，重在强调其与政府组织和企业组织的不同。但是第三部门是一个从西方舶来的政治学范畴，现实中人们对何为第三部门缺乏基本的理解和认知，因此对第三部门组织的理解也存在较多困惑和无知。

（7）志愿组织。志愿组织主要是相对于现代组织的“科层官僚性”而言，是基于人们的自愿联合而成的，其行动的逻辑主要是成员的自发、自愿。一般而言，其组织化程度较低，没有明确的规章、日程和制度安排。但是，志愿性是一个较为宽泛的概念，没有特定的行为主体，并非为社会组织所特有，一些政党机关和组织也强调其成员参加组织的志愿性。因此，用此概念来指社会组织，也存在诸多不妥。

（8）社会团体或社团等概念。此类概念或多或少表明了社会组织的“社会性”或“民间性”，与政府组织和企业组织明显不同。具体而言，社会团体、社团等概念，重点强调了社会组织的社会性；公民团体、公民组织等概念则彰显了社会组织的政治性，是从政治权利的角度来界定社会组织的。上述概念在中国社会中都有其独特的适用，很大程度上也是交叉使用。

上述这些不同的概念并无实质性的区别，其实它们分别从不同的角度强调了现代社会某些方面的特征。但是正如笔者在前文中所说，在全面深入推进国家治理现代化的深刻历史进程中，对社会组织这一概念基本认知的歧义和随意却可能成为推进社会治理改革的思想“困结”，从而使得全面推进社会体制改革实践面临路径选择和实施方案上的分歧或阻碍。因此，如何从内涵和外延的角度对社会组织加以科学的界定就显得尤为必要。抑或“另起炉灶”重新创设一个概念，以区别于已有的社会组织领域概念混乱的局面，进而与当前的社会体制改革相契合。

3. 概念演绎：从社会组织到新社会组织

关于非营利组织的界定，美国约翰斯·霍普金斯大学莱斯特·萨拉蒙（Lester Salamon）教授的提法具有典型性和代表性。他主要从非营利组织所共有的特征出发来看待何为“非营利组织”。这五个特征包括：① 组织性；② 非政府性；③ 非营利性；④ 自治性；⑤ 志愿性。其中，非政府性和非营利性被公认为是非营利组织的基本特征。但对非营利组织的其他方面特征，学者们多针对不同国家、地区的实际提出了不同的看法与补充。

其中，日本学者重富真一（2001）结合亚洲国家的国情，将上述非营利组织存在的特征修正为如下六个：① 非政府性；② 非营利性；③ 自发性；④ 持续性/形式性；⑤ 利他性；⑥ 慈善性。王名、贾西津（2006）则认为对中国非营利组织的界定具有重要性，“不以营利为目的且具有正式的组织形式、属于非政府体系的社会组织，它们具有一定的自治性、志愿性、公益性或互益性，但并非面面俱到，需要客观而动态地加以观察和理解”。这种所谓的“客观而动态地加以观察和理解”会导致对非营利组织界定上的随意性和任意化，现实中诱致了多重困扰。

由此观之，学者们基本上认为，非营利组织主要是指独立于政府和企业之外的社会性组织。从这个意义上来说，非营利组织被称为区别于政府与企业的“第三部门”，多强调的是非营利组织具有的类似属性，更多的是从社会组织具有的特征，以及社会组织与其他类型组织的对比中来说明何为“非营利组织”的。这是一种归纳式的提炼，难以捕捉社会组织的本质，不能囊括社会组织的所有特征，尤其是随着社会环境变动而出现的新特征。因此，学界对于“非营利组织”为何，并没有形成一个共识，没有从社会组织的本质角度来加以界定，其内涵和外延更是因角度的不同以及地区的差异而存在诸多可能。

诚如王名（2006）所言，“在当前这样一个处于转型时期的历史条件下，较宽泛的界定标准将有利于更好地推动相关社会组织的发展”。这就是说，在社会组织发展的第三个阶段，这样一种宽泛的界定有利于为社会组织的发展营造一种相对宽松和自由的发展氛围，这一界定因此就具有一定的现实合理性。但是在社会组织发展的新时期，在社会组织镶嵌于其中的社会环境已经发生很大变化的今天，这样一种缺乏明确、清晰的定义在现实中会引起诸多的混乱与困扰，不利于社会组织的健康发展。因此，本章中笔者旨在构建一种清晰的、具备明确内涵和外延的关于社会组织的新定义，即新社会组织。

所谓新社会组织，指不同于官办的社会组织（Government-Operated Non-Governmental Organizations，GONGO），也不同于社区文体活动团队类组织类型，更不同于以经济理性为宗旨的各种市场主体或市场要素（如经济类行业协会、律师事务所等营利性机构），而是以追求社会理性，提供非营利的社会服务或社会支持的、具有独立法人资格的社会团体。

6.3.2　对新社会组织的理解

作为一种新的概念界定，新社会组织能否自我证成，一个关键的问题就是它能否证明在概念内涵上有自己的本质规定性而与“社会组织”区别开来；在外延表征上具有自己的规范、明确的领域与显著的特征，而不与社会组织相混淆。因此，我们对新社会组织的理解也主要是围绕这些方面展开。

1. 新社会组织的内涵和外延

从其内涵上看，新社会组织具有全新的所指。

首先，“社会理性”是新社会组织的行动逻辑，这意味着新社会组织与公民之间的互动逻辑既不同于政治领域中政府和公民之间的强制关系，也不同于市场场域中生产者和消费者之间的交换关系，而是建立在社会成员对新社会组织所倡导的公益理念的社会认同基础上的一种“信托”关系，是一种基于信任、志愿和公益的资源支持与委托代理关系，这与企业组织的“经济理性”以及政府组织的“支配理性”是不同的，在一定意义上可理解为国家和市场场域之外的另一种理性机制。这一理性机制占据了越来越多的社会空间，不同程度地重塑了具有公众协商、理性对话性质的生活习惯，并体现积极公民意识以追求共同利益的“公共场域”。

其次，公益性是新社会组织的灵魂。这就意味着新社会组织的自我定位是服务于社会上不特定多数人的利益或社会全体利益的，与各种营利性组织是完全不同的，也与各类“互益”类社会组织类型相异。新社会组织的公益性追求在实践上表现为志愿性、服务性和非营利性的特征，即新社会组织旨在通过职业化和专业化的行动向社会提供非营利性的社会服务或社会支持，这是新社会组织立足于社会、置身于公共空间并赢得合法性和认受性的根基。

最后，新社会组织的性质是具备独立法人资格的社会团体。新社会组织是基于不同需求而形成的，具有面向市场和社会的不断增长的自我意识、自我利益维护、自我主张、自主决策与价值倡导的法人团体，与政府是平等主体下的“伙伴式合作关系”。

从外延上研判，新社会组织的外延小于社会组织，仅指具备上述内涵的一部分社会组织，其组织类型也主要涵盖三大类别（但内涵都有收缩）。一是社会团体类。这是新社会组织的主体，主要是以人及其社会关系为基础的各类具备非营利性（Non-Profit）、非政府性（Non-Governmental）、社会性（Sociality）的会员制组织，其中专业性社会服务机构是其主体。二是基金会。这主要指以捐赠及公益财产关系为基础的各类非会员制组织。三是民办非企业单位。这是指直接提供各类社会服务的实体服务机构，如各种非营利性咨询服务组织等。新社会组织的外延具体来看包括以下五个方面。

（1）作为社会协同力量的主体，以及政府购买服务的主要对象的新社会组织，主要是针对民间自发的，在社会管理体制改革中作用最独特的，作为政府职能剥离后最合格的承接者而言的。但现实中此类社会组织发展困难重重，不仅面临合法性问题，更面临公信力、组织绩效等方方面面的问题。加之此类社会组织通常被淹没在社会组织的大范畴内，并被忽略或遗弃，没有得到与其功能相匹配的应有的重视和关注。因此，可通过“新”的范畴将其从社会组织的大范畴中加以剥离，以期推动其快速发展。

（2）将各类中介组织抽离，主要是考虑到新社会组织是遵循社会理性的，是姓“社”不姓“资”的，是以提供非营利的社会服务和社会支持为其使命的社会团体，这就避开了“经济理性”和“市场逻辑”的浸淫。这是社会组织获得公信力的关键，也是保障其作为践行社会公正价值观的根本，需要从“新”的角度加以辨识。

（3）与人民团体和事业单位不同，新社会组织具有社会性和独立性，其组织运作和活动开展较少受到政府干预，具有自己独立的宗旨、规范和责任，是姓“社”而不是官方荫庇下的社会组织。

（4）不同于行业协会商会类组织，新社会组织的服务领域和对象具有更为广泛的周延性，不以特定机构和群体为其唯一的服务对象，且新社会组织提供的更多是社会服务和社会支持类公共产品或半公共产品。而行业协会类社会组织是存在于经济领域里的互益型组织，多是为各类市场主体服务的，它们的活动也大多是和企业等营利组织密切联系在一起，是市场经济存在和发展不可缺少的组成部分。其遵循的主要是“经济理性”，是姓“资”而不姓“社”的。

（5）不同于文体活动类团体与组织，新社会组织是公益性和非营利类组织，而文体活动类更多的是互惠性组织，其逻辑的出发点仍然是私利性的，而不是基于社会性、公益性的考量，且文体活动类社会组织的功能定位也较为单一，不具有公民社会发育的积极意义。

2. 新社会组织的特征

从上述关于新社会组织的内涵与外延的解读，可以看出其所具有的不同于以往社会组织的一些基本特征。

第一，全新的政社关系定位。不同于政府与社会组织之间的“从属性伙计式关系模式”，新社会组织与政府之间的关系是基于政社分工与合作前提下的“伙伴式合作关系”，两者从属于不同的“场域”，具有各自独特的“惯习”和行动逻辑。政社分开是新社会组织“在场”的逻辑前提，同时也是社会治理体系改革与发展的前提，政府与社会基于功能定位的不同而进行的分工合作与共同治理是结果。显然，新时期能够有效承接这些社会职能和事务的就是新社会组织，其主体则是专业化、职业化的社会工作服务机构。

第二，真正意义上的民间性和自治性。这是指新社会组织是发自民间、运行独立、行为自治的民间组织。新社会组织有正式的组织机构和管理机构，有成文的章程制度、业务范围以及固定的工作人员，它们既不是政府及其附属机构，也不代表任何政府的抑或国家的立场，而是在对社会现实以及问题需求回应基础上的内源性发展，以此区别于以往的“官民两重性”，也是新社会组织践行公益性的前提。

第三，公益性和非营利性社会服务的重要平台。与企业和其他逐利性机构提供的营利性服务（如家政服务、律师服务等）不同，新社会组织提供的社会服务与支持是非营利性质的，属于公益性和福利性的范畴。部分社会组织因囿于“双重管理体制”的登记困境和税收法律体系的不健全造成公益性不足，甚至是发生“营利性”对“非营利性”的置换。而新社会组织的活动始终要以公益性为准绳，坚持运作的非营利性，这是新社会组织内在要求，也是新社会组织公信力的灵魂组件。

第四，职业化和专业化的有机结合。一方面，新社会组织更加注重服务人员的职业化和专业建设；另一方面，新社会组织的主体就是各种专业化、职业化的社会工作服务机构。

第五，专业化和差异化的社会服务。新社会组织的民间性和自治性可以使其保持对社会需求以及环境变化的高度敏感和灵活，进而有利于其向社会提供各种专业化和差异化的社会服务，满足日益多元化和异质的社会需求，以弥补政府刚性管理与服务的不足。

3. 对新社会组织理解可能存在的误解

误解一，将新社会组织等同于“两新组织”中的“新社会组织”。两新组织中的“新社会组织”主要指新产生的社会组织类型，而本章所言的新社会组织是一个全新的概念。这里涉及“新”与“旧”的辩证法。本章所讲的“新”不是发生学意义上的“新”，即“新近产生”，而是从本体论的意涵来理解的“新”，即新的内涵与特征，主要是相对于官办组织、企业组织而言的社会组织。因此，从其形态上看可以是以前存在的社会组织形态，也涵盖以社会理性为指导而新生出来的社会组织形态。换句话说，“新”主要是从与官办、营利类组织的区别中来理解的。

误解二，将新社会组织等同于社会组织。如上述分析所示，笔者认为新社会组织与社会组织是不同的，其内涵更为收缩，外延上也较为狭窄。笔者之所以提出“新社会组织”这一概念，以及在“新社会组织”与“社会组织”之间做出明确区分，主要是基于以下考量。从理论上来说，作为具有明确内涵和外延的新社会组织，是对以往社会组织理论的发展和完善，是对“自上而下”的官办社会组织发展模式的纠偏，也是对理论界关于社会组织各执一词的矫枉，具有一定的学理创新意义。在实践中，由于以往社会组织概念的模糊性和宽泛化，现实中社会组织的运行鱼龙混杂，各种“民办非企业单位”“社会企业”等打着“社会组织”的旗号，招摇撞骗，横行泛滥于“社会”场域中。一方面，它们是“社会组织”，可以享受国家关于社会组织的税收和政策优惠；另一方面，它们又假借“非营利”之名行营利之实，对真正意义上的社会组织造成了“污名化”，严重恶化了社会组织发展的生态，销蚀着社会组织的公信力。因此，通过“新社会组织”这一概念，从学理上将此类“社会组织”排除出去就具有重要的实践意义。第一，有利于理顺社会组织与政府之间的关系。GONGO将彻底从新社会组织中“除名”，社会组织与政府分属于两个不同的领域，真正变为遵循不同运作逻辑的平等主体。第二，有助于解决社会组织的信任危机，提升社会组织的公信力。第三，有益于社会组织遵循“社会理性”，回归社会领域，有效承接政府转型所剥离出来的社会服务与公共服务。

综上所述，新社会组织在概念内涵上以更清晰的界定明确了其所指，在概念外延上以更谨慎的态度明确了其所含，在特征上以更显著的表征明确了其所是。在制度实践中以“社会理性”的运作逻辑替代了“支配理性”和“工具理性”；在政策意蕴中有利于将“新社会组织”从各种社会组织类型独立出来，而单独进行政策的设计与考量，进而助推其独特功能的发挥。

6.3.3　新社会组织与社会治理

新社会组织的提出是社会结构变迁的结果，也是社会转型与社会体制改革的产物。从全球治理之旅的长波进程以及中国社会转型的特殊脉动来看，新社会组织的提出具有内在的必然性、外在的迫切性以及现实的重要性，是推进国家治理体系和治理手段现代化的重要环节。

1. 社会治理创新：新社会组织提出的现实依据

党的十八届三中全会以后，治理理念的深入人心、由“管理”向“治理”的转变以及“双重管理体制”的取消等都为新社会组织的出现与发展扫清了障碍，奠定了基础。

（1）新社会组织的出现具有内在必然性。首先，新社会组织是市场经济发展的必然趋势。市场经济的发展，必然带来公民社会的成长。而公民社会的成长是依赖独立于“国家”和“市场”的第三域的发育。因此，作为第三域重要主体的新社会组织必然随着现代市场经济体制的确立而成熟起来。其次，新社会组织也是推进国家治理现代化的必由之路。国家治理体系和治理手段的现代化需要革新治理理念、转变政府职能。新社会组织的培育以及作用的发挥正是治理理念的内在要求和政府职能转变的重要承接载体。因此，新社会组织的出现是社会转型的产物，具有必然性。

（2）新社会组织的发展具有外在迫切性。首先，新社会组织的提出与培植，有利于从根本上打破国家管控思维下的“双重管理体制”的限制与束缚，加快良性社会组织管理体制的形成。其次，新社会组织的成长壮大，并在国际事务中发挥作用，也是与我国国际地位提升密切关联的，对于提升我国国际影响力意义重大。再次，新社会组织是现代社会组织体制的重要组成部分，只有加快形成现代社会组织体制，才能不断提升社会组织的能力，进而增强社会以及国家对于参与和发展社会组织的积极性、能动性和创造性。最后，新社会组织社会角色的积极扮演和历史使命的有效承担是时代赋予新社会组织的现实担当。

2. 新社会组织发展：社会治理现代化的必由之路

世界现代化进程表明，社会的组织化程度越高，社会服务越完善，社会稳定性就越强，社会活力就越大，社会管理的难度系数就越小。对于中国而言也是如此，即改革发展的新时期，新社会组织是社会再组织化、保持社会稳定和促进社会治理现代化的重要载体。

（1）作为本体论意义上的新社会组织，是社会治理体系中的重要主体。新社会组织作为一种独立的法人，本身就构成了“多元治理”中的“一元”，是“社会协同”的重要力量。作为实体的新社会组织其“协同”的功能主要体现在三点。首先，新社会组织是社会福利和社会政策发送的重要工具。一方面，作为自下而上的组织形式，新社会组织必须直接面对社会成员的多元化需求，并可以对这一差异化的需求保持足够的敏感性和灵活性，进而使新社会组织在表达民意、传达民情、实现民权、维护民生等方面具有天然的优越性。另一方面，新社会组织以追求社会理性，提供非营利的、专业化的社会服务或社会支持为目标宗旨。这一定位使得新社会组织可以为社会服务注入人性化和科学化的内涵，所提供的服务方式也明显区别于传统体制下的粗放式和经验主义的模式，可以有效弥补政府

“刚性”管理与服务的不足，同时实现与社会成员需求的有效对接。其次，新社会组织是社会再组织化与社会团结的重要载体。新社会组织的发展是应对社会结构的原子化与碎片化挑战的，实现社会再组织化的重大举措。改革开放之后，特别是20世纪90年代中期以来，随着市场经济的快速发展及单位制度的解体，社会阶层分化显著，“单位人”逐步走向“原子化”，社会成员的原子化、去组织化、去支持化特征突出，弱势群体大量涌现，社会紧张程度日益加剧，传统的社会管理与社会福利、社会支持手段日益失灵，缺乏组织关照、制度化关爱的社会群体极其庞大，极易引发社会的不稳定。而社会组织，尤其是新社会组织的存在可以在社会生活的各个层面、各个领域进行社会的再组织，进而缓解社会原子化所带来的“分裂”倾向。最后，新社会组织是新阶段建构“党社关系”“政社关系”的重要平台，有利于在新时期巩固和重建党同人民群众的鱼水关系，夯实执政党的执政之基。随着社会的转型，党与社会联系的平台——单位制不复存在，加之传统工会和妇女联合会等组织作用的有限性，党实际上直接面对的是社会中“原子化”和“碎片化”的个人，丧失了有效组织和动员群众的平台。因此，为坚持党的领导，改善和提升党的执政能力，党必须主动建构新的平台，通过大力发展新社会组织、建构新社会服务体系，来重塑与社会的新关系，这是党群工作体制转型的重大课题，也是现阶段提升国家治理能力和实现党的群众路线的根本路径。

（2）作为方法论意义上的新社会组织，是实现社会善治的重要手段。新社会组织所遵循的社会理性以及内含的治理理念，是实现社会治理现代化的重要规则，也是建构多元治理主体之间合作沟通的有效思路。首先，新社会组织是转变政府社会职能、创新社会管理与公共服务模式、深化社会管理与公共服务内涵的重要手段，新社会组织参与社会治理是社会管理与社会服务人本化、科学化的重要形式，有利于完善和促进社会治理手段的现代化。其次，作为公民以自组织的方式表达意愿和诉求、参与各种社会事务的有效载体之一，新社会组织能提升公民的参与意识和自组织意识，并通过一系列公共议题的发现形成公民自主的治理空间。此外，新社会组织通过自己的运作逻辑也在积极践行和倡导着普遍的公民意识、自治观念、法制观念、契约精神、公益精神等，这也是新社会组织在价值层面上的历史担当和追求，有助于推进公民社会的发育。最后，新社会组织的培育和发展是加快推进政府职能转变以及事业单位和人民团体改革的关键，是我国改革涉入深水区的重大战略步骤。社会组织体制改革和新社会组织的发展所释放出来的社会活力将成为一种“倒逼”力量，推动既有的事业单位、人民团体体制改革。同时，新社会组织的发育为事业单位和人民团体的改革提供了重要的经验模板和实践参考，有利于推进事业单位和人民团体的改革，进而完善社会治理体系。

6.3.4 新社会组织的发展原则

作为社会组织发展到新阶段的产物，新社会组织是深化改革、创新社会治理的重要载体。为更好地推动和促进新社会组织的发展，应该坚持如下原则。第一，坚持新社会组织的民间性、公共性和非营利性，这是新社会组织发展的前提；第二，破除政府和街道行政全能主义的迷思，充分认识新社会组织在有效承接政府转移职能方面的优势；第三，重点发展各类专业性、职业化的社会服务机构，尤其是跨社区、去单位化、去行政化、自治性的社会服务机构，这是新社会组织的主体；第四，抓紧建立现代社会工作制度，以引领各类社会服务机构、社会服务事业、自治组织和志愿事业的发展，不断充实新社会组织的外延；第五，处理好居委会与新社会组织的关系，加强社区与社会工作者、社团（新社会组织）的“三社联动”，形成内在的合作机制，共力作用于基层社会治理；第六，强力推进公共财政制度和社会政策建设，包括政府购买社会服务项目以及基金会和慈善筹资方式，以及对新社会组织的免税、服务场地无偿拨付的制度建构，以不断优化新社会组织发展的社会环境。

新社会组织通过自己的运作逻辑也在积极践行和倡导普遍的公民意识、自治观念、法制观念、契约精神、公益精神等，这就赋予了新社会组织在价值层面上的历史担当和追求。同样也预设了新社会组织的双重使命：一是作为组织载体的社会治理功能发挥；二是作为价值倡导的公共意识重塑。作为价值载体的新社会组织如何实现公共意识的重塑以及公民社会的建构也是一个未竟的议题。本书所做的努力是为了实现一种“视角的转化”，是从“自下而上”和“非官方”的视角做出的一种“内涵-功能”式研究，其旨在为新社会组织的增量发展和功能实现提供学理支撑，为推进社会治理现代化贡献力量。

6.4　实践演变与现实镜鉴：新时代社会组织发展的结构限定与困厄

与社会组织发挥治理功能以及改革发展的共识不同，社会组织在新一轮的“改革发展期”仍面临着一系列新问题、新挑战。这些机遇与挑战就构成了社会组织治理功能优化以及未来发展的结构限定。

（1）社会组织精准服务能力有待于进一步提升。新时代我国社会的主要矛盾已经转化为人民日益增长的美好生活需要和不平衡不充分发展之间的矛盾，而社会组织的发展也存在明显的不平衡与不充分，两者叠加就形成了新的区隔效应。加之，美好生活需求的多样性、多层次性以及不确定性等无疑都加大了社会组织实现精准服务的难度。

调查显示，社区社会组织普遍反映存在居民参与度和认同度较低的情况，主要体现在以下几个方面。第一，年轻化群体参与度较低，缺乏针对青年人提供精准服务的社区社会组织以及服务项目；第二，居民参加活动仅仅停留在表面，无法形成深度参与的机制，这就是说在社区社会组织开展的各类服务活动中居民仅仅是“被动参加”，而“主动参与”的深层次动机和机制尚未有效建立；第三，居民对社区社会组织的认识还处于模糊状态，更多地还停留在“文体娱乐团队”的认知层面；第四，社区组织提供的服务更多聚焦于社区弱势人群，对于居民多样化的美好生活需求尚缺乏层次性的精准回应。

（2）社会组织的“名实分离”现象仍然存在。社会组织的“社会”之名与其实际功能发挥上的政府之“实”存在严重分离的现象。一些社会组织在发展中呈现明显的行政化、官僚化倾向，在实际工作中充当了政府的“腿”和“脚”，俨然一个“二政府”，政府与社会组织之间仍然是

“伙计”关系，而非理想中的“伙伴”关系，转型发展仍任重道远。此外，单位制解体以后，由于政府在基层出现了权利的真空状态，助推了社区社会组织的发展，形成社区社会组织的成长由本土性的“应然”状态到政府推动建立“实然”的事实。一些社区社会组织仍是有关政府部门将职能延伸到社区或是上级部门下发文件批准挂牌成立的“自上而下”型的社会组织，它们在经费来源、章程制定、内部运行机制、组织功能等方面，都严重依赖于政府，社会组织本该具有的自主性基本丧失，成为行政机关的附属品，自主发展、自我管理的能力不强。

从社会组织发展的外部环境来看，第一，中华人民共和国成立后组建的“单位制”社区，将传统以血缘亲疏为纽带组建的熟人社区结合起来，居民在这两种典型社会组织中形成了非正式群体，人们之间的归属感、认同感较强，人们习惯性地将需求诉诸单位和政府，而不是社会组织。居民习惯性地认为村委会、居委会才是政府的合法代表，是政府公共职能部门在社区的延伸，社区社会组织的草根性、自发性，使其社会动员能力有限，参与城乡社区治理和公共服务的作用还不够明显，在社区居民中的影响力不够。而随着商业型社区逐步取代单位制社区，原来社会组织中的非正式群体被冲蚀，人们由熟人社会进入了陌生人社会，呈现出原子化生存的状态，人与人之间的关系变得冷漠、疏离，价值观趋于多元造成了群体的认同感和归属感弱化，人们更多地从个人理性出发，对社区活动无暇顾及。第二，由于政府购买服务领域较为狭窄，对于注册类社区社会组织而言，主要是出于维稳需要而提供针对特定群体的服务，对于备案类社区社会组织而言，更多的是出于娱乐、休闲而组织起来的兴趣小组，其主要功能在于将居民组织起来，尝试建构一种熟人社区，继而挖掘部分居民骨干。

从社区社会组织自身发展情况来看，第一，有些社会组织缺乏对社区内各种资源的整合能力，提供的社区服务质量不高，难以满足社区居民的实际需求，没有真正发挥社区社会组织专业化的服务优势。第二，相关的社区组织发展起步较晚，人们难以在短时间内对该类组织形成客观而全面的认识，对于社区组织和相应的社区活动更多的是持一种观望和冷漠的态度。而居民对社区社会组织的权威性、合法性缺乏信任，多数社区居民对社区社会组织认识和理解还停留在社区内的舞蹈队、合唱队等艺术团体的层面。以上种种原因均反映了社区社会组织在发展的过程中社会认可度还处于一种较低的水平，这种认可度反过来导致社区社会组织的发展迟滞，造成政策大环境下社会组织发展形势一片大好和实际情形下“春天尚远”的局面。

（3）现代社会组织体制尚未形成和有效发挥作用。“政社分开”“权责明确”“依法自治”作为建构现代社会组织体制的重要前提尚未充分具备，进而导致现代社会组织体制优化和建构的迟滞。特别是“双重管理体制”尚未退出历史的舞台。作为计划经济遗留的“双重管理体制”是一种重管理、轻监管和服务的模式，事实上难以有效发挥风险识别、培育孵化、过程控制和分工合作的功能。而且现有的“双重管理体制”，在进行风险规避的同时也造成了风险的“再生产”。例如，登记的过高“门槛”，致使大量社会组织难以获得合法身份而处于“非法”运行状态，游离于监管之外，这就进一步加剧了风险可能性。因此，改革的关键是努力形成一种以组织发展为目标、以规范监管为手段、以风险控制为底线的现代社会组织监管体系。

从浦东新区情况看，社区社会组织表现出对政府的资源依赖，这种资源依赖关系一方面促进了社会组织的发展，另一方面造成了该类型社会组织在发展过程中自身“造血”功能不足，引发资金匮乏、场地缺乏、培训不够等问题，后两者可以归因于资金匮乏引发的连锁反应。从统计结果来看，有 42.2%的注册类社区社会组织和 58.0%的备案类社区社会组织表示缺乏完成工作所需的资金，但实际情况却是，在注册类社区社会组织的资金来源方面，87.7%的社会组织收入来源于政府财政支持和相应的购买服务，而 41.9%的备案类社区社会组织的资金直接或间接来源于政府的相关补助。这种对政府资金的高度依赖性降低了社会组织自身的灵活性，表现为政府对社会组织的严格控制和社会组织对政府的强烈依赖，导致我国各类社会组织的生长空间极其狭窄，为了获得合法身份，社会组织必须选择依附政府，进而在社会组织内部表现出浓厚的行政化色彩，导致社会组织对政府的“路径依赖”。一旦政府购买公共服务到期，社会组织就会面临“断奶”的风险，组织自主性不足。更为严重的是，对政府的过度依赖有可能偏离社区居民的真正需求，在“唯上”的组织行为中走向了行政化的道路，最终可能会因为对居民需求以及问题回应的不够反而被政府所抛弃。

调研发现，对于注册类社区社会组织而言，往往是政府监管机关在组织成立时审批严格，而放松日常监管，出现成立时的许可和成立后的放任并行的情况。在内部监督方面，一些注册类社区社会组织未建立起良好的自律运行机制，如组织章程、活动规范、财务制度等，在发展中存在着组织机构不健全、内部治理不完善、组织行为不规范、社会公信力不高等问题，使得注册类社区社会组织往往难以形成完备的考核机制。与此同时，受传统观念、体制、技术等因素的影响，我国政府部门绩效评估往往以自上而下的“同体评估”为主，导致评估过程缺乏透明度，评估结果的可信度并不高。即使有限的第三方评估服务（多出现在街道层面的政府购买服务中），也多存在“委托方主导下的评估”与评估的“第三方”独立性张力的困局。

这一管理体制也体现在政府对社会组织的考核中。从统计数据来看，政府对注册类社区社会组织委托的项目采取的考核形式存在明显的不完善情况。将政府部门的验收作为对该类组织考核的主要形式占 36.4%，而第三方评估机构的验收占比 31.2%，没有采取考核形式的占 27.8%，考核机制有待进一步完善。从政府与第三方评估机构之间的角色地位来看，政府相对于第三方评估者来讲处于强势地位，占有甚至垄断着大量真实有效的评估信息。信息是第三方参与评估的基本前提，一方面，政府对信息的垄断使第三方缺少信息资源而难以进行准确的评估，另外，目前我国在社会组织服务成效的考核上尚未形成统一的标准，造成的结果是在服务效果方面的评估上表现出较大的随意性和不确定性。

（4）社会组织的相关法律法规等制度供给不足。一方面，相关立法严重滞后于社会组织的实际发展和现实需要，尚缺乏与社会组织功能相匹配的法律、法规体系；另一方面，社会组织的立法整体上层次不高、权威性不足，且不同法律法规碎片化地存在于不同部门中，难以有效发挥系统的规约和协同作用。此外，针对不同领域的社会组织精准立法以及宏观层面的社会组织法迟迟没有落地，可操行性和匹配度等都存在一定的问题，难以为社会组织发展提供有效的法治保障。社区社会组织与基层政府之间的关系可以理解为一种基于资源相互依赖的非对称互惠关系。

立法不足使得我国基层政府与社区社会组织的关系还没有理顺，有些基层政府和部门负责人的观念没有随着社会的快速发展而转变，对社区社会组织的概念、内涵不是很清楚，对社区社会组织参与社区治理和公共服务的作用和重要性缺乏足够的认识，与社区社会组织之间缺乏有效的交流与沟通机制。最直观的现象表现为，政府方面，出于对行政生态日益复杂且充满不确定性的考虑，面对风险社会，政府的社会管理成本居高不下，管理效率日益衰减，在社会治理的格局中，会倾向于将购买项目给予那些自己较为熟悉的社会组织。这种情况表现在服务领域，即服务的属地化倾向明显，政府的条块之间形成一种固定的合作伙伴模式，外来组织很难进入，街道内部服务购买的排外效应以及购买服务中的圈层结构正在固化。其结果是，社区社会组织难以形成跨越社区边界的治理效应，有效治理功能的发挥也难以构成对政社关系的积极建构；政府和社会组织之间缺乏制度性的合作平台和协同治理机制，难以形成治理合力，继而政府和社会组织之间呈现为一种“伙计”关系而非“伙伴”关系。

从统计数据来看，39.1%的注册类社区社会组织认为政府在购买公共服务过程中缺乏透明、公平的采购程序，而16.4%的备案类社区社会组织认为制度环境不完善、缺少培育和扶持的相关规章制度是制约其发展的主要问题。由此可见，制度环境引发的信息不对称是制约社区社会组织发展的重要因素。

（5）社会组织需要有与使命担当相匹配的专业能力。社会组织需要进一步提升其专业能力和治理功能以有效地参与社会治理、贫困治理与环保攻坚战等，也需要在不断提升自身影响力的同时积极践行“走出去”的政策，以更为开放的姿态参与全球治理、贡献中国智慧。此外，虽然政府与社会组织在职能转移过程中的非对等性地位阻碍了两者良性互动关系的形成，但社会组织专业能力的提升也可以生成一种“倒逼”力量，以促进政社关系的优化，社会组织应该在政府职能转移过程中发挥更大的话语权和主动性。此类问题在备案类社区社会组织中表现得尤为突出。

其一，老龄化、业余化带来的服务能力不足。从统计数据来看，备案类社区社会组织中93.3%的成员年龄在50岁及以上，老龄化现象明显。而由于社区中年轻群体参与不足，该类组织的成员在社区中除了组建日常的娱乐、兴趣小组以外，还承担了大量的社区志愿者、楼组长等角色，其自身接受的社区服务方面专业知识较为匮乏，在进行社区服务的过程中积极性较高，而专业化水平不足，业余化特征明显。46%的备案类社区社会组织表示迫切需要专业人才的指导和相关培训，提升自己的专业知识水平。与此同时，91.1%的备案类社区社会组织表示与社区居委会关系非常密切，在实地的社区走访中，笔者发现这种密切的关系变成了备案类社区社会组织对居委会工作的高度认同和配合，以致该类组织成了居委会下派的执行机构，负责社区的相关事务的执行，日常的宣传、行政传达占了该类组织的大部分精力，服务能力和成效大打折扣。其二，娱乐性、松散性带来的治理功能有限，特别是社区议题联动机制乏力。现阶段社区异质化程度的不断提高，必然导致社区社会组织种类繁多、构成复杂。备案类社区社会组织多由社区居民自发组成，组织结构较为松散，以兴趣、爱好、情感等要素整合社区居民，吸引社区居民分类参与不同的团队，使居民在某些方面达成共识，是一种以兴趣为纽带的行为逻辑，在组织目标上表现出较为明显的娱乐性，在组织结构上表现出明显的松散性，导致社区议题无法形成联动机制或机制乏力。从统计数据来看，备案类社区社会组织中77.6%为文化艺术类、体育健身类和休闲爱好类，娱乐性较为明显，而社区公共服务类仅占20.5%。

（6）社会组织党建尚须进一步深度推进。一是社会组织党建的共识尚须进一步凝聚，要实现认识上的转变。在以往的政治话语中通常强调的是国家与社会的差异乃至对抗，关注的是国家体系之外是否存在公共空间及其如何抗衡公权力的问题，而“社会组织”则被定义为“社会”一端，是作为一种反抗甚至敌对力量而存在的。这就造成了社会组织与党组织不可兼容的误识。实践中就表现为对是否应该在社会组织中开展党建工作不置可否、含糊其词。二是社会组织党建实践的积极探索与创新推进。探索社会组织中党组织和党员作用发挥的有效途径，充分发挥党组织在社会组织中的政治引领、保证监督、战斗堡垒作用和党员的先锋模范作用，推动不同类型社会组织党建工作的机制、载体与形式方法的创新，实现社会组织治理功能与党建的有机嵌合，进而形成治理合力。

6.5　整合治理与系统推进：社会组织参与社会治理创新的路径想象与建构

挑战需要有效应对，而分歧则需要在发展中弥合。新时代，新征程，面对我国社会治理形势的新变化以及社会组织领域出现的新问题、新挑战，我们要以习近平新时代中国特色社会主义思想为指导，按照党的十九大的部署和要求，加强和创新社会治理，把社会治理与社会组织改革的新任务、新要求、新举措落实到具体工作实践中，加快实施政社分开，激发社会组织活力，克服社会组织行政化倾向；适合由社会组织提供公共服务和解决的事项，由社会组织依法提供和管理。同时，依法加强对各类社会组织的监管，推动社会组织规范自律和能力提升，努力打造共建共治共享的社会治理格局，进而实现政府治理和社会调节、居民自治的良性互动。

6.5.1　分类施策、鼓励扶持，多策并举激发社会组织活力

对于社会组织面临的资金缺乏和资源链接能力薄弱问题，一方面，政府需要多策并举，积极建构多层次的支持社会组织充分参与基层社会治理的政策链条，不断加强对社会组织的资金和税收支持力度。其一，加大对社区社会组织发展的政策支持，将适合社区社会组织承担的公共服务交由社区社会组织承担，支持其有序地参与社区治理。针对不同社区社会组织制定和执行不同的制度政策，形成对其培育、扶持以及专业化发展的政策链条，特别是对社区社会组织发展的不同阶段进行有针对性的政策设计。其二，完善和落实有利于社区社会组织发展的财税政策，特别是公共财

政。同时，推动建立多元化、制度化的资金保障机制，鼓励引导社会资金参与到社区社会组织发展中来，有条件的地方逐步设立社区发展基金会以及基金会联合会等，进而为城乡社区社会组织参与社区治理活动提供资金。其三，进一步完善市区政府购买、街镇层面的自治金项目以及社区内部的资金动员渠道，在此基础上，形成对社区社会组织以及品牌服务项目的持续化扶持、制度化支持以及常态化建设的支持系统。

另一方面，适度鼓励社区社会组织开展一些低偿、有偿性的服务，通过政府相关资金和税收补贴给居民，使得居民在享受低廉价格服务的同时，社会组织的自我“造血”功能进一步提升，减少对政府资源的过度依赖。因此，应适度引入竞争机制，实现社会组织在基层社会场域内的服务提供与良性竞争，这有利于提升社会组织的灵活性，激发社会组织的活力，在竞争中提升服务水平和服务的专业化，同时也有利于社会组织服务生态链的形成以及其类型与业务范围的丰富和多样化发展，当然，这需要严密的、系统的深入调研和设计。

此外，明确发展的重点，加快生活服务类、公益慈善类和居民自助互助类社区社会组织的发展，形成社区社会组织参与基层社会治理与服务的整体合力。城市社区以人群为重点，在实现多样化覆盖的基础上提升服务的专业性和有效性；农村社区以领域为重点，将社会工作的工作方法、服务理念以及社区社会组织的孵化培育等与乡村治理体系实现有机融合和接续。

同时，积极探索社区层面培育孵化社区组织的创新做法和实践经验，要持续推进社会组织孵化基地和孵化园区建设，帮助社区社会组织解决工作场地、基本办公设施等问题，对于条件成熟的社区社会组织要有渠道帮助其适时发育成更为专业的社会组织，进而更好地参与到社会管理和建设中去。

6.5.2 需求导向、服务引领，提升居民对于社会组织的认同

对于政府而言，关键是理念先行与制度设计。要进一步深化对培育发展社区社会组织工作重要意义的认识，推动将社区社会组织发展和管理工

作纳入基层政府绩效考核内容和社会治安综合治理考评体系。街镇层面制定和落实社区社会组织发展规划，加大部门之间的协调力度，完善工作运行机制，进而形成各部门共同支持社区社会组织发展的工作格局。首先，有重点地培育社区社会组织。以民生需求为导向，重点培育公益性、服务性、自治性社区社会组织，丰富社区治理多方力量，实现充分发展和均衡发展。其次，分门别类，整合优化服务培育体系。对各级社会组织孵化机构和平台进行整合、优化和功能再造，避免功能重复，以形成社会组织生态发展的闭环。市、区平台以资源对接、能力建设、人才培养为主，街道和社区以孵化发展、项目策划以及品牌建设为主，减少重复建设。再次，适时调整，改革考核评价方法。在社区社会组织发展的新时代，社区社会组织的发展重心应转向品牌建设、团队提升以及制度建构。因此，对其发展的考核应确立以服务为本的发展目标，注重服务项目品牌化、群众参与度以及制度化等方面，而不是单纯强调社会组织的数量。同时，培育打造一批社区治理的品牌社会组织和服务项目，推动社区社会组织更好地与居委会、专业社会组织融合、协力，实现协同整合治理。最后，功能整合，构建枢纽型服务协调平台。建立区、街社区社会组织联合会等枢纽型组织，形成以区枢纽型组织为主体、街道枢纽型组织为主干、社区枢纽型组织为补充的“1+X+N”服务整合模式，形成社区多元力量的动员整合平台、社会组织党建工作的推进平台，推动社区社会组织有序、规范参与社区治理。

6.5.3　供给侧发力、全域发展，形成社会组织参与服务的生态链条和聚合效应

从发展的眼光看，社会组织的成长不应靠市场，也不应仅仅依靠政府的资金和政策，而是应当靠自身服务公众的能力和互惠性的社会机制。因此，社区社会组织供给端的改革优化和能力提升是关键。

首先，拉长和延伸社会组织的服务链条，形成参与社区治理的良性生态。要健全社区社会组织体系，积极开拓社区服务项目。“打铁还需自身硬”，要从组织自身实际出发，加强组织自身体系建设，逐渐形成完备的

组织体系，积极探索多元群体需求，实现社区组织的全域发展，进而打造“老有所养、幼有所托、孤有所扶、残有所助、贫有所济、难有所帮、学有所教、需有所供”的全方位服务体系，形成在居民需求各阶段、分层次和各类型演化过程中的精准服务链，继而优化社区社会组织发展的环境，避免陷入同质恶性竞争的生态。

其次，社会组织的能力培养是其成长的一个最关键的因素。具体来看，一是加强完善社会组织内部管理制度，以制度规范成员的行为，培养成员服从自己制定的规则的习惯。二是通过尽可能多地参加公益活动以提高社会对社会组织的认知度和美誉度。三是加大培育社会组织承接政府购买服务能力，这是当前社会组织所面临的急切问题。一方面加强社会组织的“造血”功能，提升其自我发展能力，确保对政府转移出的公共服务能接得住。另一方面提升社会组织专业化服务水平，当前大部分社会组织参与公共服务的方式还是松散的、非专业化的，应加强社会组织中以社会工作委员会骨干为主的专业服务人才输入，确保对政府转移出的公共服务能干得好。四是加大培育社会组织凝聚社会成员的能力。推动“社会人”向“社区人”“社团人”转变，是社会组织在社会管理中的重要功能（臧得顺，2018）。

最后，社会组织发展要坚持社区为本、需求导向和服务引领。坚持社区为本，充分发挥其扎根社区、贴近居民的组织优势，在精准服务的基础上不断提升自身在社区治理中的主体作用和服务引领，在深化服务居民的基础上形成良好的社区公信力，继而融入基层社会的便民服务网络中。其一，社区社会组织要充分发挥社区社会组织与居民群众之间的“天然联系”和零距离，有效地发掘和引领居民的各类需求，在精准定位需求的基础上开发精细化的针对性服务项目，进而营造其在社区的公信力；其二，社区社会组织要善用新媒体、大数据等现代化的网络手段，优化服务递送的渠道和方式，实现与时俱进；其三，社区社会组织要不断拓展服务项目的专业性、可持续性以及发展性，形成显著的品牌效应，继而优化自身的发展生态；其四，社区社会组织也要不断推进自身的能力建设，特别是社区社会组织负责人以及骨干力量的专业能力建设。

第7章　网格化管理与开放街区：治理整合的两种范式

7.1　网格化与居站分离：逻辑、困局与反思[①]

随着市场经济体制的确立，与计划经济体制相嵌套的以单位制为主体、街居制为辅助的基层社会体制逐步解体，与市场经济体制相契合的以社区制为主体的基层社会体制浮出水面。在转型时期的界面上，城市基层社会出现了两种管理样态，一是单位仍然在社会管理中发挥着重要作用，扮演着实际基层管理者的主体角色，单位制在后单位时代依然风光无限；二是社区已经走到基层社会治理的前台，在社会治理创新中具有基础性地位，成为基层治理多元主体发挥作用的背景场域，在各种类型的社区形态（单位社区、商品房社区等）中逐渐发挥重要的社会治理功能。单位与社区并行，单位主大事主政事，社区主小事也主大事，更主区域的事，单位制既没“死”更不“僵”，社区制虽然“活”但“活”得不自由、不尽兴、不茁壮，这就是我国城市基层社会治理的格局和困局。

在单位制的思维惯性、初始条件以及控制秩序的执政取向下，社区制在基层社会管理实践中演变为高度行政化的组织，变成了继单位之后的第二个单位或单位第二，与政府将社区发育成为“自我管理、自我教育、自我发展、自我约束”的生活共同体的初衷相悖。为了纠正社区行政化的走向，解决困扰基层社会秩序建构的“行政整合过度与社区自治能力不足”

① 部分内容已发表在《学术论坛》2014年第12期。

的积弊，各地在社区制框架内积极探索内部的治理结构创新，总括起来，有两种路向和设计，即“网格化”管理和“居站分离”改革。

从实践的范围看，网格化管理可能已遍布全国，准市场化的“居站分离”仅存在于几个试点城市中，影响有限。但到底网格化管理和居站分离改革背后存在什么样的理念预设？两者有何差异？其改革与设计的基础前提、内在逻辑以及现实困境是什么？现有的研究尚显不足。鉴于此，本章的研究焦点定位在社区制改革与完善这两种路向上，并以此透析社区治理的整合创新进路，理解丰富多彩的基层治理实践。具体的研究内容包括：第一，研判网格化管理和居站分离改革的内在理念与运作逻辑；第二，剖析网格化管理和居站分离改革的现实困局；第三，反思网格化管理和居站分离改革在推进城市基层社会治理创新过程中的功能神话；第四，提出基层社会治理创新的可能出路。

7.1.1 网格化与居站分离：理念差异与逻辑分殊

理念的不同导致制度创设的差异，进而引领了实践中的不同发展路向。对于基层社会治理而言，也是如此。网格化与居站分离就反映出基层社会治理中存在的两种理念、两种设计，即“自上而下”和“自下而上”的路径。此部分笔者在对网格化与居站分离的理念预设进行梳理的基础上，遵循“实践社会学”的“过程-事件”（孙立平，2000，2002）分析理路对这两种路向的现实逻辑进行研析，以展现社区治理创新的不同逻辑与改革图谱。

1. 网格化与居站分离的理念差异

随着改革的不断深入，城市社区的管理形态发生了转型，从形式上看就是单位制日渐让位于社区制，但社区制在发展中也已暴露出内生的“行政整合过度与社区自治能力不足”这一影响城市基层社会秩序建构的弊病。为了消除这一弊病，各地积极探索，从强化基层社会治理能力和基层社区的去行政化两个路径展开社区治理创新的实验。第一种路径预设，区街政府权能过剩，基层社会治理组织（社区居委会）能力不足，无法承担单位组织转移出来的社会任务。在此理念预设下，该路径主张国家权力下沉，放权到居委会等社区组织之中就成为必然，其本质是通过体制内部的权力优化重组以推进社会治理的尝试。第二种路径认为，基层社区自治能力缺乏是国家权力过度干预造成的，换句话说，正是由于国家的过度“越位”干预导致社区自治力量的“难产”和“破产”。秉承此种假设，该路向主张通过公民社会的培育促进基层社会自治力量成长，进而对基层政权的生存构成民主压力，最终实现基层社会的自我管理。两种路径在实践中的具体表现即为网格化管理和居站分离改革。

2. 网格化与居站分离的逻辑分殊

正是基于以上理念预设的差异，网格化与居站分离在实践中就演绎了不同的逻辑过程，也涵盖了不同的创新意蕴。具体逻辑分殊如下所示。

（1）网格化的治理实践。在基层社会治理创新实践中，第一种路径提高基层社会组织能力的举措是网格化。所谓网格化，就是“以街道、社区为基础，在管理辖区内，以一定区域为基准划分单元网格，建立城市网格化管理信息平台，对城市部件、事件实施管理，实现市、区、专业处置部门和网格监督员四级联动的管理模式和信息资源共享系统”。通俗地讲，网格化就是按照一定的标准将一个管辖的地域范围划分成若干网格状的单元，由专人对网格内居民的诉求与存在的问题进行差异化、具体化、个性化、跟踪式、全时段的服务与管理。其主要思路是充分利用现代信息化技术以打破传统的城市管理部门和行政区划空间之间的界限，仿照科层化的组织设计，在管理流程和手段上将整个网格化管理过程划分为信息收集、甄别立案、任务派遣、任务处理、结果反馈以及评估结案等 6 个环节，进而实现在精密建构的“网格”中，做到问题发现及时、危机反应灵敏、应对处置有方、管理科学高效和服务具体到位。网格化在城市社区管理体系中的具体实践就表现为，第一，以街道、社区等基层管理单元为基础，通过标准化的方式划分出城市社会管理的若干网格；第二，以信息技术为依托，加强不同网格之间的交流联系和信息沟通，建立信息资源共通共享共用的整合与联动平台；第三，建立统一的资源调度和协调机制，克服“条块分割”的问题，以制度化方式整合各部门原先分散的管理和资源，以实现管理的高效化、科学化与协同性；第四，保持网格系统的兼容性和开放性，通过不同网格之间的相互兼容来实现“多网合一”和动态化管理。

作为一种管理技术，网格化管理始于我国公安系统开创的一种网格化巡逻技术。而作为一种城市基层管理的新模式，北京市东城区开启先河、最先试点。2004 年，东城区为提高社会管理的效率进行了网格化管理的探索。他们以该区一万平方米范围为基准网格单元，将全区划分成1 593 个网格，并配备 350 名城市管理监督员在全区实施全时段监控。同时，借助信息化技术将 6 大类、54 个城市行政部门以及 7 大类、33 种城市问题进行了电子信息编码，后台指挥中心借助信息化手段对辖区的各种管理问题做出及时有效反应，实现了对城市社区的信息化管理。此后，全国各地开始纷纷效仿和推进这一模式，此为网格化管理模式的第一阶段，即兴起阶段。这一阶段的特征是以数字城市建设为目标，以整合资源、沟通信息、强化服务为主要内容，关注的焦点是如何在技术、资源及公共服务之间建立嵌合协同关系，特别强调数字技术服务平台的建立。第二阶段，模式创新和多地试点。随着网格化管理成效的凸显，2005 年 10 月，国家在前期调研总结的基础上开始向全国推广东城区的经验，并选择了上海、深圳、武汉等十个城市作为网格化管理的试点。此后，上海的社区“网格化”管理、浙江舟山的“网格化管理、组团式服务”等典型模式不断涌现。第三阶段，领域不断拓展。作为一种新的社会治理技术，2005 年后，随着社会环境的变化，“网格化”治理也开始发生了一些新的转向。网格化治理开始与“维稳”的社会管理目标相结合，随着其效果的彰显，应用领域不断拓展，并且“网格”也开始作为社会管理的一个重要层级而发挥作用。第四阶段，反思改革。尤其是随着网格化治理非预期负面影响的渐次呈现，网格化治理进入反思改革的新阶段。而本章也可以看作是对这一阶段进行反思的尝试。

（2）居站分离的现实逻辑。在基层社会治理创新实践中，第二条路径提高社区自治能力，即基层社区去行政化的举措是居站分离。所谓居站分离，是指在基层社会管理中，将社区居委会和社区工作站分离开来，从而在社区党组织、社区居委会以外，设立街道行政服务社区工作站，承接从居委会剥离出来的行政性管理工作。而居委会则回归居民“自我管理、自我教育、自我服务和自我监督”的工作，实现其居民自治组织的性质定位。居站分离的主要做法就是在基层社区场域中，在社区居委会之外，另设一个组织架构——社区工作站，并由其来具体承接街道下放的各项行政性事务，其工作直接对街道办事处以及各级政府职能部门负责；而社区居委会则从事各种与居民自我组织、自我治理相关的事务。两者各自独立运行、相互协调配合，实现社区共治的目标。这样城市基层社会管理格局就出现了一定程度的重构：一是在城市基层社区新增加了一个主体组织，即社区工作站，其独立于社区居委会，并列而设；二是居委会逐渐回归居民自治组织属性，而社区工作站主要承担政府剥离的行政职能；三是社区工作站与居委会各司其职、各负其责，虽性质相异，但相互支持与配合。

居站分离改革开始于 2005 年的深圳市。经过一年的探索，全国很多城市社区开始模仿实行居站分离改革，不同城市也都根据自身的实际情况，在居站分离实践中进行了多种形式的尝试和创新，发展出“一站多居”“一站一居”“一口式居站分离”等多种变化形式。这些不同的形式总括起来主要表现为两种走向。第一种走向是社区工作站日益行政化与居委会的再度边缘化。由于城市社区的虚空，居民对社区事务没有热情，将政府下派的行政任务抽取之后，居委会无事可做，俨然是摆设，自治的事务如同不着边际、虚无缥缈的气球，可视而不可触，居委会面临着能力弱化、边缘化，甚至空心化的走向。也就是说，居站分离将居委会行政事务转移给社区工作站带来了双面的实践结果：一方面，社区工作站实际演变为街道办的下属执行机构，工具化趋势明显；另一方面，居委会因行政事务的剥离、自治能力有限而再度边缘化。第二种走向是准市场化，即政府与社会组织（社区工作站）之间形成新型的契约合作关系，为城市基层社会管理去行政化奠定基础。需要注意的是，在此种居站分离改革走向中，社区工作站并不是扮演街道办事处的延伸工具，也不是简单承接由居委会剥离出来的行政职能，而是作为独立的民办非营利机构与社区党支部、居委会共同参与社区治理，居站之间的关系也不再是相互替代的，而是相互合作、相互补充的关系结构。居站分离后，在社区需要处理好居民委员会和业主委员会这一同属于居民自治组织但职能不同的两类组织的关系。一般来讲，居民委员会主要是处理社区政治、文化、社会方面的自治事务，属于政府指定的权威性组织，可以指导业主委员会的工作；而业主委员会主要处理与物权相关的经济利益或因经济利益引起的社会冲突方面的自治事务。两者的职能不同，应各司其职、相互补充，实现社区共治。从各地的改革经验来看，准市场化走向较容易得到基层社会管理参与者的配合，相反，第一种走向则容易招致居委会成员的抵制，影响居站分离改革的实际效果。

居站分离改革，初步理顺了社区治理主体之间的关系，使社区组织回到了互动协作的良性轨道，具有显著的优势。其一，居站分离有利于实现居委会减负。通过社区居委会的改革和社区工作站的新设，把那些不属于居委会职责范围内的行政性工作进行剥离，转移到社区工作站，从而让社区居委会从行政性事务中摆脱出来，有能力和有精力进行社区自治的管理与服务，进而有可能实现其自治地位的回归。“居站分离”后居委会直接对社区居民负责，实现了身份的转变，即从政府的“腿”向社区居民的“头”的转变，进而有可能解决长期以来困扰基层的社区居委会行政化倾向的问题。其二，居站分离推进的“议行分设”有助于实现社区治理结构的优化和社区服务工作的专业化、职业化。一方面，由居民选举产生的社区居委会成了社区的议事机构，其功能在于聚焦社区公共事务，凝聚社区共识，推动社区自治。另一方面，社区工作站可作为专业的执行机构而存在，其工作人员是面向社会公开招聘的，由专业化、职业化的社会工作人员组成，其使命就在于向社区居民提供专业化、职业化的公共服务。其三，居站分离有利于扩大基层民主。通过居站分离与职能分工，一方面，政府各项工作交由专业服务机构即社区工作站来进行，可以得到较好落实，有利于真正实现工作重心下移；另一方面，社区事务性、行政性工作从居委会剥离后，居委会就有更多的时间和精力去从事自治方面的工作，基层民主自治功能得到强化。

7.1.2　被困的治理：现实表征与发展反思①

网格化管理与居站分离改革，健全和完善了基层社会治理体制，一定程度上推进了社会治理创新进程。但是随着网格化的技术性倾向以及居站分离体制障碍的凸显，这两种路向都遭遇了现实中的困局与发展中的悖论。

1. 网格化管理的困局与突破

从实践来看，网格化所内含的以社会控制为主旨的浓厚的行政化色彩弱化了社区自组织治理系统的生成，不利于社区的自治。

从网格化管理的实际运行过程来看，其对社区自治造成的消极影响主要有四点。

第一，"网格化"带来了"区隔化"。从应然意义上讲，作为一定地域的人们所结成的生活共同体的社区是共同体成员的各种社会关系在一定空间结构中的展开，是成员自主生活选择和规划公共实践的空间，是成员在追求自身权利和利益的过程中，通过日常生活实践，逐渐形成的超乎个体的社区"公共领域"。而网格化管理则通过人为建构出区隔的"边界"，实现了对完整生活实践的碎片化切割，这一做法虽有助于将政权力量嵌入社区内部，确保行政执行的效度，达到"分而治之"之效，却必然会损害社区内部长时间建立起来的社群联系，影响社区居民间的有机联结，抑制

---

① 自2005年深圳市盐田区开启了"居站分离"的实践以来，学术界围绕"居站分离"进行了富有创造力的论述。主要是将其置于基层政权建设、社会治理体制以及社区建设、社区自治等议题下展开的，围绕着"居站分离"的制度设计、实践逻辑、运行结果（积极和消极）、制度变异等方面进行了全面、系统的研究。因此，本节对"居站分离"的研究主要是梳理性描述，是作为一种参照与"网格化"一起置于基层社会治理场域中进行的对比研究。而学术界对"网格化"的研究，同样也是将其置于基层政权建设、社会治理体制以及社区建设、社区自治等议题下展开的，但关注的重点是网格化管理的制度设计对基层社会治理产生的积极影响和正向功能，呈现"一边倒"的局面。相关成果颇丰，尤其是《学习与探索》期刊于2012年组织的"城市社会管理：网格化模式与基层秩序构建"的学术研讨会收录的系列论文是典型代表，但是学术界对网格化管理的非预期后果，尤其是非预期的负功能的研究较少。其中刘安在《网格化社会管理及其非预期后果——以N市Q区为例》一文中，分别从"技术化"治理、"科层化"的组织结构、治理的"行政化"、"选择性执行"等方面论述了网格化管理的非预期后果，具有一定的创新性，本节对网格化非预期后果的研究主要是从网格化的设计本质、运行逻辑、实际效果等方面进行的制度分析。

社区内部自治力量的生成。

第二，“技术化”带来了“等级化”。网格化是一种基于数字信息技术之上的城市管理方法，它试图在技术、资源及公共管理与服务之间建立有机嵌合关系，并通过数字技术服务平台在城市基层社会建立高效的问题预防与解决机制。网格化管理要求“社区有网、网中有格、格中定人、人负其责”，这一技术化的管理造成了对基层工作人员的“全景监控”与控制，带来的压力可想而知。此外，信息技术引入网格管理的过程同时也是一个网格层级间及其内部复杂的微观“政治过程”，通过设定技术发挥作用的方式而延续着以前不同的管理层级间的相互角力，这就意味着网格化管理背后存在加强的等级化控制理念，本身就是一种压力传导机制。技术化加上等级化导致该制度设计超越了所能承受的“技术阈值”，产生了众多非预期后果，不免令人想起福柯所刻画的“全景敞视”监狱的图景。

第三，“科层化”带来了“萎缩化”。从治理的角度来讲，社区的治理应该是场域内的利益相关者围绕公共议题，依据一定规则，以合作、协商、讨价还价等形式而实施的多中心治理的过程。这一过程有助于推进主体的参与、互动，提升社区自治能力，使社区“由守望相助的传统生活共同体角色逐步转变为居民参与城市治理和政府决策的重要公民力量”，但“网格化”管理中的网格层级，责权来自上级授予，内部分工明确，组织结构健全（网格内设有网格长、网格管理员、网格助理员、网格督导员等），规模虽小，却构成了结构完整的行政工作系统，是政府管控社会的重要工具。因此，网格也内在延续着“市-区-街道-社区”共同组成四级科层管理结构的逻辑和惯习。如此一来，社区在科层制的确定性、稳定性、纪律严明性和可靠性的操作结构的“铁牢笼”塑造下，必将在场域内形成一个社会强制结构，社会强制结构与生俱来的体制压力必将使社区自组织能力逆向萎缩。

第四，“行政化”带来“边缘化”。社区是政府与居民之间的联结纽带，社区强则未必带来国家强，社区弱则一定带来国家弱。正如默顿（Merton，2001）所言，“在社会系统中，人们之间的沟通渠道在结构上的不当或部分中断，也会导致社会解组。处于一定社会关系、地方社区或国家社会中的人必须能够沟通，因为他们相互依赖，以实现社会对他们的期望和他们个人自己的目标”。此外，涂尔干（Durkheim，2000）在《社会分工论》中也曾揭示国家与个人之间距离拉大的风险，“如果在政府与个人之间没有一系列次级群体的存在，那么国家也就不可能存在下去。如果这些次级群体与个人的联系非常紧密，那么它们就会强劲地把个人吸收到群体活动里，并以此把个人纳入社会生活的主流之中”。在涂尔干看来，如果在国家与个人之间失去了一系列的中介组织，那么“国家与个人的距离越来越远，两者的关系也越来越流于表面，越来越时断时续，国家无法切入个人的意识深处，无法把他们结合在一起”。因此，作为连接国家与个人的关键性联结组织的社区在地方治理中一定不能被边缘化，否则，不仅社区自治无法达成，国家治理也会因社会解组而危机丛生、步履艰难。

在网格化的关照下，居民成了被权力管理和监控的客体，社区蜕变成了行政权力在网格内挥洒意志、探囊取物的空间场所，而不是整合社区内利益相关者的生活共同体。因此，如何淡化“网格化”的行政色彩，实现社区自治力量与政府行政力量之间的有效协作，如何消弭“网格化”的技术限度，优化技术进步与社会治理之间的关系，进而找到网格化管理与社区自治间的二元交叉点，在此基础上达到互构与互强共赢的目的，是今后社区建设、社区制改革、社会治理创新的方向和难点。笔者认为，社区服务网格化、社区管理民主化，以社区服务联结网格化与社区自治是达到上述目的的不二途径。

首先，国家与社会并不是对立的，相反是一种彼此联动和互构协作的关系。郑永年（2011）认为，“中国需要的是一个具有自我组织化能力的社会。没有社会，政权就没有基础；如果社会是脆弱的，政府必然是脆弱的”。就社区治理而言，要形成社区自治与政府管理的互动机制。一方面，政府应依法治国、依法治社，有所为有所不为，在涉及私人利益的市场领域“法无授权不可为”，在涉及公共利益的领域（如安全、卫生、教育、医疗等）切实承担起责任，同时为社区自治提供制度保障。另一方面，要通过社会自治与服务不断完善居民权利表达与利益实现机制，以公共议题培育居民的“公共性”和社区的“社会资本”，由此重建社会横向联结，促进共同体精神的再生，夯实以社会资本为价值基础的社区治理秩序。“网格化”管理虽通过行政力量实现了国家与社区个体的联结，但却无法通过行政力量来重建社区内部的链接与横向整合。因此，只有通过国家与社会的互动，实现网格化治理与社会自治的互构协变，才能真正实现社会的善治。

其次，以“服务”定位“网格”，以“网格”促进“自治”，以“自治”促进“服务”是三位一体的系统。社区服务既是社区场域中多元主体向社区成员提供各种具体社会服务、满足居民需要的物质过程，也是通过居民参与共建共同体文化与价值、形塑认同感和归属感的精神过程。社区服务既包括政府提供的公共服务，也包括居民的互助服务，除此之外，其中还蕴涵了政府与社区之间的交往互动，在社区服务层面，“网格化”的行政管理与社区的自治管理出现了交合。因此，通过定位于服务的网格，使原来的单纯依靠行政力来进行的“管理”转变为依靠多元参与来进行“治理”，由原来的着眼于社会秩序和社会稳定的“刚性管控”转变为着眼于满足社区需求、促进内部和谐的“软性约制”，也就是将网格变成一个不以控制为目的、纯粹为居民服务的扁平化的服务平台。通过网格内社区服务的提供，不仅根除了现代化、城市化、工业化给城市社会带来的人际疏离和社会原子化的陌生人世界感，也能通过社区居民自身的共同行动和共同参与重建社区友爱互助的邻里关系和社区文化，使社区重新成为以认同感和归属感为核心要素的自治共同体和生活共同体。自治达到一定水平的生活共同体，对外与政府建立了新的恰切的关系，对内重新整合了结构与资源，其所提供的社区服务质量更高，社区自治程度也更高。

2. 居站分离改革的悖论与出路

从实践来看，居站分离改革也存在难以克服的悖论。居站分离从社区居委会的“行政化”“内卷化”积弊出发，意在通过社区居委会去行政化的减负，实现居委会自治地位的有效回归，进而实现社区自治。但从上述居站分离的发展模式来看，第一个模式中社区工作站接替社区居委会成了街道办事处的下属机构与行政工具，负责社区自治事务的居委会在现有制度情景下因既无资源、又无法获得居民认同而再度边缘化，不仅社区自治无法实现，就连自己也出现认同危机。第二种模式下社区工作站的准市场化，虽然有可能通过政府购买，社区工作站提供服务的方式在政府与社会组织之间形成新型的契约合作关系，建构所谓的“政府推动，民间运作”的基层社会服务体系。但是专业化社会工作机构发展滞后，使理论设计上居站分离模式在实践中没有较为充分的社会力量支撑而难以展开；此外，居委会在由权责型参与者转变为生计型参与者[①]的过程中，因角色转换而引发的相关利益冲突不断，这些都导致了居站分离效果的有限。

因此，从居站分离的实际运行来看，其制度设计基本上也因循科层化行政权力在基层的铺展与转嫁而展开，是以街道办事处为导向而进行的形式创新，并未触及“政社不分”“政社混淆”的社会体制本身，故其也没有超越传统的城市基层社区行政化垂直整合所产生的体制障碍，存在着难以克服的结构性缺陷。

从社区自治的过程来讲，居站分离后需要进一步考虑的工作有三点。第一，如何保证社区工作站与社区居委会的自治属性和地位，如何防止社区工作站行政化替代与过度市场化；第二，如何处理好社区工作站与居委会之间的关系，建立有效的角色协调与利益整合机制；第三，如何避免居委会行政职能撤出后可能导致的社区自治危机，并且也要预防居委会角色转换过程中，与业主委员会之间可能发生的矛盾与冲突等一系列问题。

7.1.3　出路想象：逻辑前提与发展分期

不管是行政主导的网格化管理还是社区与政府合作共治的准市场化的居站分离，问题的关键都在于“政社分开”及在此基础上的政府和社会组织的分工与合作，这才是社区治理创新的根本前提要件，是网格化管理正向功能主导、非预期负面效果规避以及居站分离初衷得以顺利实现的重点。党的十九届四中全会提出了“党委领导、政府负责、民主协商、社会协同、公众参与、法治保障、科技支撑”的社会治理体制新格局，其间蕴

① 这里主要借鉴王星的提法。王星（2012）所指的生计型参与者是指利益直接嵌入基层社会之中的个人和组织，主要包括社区居民、业主委员会、社区物业公司等；权责型参与者则是指那些基于职业分工而参与基层社区管理的行动者，主要包括各级政府职能部门、公共设施维护部门等。

涵着政府、市场、社会（社区）在社会治理创新的职能分工和角色定位。概言之，首先，党和政府要准确定位，不缺位、不越位、要到位，其承担的责任不能推卸给市场和社会，不是自己职责范围内的或不适合自己干的或自己干不好的绝不要越俎代庖；其次，市场提供私人产品或通过政府招标按照合同要求提供政府委托的部分公共产品；再次，社会（社区）提供半公共产品或通过政府购买服务合同提供政府委托的部分公共产品；最后，各治理主体要依法办事，以法律为准绳。一个健康的社会应该是一个政府、市场、社会（社区）组成的三维结构，彼此分工合作，取长补短，拾遗补缺，共同完成社会治理的任务。只有在这样的前提和基础上进行的基层社会治理创新，才能更好地调动社区各方积极性和主动性，共同参与社区治理的实践，实现社区的发展目标。

当然，社区治理体制的改革是一个系统的工程，一个多方协同、共同推进的过程。从现有的条件和环境来看，我国基层社会治理创新新格局的推进大体上可以通过三步来实现。第一步，政府主导（党委领导、政府负责），依靠行政力的推拉、牵引，做好制度上的顶层设计和资源上的有力支撑，设定好理想类型，培育公民的社区意识与自治能力（浅层次的社会协同、公众参与）。第二步，政府边“放”边“收”，“放”就是指导好、支持好、培育好，该做的还要做；“收”就是能不管的不管、能不做的不做、能不问的不问，意在锻炼社区的自组织能力，使自上而下的行政力与自下而上的自治力互动协作，行政力量准备有序淡出，自治力量准备渐次登场，行政力与自治力交合平衡。第三步，政府无为而治，对社区自治发展不利的行政力全部退出，在场外做好公共物品生产、规划设计、财政支持、监督评估、协调统筹等战略工作，社区包括社会组织全心而入，生产出优质、高效、充足的社区物质产品和精神产品，民间的自治力走向成熟，与成熟的行政力相得益彰、取长补短，共同建造和谐、繁荣的生活共同体。就现阶段来讲，应该淡化网格化管理的行政色彩，培育社区的自治力，将弱网格化管理和准市场化的居站分离有机结合，或者是将准市场化的居站分离嵌入网格化管理中，政府自上而下的行政力与社区自下而上的自治力在社区服务界面实现交合，可能是推动我国社区治理体制改革与完善的比较恰切的路径。

7.2　开放的街区空间及其治理：社区空间私有化及其突破[①]

封闭社区（Gated Community），又称隔离社区、门禁社区，是新自由主义全球化背景下出现在欧美国家城市空间中的一种可防卫居住模式。美国学者布莱克利等（Blakely et al.，1997）最早在其专著《城堡美国：美国的隔离社区》中提出了封闭社区的概念，即“用围墙、栅栏包围起来实现公共空间私有化并限制进入的居住区”，从物理空间的表征来看，大门、围墙、栅栏等防卫措施是其共同景观，而安防严密、空间分割、内部私有、外部排斥是其外在表征。封闭社区的蔓延极大地促进了城市空间的私有化，并衍生了附着于空间载体之上的各种象征价值与符号意象，进而引起建筑学、规划学和城市地理学，以及社会学、经济学、政治学等诸多学科的介入与研究，取得了丰硕的研究成果。就实践层面而言，封闭社区的蔓延与累积已经对城市的社会经济环境、生态出行以及社会结构等方面产生了深远意义的影响，已然成为城市规划与社会管理的重点考虑与利益关涉，引发了各国政府的积极应对与治理实践。

7.2.1　历史缘起：封闭社区的产生及其演化

封闭社区，最早在美国的出现是富裕阶层寻求与杂乱的工业化城市（街区）区隔开来的结果（Blakely et al.，1997），也有一些封闭社区是为富人提供打猎、垂钓环境与设施的旅游度假村，如纽约市的塔克西多公园就是被 8 英尺[②]高和 24 英里[③]长的钢丝栅栏围绕起来的度假胜地（Hayden，2003）。20 世纪的早期，美国东海岸的一些贵族和好莱坞名门基于私密、安全以及声望的考虑开始大量建设与入住封闭社区（William et

① 部分内容已发表在《学习与实践》2016 年第 5 期。
② 1 英尺＝0. 304 8 米。
③ 1 英里＝1. 609 344 千米。

al.，2007）。20 世纪 70 年代以来，这些最先出现在美国西部海岸阳光地带的，出于安全因素考虑，而在多种族、多文化、犯罪率较高、人口密度较大的城市空间中产生的可防卫型的居住模式，逐渐呈现出两个明显的发展趋势。其一，城市的私有（营）化以及基于宗族、阶层与领地使用的封闭社区的多样化；其二，封闭社区的跨阶层化与普遍化，即不仅是社会上层的专利，大量的中间阶层以及少数族裔阶层都开始搬进封闭社区（Lang et al.，1997；Grant et al.，2004；Sanchez et al.，2005；Vesselinov，2006；William et al.，2007；Genis，2007），由此封闭社区在美国形成。

20 世纪 70 年代以来，随着封闭社区的大量建设，开发商以及社会对居民安全、身份隔离等因素的人为建构与意识宣传，使封闭社区逐渐成为新开发居民区的主导型建筑模式（Blakely et al.，1997），并在全球化的浪潮下，出现在世界各地的城市空间中。其生态演化与发展大致可以分为四个阶段（Coy，2006）。

第一，20 世纪 70 年代以前的准备阶段。随着世界范围内传统社会的转型以及都市化与现代化的不断推进，封闭社区在美国以及欧洲的发展开始向全世界蔓延，并引起城市空间的变化。一是以排他性居住区域为标志的内城运动；二是带有有限、简单安全设施的城市公寓房的出现；三是公共空间与私人空间之间的界限模糊、不清晰以及公共空间的无限延展性；四是高级居住区的衰退与过密化过程；五是传统生活方式的现代化。这是具有封闭社区特征与性质的居住区逐渐增多的过程。

第二，20 世纪 70 年代中期到 80 年代初期的创新阶段。此一阶段封闭社区开始以新的形式和载体出现在城市空间中。最典型的就是与市场化进程相适应的大型封闭社区开发商开始出现在了各大城市建设过程中，这些大型项目的开发以及营销理念的建构起到了重要的示范与推广效果。特别是城市化进程中城市暴力与犯罪问题的滋生，使封闭社区获得了巨大的市场空间。此外，商业中心的出现不仅改变了城市上层与中间阶层的消费习惯，也引起了社会空间的重新定位与改变。城市的郊区也开始出现封闭型社区。

第三，20 世纪 80 年代中期到 90 年代初的扩展阶段。此一阶段伴随着新自由主义全球化背景下国家力量的撤退以及市场力量的激增，造成的后果有两点。其一，国家财政危机的加深以及城市治理能力的不断下降，城市就业、暴力等问题凸显；其二，众多营利取向的开发商加入对封闭社区的建设，为满足人们对更安全居住环境的考虑，越来越多地采用更多安全设施的封闭社区建成并进入市场。因此，封闭社区开始突破了大都市的地域界限，进入中小城市的空间，成为城市社会的重要标志性建筑景观。

第四，20 世纪 90 年代中期以来的新发展阶段。这一新发展阶段的重要标志就是封闭社区安全性以及文化标识性开始遭受质疑，并走向改革与创新。这一过程源自封闭社区在前一阶段的不断拓展，不仅中产阶级，包括城市社会地位较低的群体都开始进入封闭社区空间中，封闭社区的排他性、区隔性以及身份优越性开始流失。并且随着城市化的加剧，一系列城市问题，如交通拥堵、通勤时间长等，开始波及封闭社区居民的生活。另外一个显著的标志就是随着封闭社区的蔓延与扩张，其由空间私有化而引发的城市建筑空间的碎片化以及深入社会心理、阶层结构的割裂与隔离都导引着新一轮的针对封闭社区的改革与治理浪潮。在这些质疑与争论中封闭社区建设标准进行了改变与调整，特别是充分考虑了其目标群体的独特需求。其结果就是新的满足中产阶级需求的封闭社区形式的出现、城市上层阶级区域小型封闭社区的形成等。

由此可见，封闭社区的出现与演化是多种因素综合作用的结果。一方面是新自由主义宏观驱动下住房市场化以及城市化推进过程中，地方政府与房地产开发商所构成的城市增长联盟（Urban Growth Coalition）“共谋”的结果；另一方面也是经济全球化以及由社会上层所建构的生活方式形塑下人们对身份地位、私有化以及安全性等象征符号进行竞争性消费的必然。正是这些因素的复杂交织与势位博弈，导致了城市社会空间组织方式在 20 世纪 70 年代以来的“私有化”与“封闭化”，以及封闭社区的生成、扩张、蔓延、质疑与改革，即封闭（隔离）社区的生态演化历程。

7.2.2　实践殊异：世界范围内的封闭社区样态

封闭社区在 20 世纪 70 年代的出现、扩张、蔓延，使其成为世界性的城市景观，关于封闭社区的研究也大量涌现。已有的研究表明，各国因文化、经济、社会等背景因素的不同，封闭社区的类型、特征、空间分布以及规模管理等也呈现明显的差异。接下来笔者以美国、英国、拉丁美洲国家以及中国的封闭社区为例进行比较分析，以明辨其发展样态分殊。

1. 自发推动的公民路径：美国的封闭社区实践

美国封闭社区的形成与演化，彰显了其构建路径是自下而上公民自发自觉的过程。其形成与发展具有以下特征。其一，封闭社区类型多样。布莱克利（Blakely）和斯奈德（Snyder）在1997年经过对美国封闭社区的深入调查，提出了一个影响深远的封闭社区划分的理想类型。他们将美国的封闭社区划分为生活方式社区（Lifestyle Zone）、名望高级社区（Prestige Zone）以及安全地带社区（Security Zone）三种主要类型，并就每种社区类型的特点、亚类以及特征进行了详细梳理。其二，封闭社区发展规模巨大。布莱克利和斯奈德的研究进一步指出，美国封闭社区在1997年约有2万个，包括300万个家庭（Dwelling Units）的900万居民。另一项研究指出，截至2002年，美国约有700万个家庭[①]（美国家庭总数的5.9%）居住在封闭社区中，其中约400万个家庭（美国家庭总数的3.4%）居住的社区设置有门禁设施（需要密码、钥匙或门卡才能进入）；截至2007年，美国西部11.1%、南部6.8%、北部3.1%以及中西部2.1%的居民都生活在封闭社区中。其三，封闭社区的居住人群多元。随着封闭社区的不断发展，其入住的人群已不限于富裕阶层，而是已遍及社会的各个阶层。2003年在洛杉矶的一项针对219个封闭社区的调查显示，只有一半的社区位于富人区，三分之一是中产阶级的白人居住区，五分之一是中低收入的西班牙以及亚裔居住区（Goix，2003）。

2. 原生演化的欧式路径：英国的封闭社区建设

在英国，封闭社区的发展始于开发商的住房产品创新，并在消费者接受、市场稳健、政府支持、制度变迁和相关配套政策的支持下走向成熟，

---

① 数据来源：美国住房调查（American Housing Survey，AHS）。

是市场、政府与社会共同助力的结果。布兰德（Blandy，2006）认为英国封闭社区的发展是历史变迁和原生演化的过程。其特点有以下三点。其一，就封闭社区的存在类型而言，布兰德（Blandy）帕森斯（Psrsons）从建筑形式和建筑意图的维度出发将英国的封闭社区分为“填空式”（Infill）、“旧房转换型”（Heritage Conversion）和“乡村型”（Village）三种类型。填空式社区，位于城市与城镇之间的“空间”地带，是主要针对年轻人和生活前卫的中产阶级而建设的，一般规模较小，形式设计也较为前卫；旧房转换型社区，主要是依托原有的，如军地驻地、监狱或精神病院等住址改建而来，主要是城市下层居民的住房需求，零星分散于乡村和城市；乡村型社区，位于乡村地带，规模较大，以中上层群体（贵族）为服务对象，是传统的英国生活方式建筑类型。其二，封闭社区的发展规模。一项研究显示，截至 2005 年，英国至少有 12%的人口居住在封闭社区中，仅英格兰本土就存在 1 000 个以上的封闭社区。就建筑规模而言，英国的封闭社区一般较小，50 户以下的小社区占封闭社区总数的 35%，而超过 300 户家庭规模的封闭社区只占 4%。其三，封闭社区的空间分布。布兰德等（Blandy et al.，2003）的研究发现，英国的封闭社区 50%位于城市的郊区，30%建设在市中心区域，剩下的 20%则分布在乡村地区，且分布较为零散。特别需要注意的是，英国的文化与政治背景导致其特别注重封闭社区在各个方面所具有的社会隔离功能（Webster，2001；Blandy et al.，2003；Atkinson et al.，2004），这是与美国封闭社区的明显不同之处。

3. 资本驱动的市场路径：拉丁美洲国家的封闭社区发展

拉丁美洲国家封闭社区的发展直接源于其市场化改革与新自由主义的政策，是资本与市场驱动的结果。其发展特点包括三点。其一，封闭社区的发展失控。20 世纪 70 年代中期以来，封闭社区开始在拉丁美洲地区盛行起来，进入 21 世纪，不同类型的封闭社区已成为拉丁美洲地区城市的重要构成元素，成为不断增加的城市空间隔离与私有化的过程的重要组成部分（Bähr et al.，1995；Coy，2002，2003；Gilbert，1998）。虽然缺少作为一个整体的拉丁美洲封闭社区的发展规模，但是不同国家及城市的数据已显示了封闭社区的分布之广。例如，一项研究表明，仅 20 世纪 90 年代在布宜诺斯艾利斯就建设了 450 个封闭社区，安置了近 50 万的居民（Janoschka，2002）；墨西哥城也在同一时间出现 700 多个封闭小区，容纳了约 5 万个家庭（Kanitscheider，2002）；特别是位于巴西圣保罗的阿尔法城（Alphaville）的一个最大的封闭社区，容纳了约 4 万居民（Caldeira，2000；Coy et al.，2002），且阿尔法城基本上被 14 个独立的封闭社区所分割（Coy，2006）。目前，封闭社区遍布拉丁美洲国家的所有城市，呈失控蔓延之状。同时由于不具备美国、英国那样较为完备的税收制度，存在规划调控的缺失以及土地使用上的紊乱就成为必然（Low，2005）。其二，封闭社区与城市的碎片化。拉丁美洲的封闭社区大多为统一规划建设的大型房地产项目，管理模式为私人化的物业公司。随着大量的城市封闭社区的出现，加之缺乏科学规划，拉丁美洲城市空间逐渐被封闭小区所切割，呈现碎片化的状态，并出现了严重的社会空间隔离。其三，城市暴力与封闭社区兴盛。众多研究表明，拉丁美洲封闭社区出现的一个极为重要的显著因素就是城市暴力的不断增加，这导致对安全的需求已成超出公共物品可以提供的范围，演化为一个需要付费的“私人物品”，进而引起了大量封闭社区的出现（Caldeira，2000；Cardia，2000；Ellin，2001；Coy et al.，2002；Lemanski，2004；Borsdorf et al.，2008）。

4. 市场与权力的双轨路径：中国的封闭社区建设

中国封闭社区的出现，是政府加强对社会的控制与渗透的过程，社区更多的是作为“基层治理单元”而存在的（Miao，2003；Bray，2006；Huang，2006）。而封闭社区在 20 世纪 90 年代以来的发展与扩展则深受市场力量的驱动，是市场场域中资本驱动的结果。其发展特点有四点。

（1）封闭社区的布局与规模。中国的封闭社区发展到今天，已经成为城市住房的基本组织与建设方式。无论是新建商品房社区，还是旧城改造中的老旧社区，都采用了封闭社区的形式，除了豪华的别墅住宅区，经济适用房、廉租房社区也采用了封闭社区的管理与形式。从趋势上看，社区越是封闭，其“安全”就越有保障，进而其房价就越高。

（2）独特的发展演化路径。中国封闭社区的发展与世界封闭社区的发展进程基本一致。但由于其独特的国情与城市化的推进方式，又有自己特有的演化轨迹。封闭社区在中国的发展存在两个明显的高峰。第一，计划经济时期的“单位大院”建设与“封闭生成”。单位大院，顾名思义是以“单位”为中心而建成的一个集办公生产、居住、后勤以及各项生活、福利服务于一体的大院子，可以向本单位职工提供所有的社会服务，故此也称“单位社会”。这首先是一种生产空间，一种以身份为区隔的居住空间，而且也是一种生产与生活相叠合的封闭空间。其服务的对象仅限于单位职工，单位之外的人不能随便进出，通过单位身份与门墙栅栏等实现内部认同与对外排斥。其兴起于 20 世纪 50 年代，衰落于 20 世纪 90 年代。以单位和单位大院为依托的城市空间建设对居民生活习惯、思维方式以及城市的管理与运行产生了深刻的影响。到现在，单位大院（社区）仍然是许多城市的空间组织方式。第二，转型期的“门禁商品房社区”开发与“封闭扩张”。这是一种以收入为区隔的居住社区类型。随着 20 世纪 90 年代单位分房体制的彻底瓦解，以及市场化住房体制改革的推进，居民住宅实现了货币化、私有化。商品房社区大都实行封闭式管理，通过门岗、高墙以及摄像头等现代化的电子监控设备实现了对进出小区人员的身体化管理和以金钱为准入的产权隔离。1998 年之后，在新自由主义全球化的浪潮中“封闭社区蔓延”，门禁商品房社区成为城市居民的主流居住模式，而且越是高端的住宅区，其房价就越高，封闭性也越强。

（3）封闭社区入住的动因以获得高档的基础设施、小区环境和服务为主，主要是基于对“安全”之外的其他衍生性需求的追逐。虽对城市的区隔和交通规划产生了重要的影响，但尚未深化到文化、价值观以及阶层分化的社会隔绝程度。但这是需要极度警惕的，特别是近年来房价的持续飙升大大超出了人们的心理预期，房地产开发商也在为追求更高利润而进行的高档社区营造中不断地将经济利益的区隔推向了阶级（层）有别的层化。

（4）封闭社区建设中的权力渗透。这主要体现在社区管理中政府意志的渗透以及作为政府代理人的城市居民委员会作为常设机构参与到社区的管理与服务中。这也是中国封闭社区显著区别于国外封闭社区实践的重要特征。

7.2.3 理论争辩：封闭社区的利与弊

进入 20 世纪 90 年代以来，由于社区封闭而造成的城市空间的私有化以及隔离效应开始浮现，并对城市规划与社会管理产生了极大影响。特别是“城市病”（交通拥堵、环境污染等）的日益严重，封闭社区的消极效应也日益浮现，进而引发了一系列关于封闭社区的论争。其核心论争主要有两个主题。其一，封闭社区对于安全性的承诺是否真实可得；其二，封闭社区的发展是否引发居住的隔离与社会的极化。

1. 封闭社区的安全性：真实抑或虚幻

封闭社区承诺了更高的安全性。开发商通过一系列封闭手段（门禁、高墙、现代化的电子监控设备等），并利用媒体以及各种营销策略营造了封闭社区更为安全的“现实”。已有的研究表明，安全是居民入住封闭社区的第一考虑。布莱克利和斯奈德（Blakely，Snyder，1997）的研究显示，超过 70%的美国受访者认为安全感是他们选择隔离社区的重要原因；宋伟轩（2010）在梳理封闭社区研究文献的基础上也发现，在美国、拉丁美洲以及南非，人们增长的对不安全的恐惧感以及在城市暴力犯罪环境中对安全的需求是封闭社区兴起的重要原因。徐昀等（2009）的研究也指出，在中国，有超过三分之一的居民将安全作为入住封闭社区的首要因素。

但是，封闭社区所承诺的“安全”是否是真实可得的？也有研究持否定态度。简·雅各布斯（Jane Jacobs，1961）在《美国大城市的生与死》中就指出，“封闭社区未必就能带来安全”“在保障居民安全的众多手段中，金属栅栏不会比‘街区联防’更有效”。也有研究指出，封闭社区虽然保证了社区内部的安全性，但是却使它前面的街区容易受到攻击，给更大范围内居民的安全造成了威胁。换句话说，封闭社区的安全性是以周边社区的不安全为代价的（Caldiera，1996；Blakely et al.，1997；Marcuse，1997）。封闭社区中人们将社区安全防控的责任转嫁给雇佣的安保组织或电子监控系统，这样人们对小区中的嫌疑人员或活动就会较少关注，反而使封闭社区变得更不安全（Lang et al.，1997；Blakely et al.，1997）。此外，封闭社区所宣扬与建构的社区归属感与安全感可能更多的是一种幻象而不真实（Wilson，2000；Low，2003），开发商在营销策略背后对社区封闭性与安全性的关注只是一种“印象操控”。赫尔斯利等（Helsley et al.，1999）在对封闭社区犯罪率数据长期追踪的基础上发现，封闭社区对犯罪的防控作用非常有限，而且呈现了一定的周期演化规律，即在封闭社区刚建成的一年内，其犯罪率会有所下降，而一年以后其犯罪率与非封闭小区基本一致。亨德尔（Handel，2014）的研究也证实了封闭社区如何从堡垒到排他性空间的转变及其安全性的消泯。

由此可见，随着城市化的发展，暴力与犯罪问题凸显，人们有了对居住安全的进一步考虑。而开发商通过封闭社区的建设营造了一个“安全”的社区氛围，在这一“需求满足”过程中封闭社区获得了飞速的发展。但封闭社区的“安全性承诺”也遭遇了实证检验中的“滑铁卢”。特别是，随着封闭社区的普遍化、普通化，以及新的城市问题的出现，一方面，居民可能对“安全”需求的紧迫程度与性质已经发生了变化；另一方面，开发商对“安全”承诺的虚假兑现、折半兑现或者不兑现等，已经使封闭社区所提供的“安全”性丧失了其“私人物品”的独特性，其遭受质疑与诟病也就变得顺理成章。

2. 封闭社区的空间效应：空间私有化与社会隔离

封闭社区建设客观上造成了城市空间的私有化和碎片化，是一个“马赛克拼贴”的过程（Allen，2000）。但是这一碎片化过程对城市发展的影响究竟是积极的，还是消极的，已有的研究存在严重分歧。

支持封闭社区发展的学者认为，封闭社区是一种积极的社会空间组织形式，有利于实现社区的整合。这一“整合”可从两个方面做出理解。其一，对社区内部整合的促进作用。封闭社区造成了内部社区的同质化，有助于产生社区认同感和共同的社区意识，降低社区内部冲突的可能性。而且内部的封闭过程也是与外部不同类别社区的隔离过程，这一隔离可以消弭因生活价值和文化取向的不同而产生冲突的可能。威尔逊（Wilson，2000）认为，封闭社区是具有积极意义的空间组织方式。它能够提升居民的同质性，催化共同社区意识的产生，保护社区内部居民免受来自开放城市空间中的暴力犯罪与潜在危险。有学者也认为封闭社区有助于保存地方传统风俗以及居民生活方式的多样性，借助于完善的社区基础设施系统，达到强化个人社区身份认同的效果，因而是一种积极的空间社会现象（Blauw，1991）。其二，对社区外部整合的联结作用。从社区之间的空间来看，由于封闭社区的“围墙”并非是不可渗透的，社区与周边邻里之间存在功能上互补与共生的可能，这种可能性有助于实现相邻社区间的联结。这就意味着正是由于“围墙”的存在，为不同类别、不同阶层居住区的共存创造了机会空间，进而可以在更高的层次上进行社会整合。例如，通过对伦敦两个毗邻穷人区建设的封闭社区的实证研究发现，封闭社区的“围墙”在一定程度上加强了富人与穷人在同一个地区的混合居住，从而缓解了由于身份的不同而造成的社会空间分异（Manzi et al.，2005）。亚仕都等（Asiedu et al.，2009）也通过加纳的封闭社区建设经验发现，在社区与周边邻里之间存在经济上的互补与共生，封闭社区为当地的低收入群体创造了就业机会，进而为彼此之间的整合提供了契机。此外，也有学者从更为宏观的角度提出，封闭社区在城市郊区的发展有利于提升该地区的土地出让金，进而有利于城市化进程的推进（Rowl et al.，2004）。

然而大多数学者认为封闭社区将导致城市空间的私有化以及社会隔离，并可能引发一系列严重的社会问题。秉持该取向的学者大都认为，社区封闭所产生的排他性空间，在一定程度上会加剧居住空间隔离，并在持续隔离的过程中走向社会隔离，产生社会不平等，因此受到众多学者的批判（Davis，1992；Blakely et al.，1997；Caldeira，1999；Caldeira，2000；Low，2003；Thuillier，2005；Vesselinov et al.，2007；Elena，2008；Renaud et al.，2015）。现有的研究主要涉及以下几个方面。

第一，封闭社区与居住隔离。迈克（Mike，1990）研究指出，作为空间封闭手段的“围墙”，封闭社区实现了不同群体间的空间隔离，拉大了人们之间的社会距离，增加了邻里交往的难度，也增强了人们对“不同”的社会感知，形成了心理上的障碍。福尔克（Falk，2007）也发现，封闭社区将城市公共空间转变为私人空间的过程是单向的，因而是难以逆转的。随着公共空间的减少，个体之间的经验分享与社会联系也变得较为困难，社会隔离就逐渐实现了再生产。古瓦（Goix，2005）则运用地理信息系统技术对洛杉矶 2 000 个调查区内超过 200 个封闭社区的调查数据进行分析后发现，封闭社区的扩散加剧了与周边邻里社区之间的居住隔离。莱曼斯基（Lemanski，2006）通过对南非城市区域中的封闭社区与其邻近的非封闭社区的比较研究后发现，不同社区居民在态度和行为认知上都认为对方是“他者”，彼此间的容忍程度和社会交集变得越来越少，通过社区空间隔离而产生了社区内外群体之间的认知隔离，增大了南非种族隔离中的社会经济地位差异。

第二，封闭社区与城市碎片化。对于城市本身来说，封闭社区的发展也存在两个方面的负向影响。其一，城市空间的碎片化。大量封闭社区的出现必然降低了城市路网的致密度和通达性，不仅造成了城市空间的利用效率低下和可接近性的虚化，而且进一步恶化与加剧了交通拥堵、环境恶化等城市病的治理难度，也严重影响了城市管理与治理的有效性（Davis，1992；Falk，2007；Giglia，2008）。其二，城市文化与心理的碎片化。封闭社区在阻断居民交往和居住隔离的过程中降低了城市的总体整合程度，长此以往，城市文化将难以整合，城市的包容性难以延展，城市将在空间的碎片化中同步完成社会心理和文化上的碎片化（Vesslinov，2007）。

第三，封闭社区与社会不平等。封闭社区在原本通过身份识别与能力差异（主要是经济收入）进行城市空间私有化的过程中，也衍生与附带了更多的社会不平等。封闭社区可能会造成严重的社会排斥，社会排斥与空间隔离相互影响，并带来文化、经济和空间上的一系列隔离与排斥的叠加，产生连锁效应，这必然会引发大规模的社会危机（Madanipour，2006）。有学者运用社会空间的距离分析法对美国西南部大都市圈 2000—2010 年的普查数据分析后发现，封闭社区对地方层次的社会隔离具有显著的效应，封闭社区产生了社会不平等（Goix et al.，2005）。实际上，从封闭社区演化来看，社会不平等是封闭社区产生的原因。但封闭社区一经产生又反过来成为社会不平等再生产的原因。

3. 封闭社区争论在中国的研究

从中国的研究来看，其围绕封闭社区的争论具有特殊性。围墙和大门在中国自古以来就是“界限”的标识，人们对此习以为常，心理上理解。

因此与西方对封闭社区加剧社会隔离的批判与忧虑相比，中国对此似乎并没有产生过多的担忧，有少量研究涉及封闭社区的空间分割是否会引起或加剧社会隔离与社会不平等（范丽华，2006；Xu，2008；宋伟轩 等，2009；封丹 等，2011）。反而更多的是城市规划与建筑设计领域内的学者围绕封闭社区对城市空间结构的影响与规划设计而展开系列研究。其一，封闭社区的负面影响研究。例如，封闭社区的大量出现会阻隔城市道路网络，影响其通达性（秦瑞英 等，2008），对城市用地功能布局产生影响（徐昀 等，2009），加剧城市对农民土地剥夺（Dougla，2012）。其二，封闭社区的规划设计出路探讨。一些学者从封闭社区对城市规划与设计的挑战和总体应对策略维度进行了研究（徐苗 等，2008；余侃华 等，2010），提出了众多富有参考价值的规划设计方案，如“双级模式”（钟波涛，2003）、“街坊式住宅策略”（孙科峰，2004）、“连续性空间组织”（荆子洋 等，2006）及找回“新城市主义”（窦以德，2004）的呼唤，等等。

整体上看，目前国内对封闭社区的研究以城市规划、建设设计等学科为主，重点是对西方学术成果的梳理与介绍，研究焦点集中在封闭社区的形成机制、正反影响、治理方法以及社会空间效应等方面（吴启焰 等，1999；窦以德，2004；李志刚 等，2006；高翔 等，2006；苏振民 等，2007；李培，2008；徐苗 等，2008；秦瑞英 等，2008；孙斌栋 等，2009；刘晔 等，2010；宋伟轩，2010）。而在西方封闭式社区研究中作为主流阵地的社会学在中国场域中是缺位的。

由此可见，封闭社区的出现造成了城市空间的私有化。但是私有化的过程是否造成了居住的隔离与社会的不平等，仍是一个未竟的争论。它必将随着更多实践的探求和理论的反思而走向深入、全面与多元。但需要注意的是，上述的争论都是不同领域中的学者基于不同的政治、经济与文化背景下的案例研究，得出不一致甚至截然相反的结论本身无可厚非。这些争论的存在本身也验证了封闭社区在世界范围内发展的多样性。但是，差异化实践背后也预示着一些趋同性的问题，即封闭社区的发展与蔓延所引起的社区空间分割效应对城市社会管理带来的改变与挑战。

7.3　现实诘难：社会治理新常态下的封闭社区困厄

封闭社区建构了一种虚幻的地域共同体，是集体质态中一种建构的封闭，试图实现对私密性与安全性的承诺。这一来自供给端的承诺迎合了城市居民对安全、私密以及不被打扰的心理期许，由此封闭社区也获得了消费端的认同，逐渐成为世界范围内城市空间的基本组织形态。这一地域共同体以人为建构的区隔物（通常是围墙、栅栏以及门禁设施等）为工具，进行了生活区物理边界的机械划分。但是由于区隔的建构缺少了社区居民的参与，多数是开发商与城市规划者单方面的主观建构，这一藩篱与利益的捆绑所呈现的“边界”，造成了对社区公共意识的遮蔽和公众参与的分割，居民沦为了“不相干的邻里”和“沉默的多数”，社区也变成了开发商的牟利空间和城市管理的基本单元。显然，这与新时期的社会治理态势不相符。具体表征为以下五个方面的张力。

（1）治理理念的多元包容与封闭社区的封闭区隔之间的张力

治理的要义是以居民参与为基础，以多元互动为规则，以民主协商为路径，以合作共治为取向。其基本理念就是多元包容，本质上是多元主体在民主协商的基础上而进行的合作共治实践。而国外的诸多研究发现，社区封闭则表征着对外的孤立、排斥以及对内的私有、淡漠，由此产生一种排他性空间，进而进一步加剧居住空间隔离（Davis，1990；Falk，2007），并在持续隔离的过程中走向社会隔离，产生社会不平等（Vesselinov，2007；Elena，2008；Renaud et al.，2015）。一方面，社区封闭之后对来自社区外部的力量（主体、组织以及资源等）参与社区建设的拒斥，使社区建设变成了纯粹社区内部的事务，但是一旦与更大场域中的信息与能量交换被中断和隔离，这样的社区治理将变得不可想象；而且通过人为建构起来的物理屏障很容易衍变成人们心理上的藩篱，进而造成社会不平等内在心理建构与外在物理表征之间的合一与共振，存在引发更大的阶层间矛盾与冲突的可能。另一方面，社区的封闭所造就的私有化空间将加大居民私有意识，继而加大在民主协商基础上进行多元共治的难度。此外，在物理意义上推演，城市社区空间的分割也造成了居民在更大范围内组织开展集体行动、争取公共利益可能性的丧失。由此可见，社区治理所蕴含的多元包容与封闭社区的空间隔离存在极大的张力。

（2）封闭社区所引发的反生态的“全景监狱”与人的自由解放之间的张力

封闭社区的封闭主要是借助于围墙、栅栏等有形的物质以及现代化的电子监控设备而营造的一种身体化管理情景，实现了对进出社区人员的身份、体征以及时空的高精度定位和识别。虽然可实现对进出社区人员的监控，但是也造成了对居民在社区公共空间中开展交流与活动的控制。而这一手段经常会被物业公司以及开发商所利用，进而在与社区居民的利益博弈中处于信息控制的优势位置。居民自由，特别是围绕公共利益而开展集体活动的自由被利益群体所限制，造成了利益博弈中的弱势。此外，这样一种冷冰冰的设施监控也可能会造成居民的高度防卫心理，反过来进一步阻碍了居民与社区服务人员（物业工作人员等）之间的人情交往，加深了彼此之间理解与沟通的鸿沟。

（3）社会组织繁荣发展所产生的跨越社区边界互动的期许与社区封闭性之间的张力

社会组织繁荣发展所产生的跨越社区边界互动的期许与社区封闭性之间的张力，其本质是社会组织的功能边界与封闭社区物理边界之间的张力。社会治理新常态，要求政社的有序分工与合作，使社会工作专业服务在社区有效落地和积极介入，而作为社会工作重要载体的社会组织的发育以及其作用的发挥已成为基层社区空间中重要的治理变量（黄晓星，2011，2013；陈鹏，2013；何雪松，2016）。社会组织的显著特征是以其服务的专业性和职业性而在跨社区范围内进行服务实践，其开放性的实践取向必然要求其功能上的跨社区性与服务边界的开放，而封闭社区的封闭性特征造成的地域上的区隔就阻滞了社会组织服务开展中功能边界的延展，致使社会组织的功能难以在更大的范围内得到发挥，大大限制了社会组织在社会治理创新中的引领作用。因此，如何在社会治理中腾出更大的空间让社会组织不再“蜗居一隅”，如何在社区场域中进行跨越边界的互动与服务实践、让社会组织的功能边界不再“以社区为界”，应该成为社会治理新常态下的重要政策议题。

（4）社会物理边界封闭与居民心理距离区隔叠加而衍生的与社会整合之间的张力

社会物理边界封闭与居民心理距离区隔叠加而衍生的与社会整合之间的张力，具体指社区物理边界的封闭与居民心理距离的区隔相耦合与叠加，助推社会的去支持化与原子化所造成的社会整合风险加大。在社会治理的新时期，社会的去支持化、原子化趋势明显，特别是随着单位制的深入瓦解，以及传统社会团体功能的式微，社会普遍呈现了一种去支持化的态势，社会成员的原子化、碎片化特征明显。而封闭社区在现代城市空间中的蔓延所造成的城市空间分割效应无疑加大了社会再组织的难度。与整体社会的去支持化相一致，封闭社区内部的原子化也在加剧，并没有因为地域上的共同在场而形成一种心理上的共同归属。反而因为社区居民的多元异质性以及防卫心理的放大而呈现为彼此间的默然与区隔。这就意味着地域上的共同在场并不是形成社区凝聚力的充分条件，社区边界的封闭所造成的防卫以及居民异质多元而产生的交往阻滞在有限社区空间中反而可能成为社会冲突的新诱因，社会整合的风险也在这两种效应的叠加中被放大。

（5）政策贯彻与执行中的统一性与破墙开围现实推进中的多样性的张力

政策贯彻与执行中的统一性与破墙开围现实推进中的多样性的张力，其本质是政策工具背后所潜藏的治理范式危机与破墙开围现实推进中的阻碍在《中共中央国务院关于进一步加强城市规划建设管理工作的若干意见》（以下简称《意见》）中的映射。《意见》指出，“新建住宅要推广街区制，原则上不再建设封闭住宅小区。已建成的住宅小区和单位大院要逐步打开，实现内部道路公共化，解决交通路网布局问题，促进土地节约利用”，这是政策要求上的统一性。而现实中无论是新建中的开放还是旧有社区的破墙，都存在着复杂的利益纠葛与牢固的心理定式，而且不同的社区也因其在交通路网结构中的不同位置以及入住居民的现实情况而存在高度的异质多元性，这就意味着其“破墙开围”过程中的非同步多元性。这一张力必然造成政策执行过程中的不顺畅以及破墙开围现实推进中的不理想。

上述张力的存在，真切地标示着封闭社区在社会治理新常态下面临的困厄，同时也预示了进行改革与调整的政策空间以及未来的开放空间。

7.4 破墙开围：封闭社区的当下命运及其应对

进入21世纪以来，封闭社区的上述危机在蔓延中被不断地放大，其利与弊的争论逐渐呈现“失衡状态”——封闭社区的负面影响被越来越多的学者所论述。封闭社区的大规模扩张，对城市的物理空间结构产生了重要的影响，造成城市空间的私有化及其区隔，进而对城市规划、交通路网，以及公共资源的可及性等结构空间产生了重要改变；也引起了人们社会心理结构的变化，造成城市社会的冷漠以及心理距离的拉长，进而对城市文化整合以及心理结构产生极大阻滞；同时，两者影响的叠加与震颤衍生了重大的“复合效应”，对城市社会的管理以及包容性城市建设带来不可逆转的危机与挑战。因此，如何应对封闭社区的发展与蔓延所引起的社区空间分割效应给城市空间规划带来的挑战，如何减少封闭社区建设与扩张中空间私有化所引起的社会排斥、社会不平等的加剧给城市社会管理带来的压力，各个国家都进行了改革与探索，以消弭封闭社区的“封闭效应”。从西方的治理经验来看，目前对封闭社区的治理可以概括为三个路径。

（1）政府通过行政手段出台相关政策抑制封闭社区的建设。其主要以美国为代表。为应对封闭社区带来的消极影响，2000年以来，美国的很多州制定了相关的自治法案来抑制封闭社区的建设，例如，北卡罗来纳州的两个城镇——卡罗和卡贝罗（Caro，Carrboro），颁布条例来限制封闭社区的存在，因为这些封闭社区具有极强的排他性，并限制紧急车辆的进入。其他州中，如俄勒冈州的一些城市虽然没有条例与法规限制社区封闭，但是他们一贯地拒绝封闭社区规划与建设。特别是纽约市的区域规划管理与发展不允许社区封闭的出现。总之，在美国虽然没有统一的限制封闭社区的政策法规，但是却有一些可以通过规划管制来对封闭社区加以限制的惯例和不成文的规定。

但是，美国这些限制社区封闭的先例在加拿大、英国是不适用的。这主要是因为两国以发展规划与发展控制为主要内容的规划系统与美国是存在较大差异的。在美国，规划权与控制限制权是一致的，地方也具有较高的自治权限。在加拿大与英国则不同，其规划系统所具有的计划与禁止的权限并不是一致的，也没有那么规范，很容易受到经济利益的制约而发生改变。而且在加拿大、英国，其联邦政府也具有更大的权限。这是它们采用第二条路径，即规划引导的重要原因。

（2）城市规划中对封闭社区的规划引导。以加拿大为例，加拿大在城市规划中对封闭社区的规划引导主要体现在四点。第一，严格规定封闭社区的建筑样式。城市规划建设中，对社区封闭所使用的围墙、篱笆或植物等屏蔽材料的高度、颜色、视线、连接处、拐角以及修缮等都做出了相应的规定，并且要求围墙引人注目，但大门不能建在街区的醒目位置。第二，限制开发规模。规划者建议地方政府多开发小规模封闭社区项目（小于 10 公顷①），以确保街道的连通性。如果项目影响到了城市的出行交通，政府应该有限考虑步行以及公共交通的便捷性。第三，保障应急车辆在封闭社区的畅通性。保证社区内道路与公共交通的连通性，尤其强调消防、救护和警力等紧急通道的畅通。禁止封闭社区上锁，特别是社区内有公共交通的小区。第四，规定开发商的附带性公共职责。开发商要优化社区环境，增加空间的开放性，加大对公共基础设施（如水、电、道路等）以及公共空间溢出效应的保障与优化。

（3）对城市公共空间的强调与重视。公共空间，是居民走出私域进行交流与沟通的重要空间载体，也是居民对话、协商公共议题解决、形成社区归属感和凝聚力的重要手段，因此，西方国家都特别重视其在消弭封闭社

① 1 公顷 = 10^4 平方米。

区负面影响方面的积极建构功能。需要注意的是，虽然笔者这里将其作为单独的路径进行分析，但是从世界各国的规划实践来看，城市规划与建设中对公共交往、沟通空间的重视与强调是与上述两个路径相嵌套、匹配进行的。

就中国的封闭社区治理而言，基本上也是对上述路径的综合性运用。以行政性为主，兼有城市规划的配套参与，且多是以地方的规划创新为试验而展开的尝试。由此可见，不同国家的改革实践与规划中的具体路径，都指向了一个政策预期，封闭社区要逐步打开，社区建设是走向更加开放的街区空间的过程。

7.5 未来出路：街区制如何可能？如何可为？

7.5.1 走向开放的街区空间

从上述对封闭社区源与流、利与弊、危与机的分析，可以发现封闭社区在世界范围内的出现是新自由主义全球化的形塑下多种因素相互交织与叠加的结果。虽实践与特征有异，但其背后的功能逻辑与发展预期类似。不同国家的治理实践，标示了封闭社区终将在走向更加开放的街区空间过程中消亡的历史命运。

但是，其走向终结的过程必然是一个社会主动作为、积极建构的过程。封闭社区的存在及其蔓延具有深厚的现实基础、心理基础以及文化（区隔）基础，从这个意义上看，封闭社区的“开放”绝不仅仅是“拆墙”这么简单，切不可忽视封闭小区背后的社会心理需求与身份符号建构。因此，封闭社区的空间分割及其私有化而引起的空间与社会问题只是封闭社区治理的外在诱因与促动性因素，只有在现实中消除了对封闭社区的现实需求与功能消费，才能实现开放街区制的水到渠成。

2016年2月6日，中共中央、国务院发布的《中共中央国务院关于进一步加强城市规划建设管理工作的若干意见》（以下简称《意见》）指出，“新建住宅要推广街区制，原则上不再建设封闭住宅小区。已建成的住宅小区和单位大院要逐步打开，实现内部道路公共化，解决交通路网布局问题，促进土地节约利用”。其政策意涵有两点。其一，以生活性街区建设为目标进行城市规划与建设，推广街区制；其二，以优化街区路网结构为依托，打开封闭社区。

就政策意涵前者而言，开放街区制的“建设”是其建构的目标。开放性的生活空间是其建设的主体，也是从根本上取消对封闭社区需求的关键。这里涉及以下三个需要辨明的问题。

(1) 如何理解“开放”。当然，“开放”是相对于“封闭”而言的，是对社区封闭所借助或依凭的一系列“围墙”的破除，进而达到“通达”，这只是手段意义上的理解。更深层次的理解要从价值的角度做出解读，这里指三个层次。其一，开放，是走出私域，走向公共空间的过程。在此论域中如何将社区居民带出私人生活空间，进入公共话题空间是其主要关涉。因此，城市规划与建设中（也包括拆除围墙、开放社区的过程）对邻里空间、公共平台与载体的搭建就显得尤为重要。特别需要注意的是，公共空间（平台、议题、意识等）的辐射范围应成为街区制的功能边界。它可以是模糊的、弹性的、可渗透的，但一定是存在的。换句话说，开放，绝非意味着“没有边界”。其二，开放，是走出个体，融入组织的过程，本质上也是社区开放之后对碎片化个体的再组织过程。而封闭社区“打开”后释放的空间，是社会组织跨越边界互动与发挥作用的重要制度空间与机会空间。从这一意义上讲，社会组织的建设就尤为重要。社会组织可以提供跨越“社区”边界的专业服务，必将在未来成为开放街区中重要的治理主体。其中一个建设标准就是社会组织的专业化服务要实现居民对安全、街区归属感以及街区文化等需求的高度满足，这也是新时期社会组织发展的一个重要契机和使命。其三，开放，是走出区隔，走向包容的过程。封闭社区经过 60 多年的发展，其空间分割的私有意识已经演化为居民的生活惯习。因此，要彻底消除社区封闭的建构功能，必须要进行“封闭意识”的破除以及“包容共享”惯习的新构。从这一意义上说，开放，也是一种文化建构，需要在社会化的过程中逐渐习得，因此必然是一个漫长的过程。

（2）生活共同体的真实意涵。城市规划与建设的目标是生活性街区建设，其建设的标准是“开放便捷、尺度适宜、配套完善、邻里和谐”。在社区治理中一直以来存在一个理论与实践上的悖论，“作为基层治理单元的社区”与“作为生活共同体的社区”，滕尼斯的《共同体与社会》开启了这一研究先河。作为基层治理单元的社区，是现代社会基层管理体制的重要构成，而作为生活共同体的社区，则是传统社会对生活的真实编织。就其建设标准来看，“开放便捷、邻里和谐”是对“生活性”的建设，而“尺度适宜、配套完善”则是对“服务管治性”的兼顾。由此可见，《意见》中提出的街区制建设，是一个生活与服务并重，建设与管理兼顾的包容体系。

（3）何谓街区制。这是一个新提法①，必然也是一个未竟的研究议题。从社会学的学术传统看，可否将其作为“街居制”“社区制”之后城市基层社会的一种管理创新来加以研究，尚需要实践中改革的进一步推进以及相关领域中学者们的深耕。

就政策意涵后者来说，封闭社区的“开放”是其解构的对象。封闭社区的“拆墙”是对城市空间私有化的直接回应，是解决社区封闭对城市空间结构负面影响的现实对策。同样，也有两个问题需要做出交代。

（1）如何开放？即封闭社区的“开放”如何进行与开展。这里涉及两个层面的问题。其一，开放的方式。包括存量改革与增量规划两个方面。就其前者而言，指的是对已经建成并投入使用的封闭社区的“解构”，其基本要求是“不再建设封闭社区”，原则是“改革”，即改变其“封闭”属性，优化街区空间布局的过程。从后者来看，指的则是对新建社区的“建设”，其基本要求是“新建住宅要推广街区制”，原则是“规划”，即合理规划其“开放”属性，保障街区路网通达性的过程。总之，封闭社区的“开放”过程要充分发挥政策、法规以及城市规划的建构性作用，这也

---

① 现有的“街区制”的学术研究，仅限于对《意见》中话语的解读，尚未作为一个学术概念出现在学者的研究文本中。此外，百度词条中关于“街区制”的解释也是在《意见》之后出现的一个词条。“街区制”的“新”也预示了其作为学术“处女地”的巨大学术价值。当然这需要结合“街区制”的实践进行概括、提炼与总结。

是世界封闭社区治理的基本经验。其二，开放的步骤。《意见》规定，“已建成的住宅小区和单位大院要逐步打开”。逐步，是“计划”的过程，也是一个“分门别类、区别对待”的问题。作为计划过程，封闭社区的“开放”要有一个步骤，不是“毕其功于一役”的系统脱敏，而是循序渐进的科学计划。此外，作为分门别类的过程，封闭社区的开放也需要城市规划部门和社会管理部门以及相关人员（包括小区居民、新闻媒体等）就已有住宅小区和单位大院的规模、性质以及具体条件等做出具体研究，制定区分标准和进度安排等。

（2）开放之后，如何？即封闭社区“拆墙”之后对社会治理可能产生的影响评估。特别需要思考的是，开放街区后对社区治理结构以及社会管理创新所造成的影响。可能的思考方向有两点。其一，居委会作为基层社会治理中重要载体的主体地位的回归。封闭社区内部的运作以房屋所有权（产权）为中心，围绕经济利益而展开，物业服务的范围即居民认同的“社区”的边界，社区空间高度私有化，公共服务的可及性也因为小区与社区（这里指居民委员会）的隔离而非常有限，居委会在城市空间的区隔中被边缘化。但是，随着封闭社区的打开，“社区”的边界开始跨越“封闭小区”的范围，在更大的范围内实现了联通，进而使得治理的逻辑和场域也发生了转变，居委会的功能（通常是代表政府而提供的公共管理与服务功能）开始进入开放社区的内部，居委会成为重要的治理主体之一。但是，这一主体地位的回归，与居委会的行政化困境之间存在错位，居委会作为治理单元与小区作为产权单元也存在接续问题。因此，居委会的地位、角色以及功能的转变与调整是需要做出进一步思考的更大的研究议题。其二，国家与社会关系的改变。封闭社区的开放、街区空间的变换、居委会主体地位的回归以及国家与社会力量（主要是其代理者）的各自改变，必然会引起国家与社会关系的新变化。这一变化反过来也会作为重要的结构制约性力量进一步规制街区空间的走向。这是需要进一步细化和深化的研究方向。

综上所述，街区制的建设与封闭社区的开放是相辅相成、互为累进的。前者是内在构件与关键性力量，旨在解构居民对封闭社区的安全需求、符号消费与封闭心理，同时建构开放、包容的社会交往心理惯习；后者是外在诱因与促动性因素，以打破城市空间私有化、应对社会隔离及其空间效应为目的。两者的结合与并构，是走向开放街区空间的“双轮驱动”，只有这样开放街区对封闭社区的取代才能真正水到渠成。

7.5.2 街区制的构建

正是在这一背景下，《意见》成为政府通过行政手段出台相关政策抑制封闭社区建设的开端①，也是从供给侧维度推进的改革尝试。但是“破墙开围”仅凭政府单方面的作为是难以有效实现的。不从消费侧（居民的社会心理需求与身份符号建构）出发、不尊重社区主体以及社区现实的机械“拆墙”可能会诱致新的社区治理危机。这一方面笔者在《走向开放的街区空间：社区空间私有化及其突破》中已作出交代。但是街区制如何可能？如何可为？其在何种维度上有利于推进基层社会治理创新等则是更为紧迫的现实问题，而且此问题的解决是涉及消费侧与供给侧双侧改革协力推进的一项系统工程，笔者认为以下几个方面是需要考虑的。

1. 街区制如何可能

在笔者看来，街区制，可以是一种生活实体的建构，也可以是一种制度设置的安排，还可以是一种理念价值的倡导。作为生活实体的街区制，是城市规划与建设的重要空间载体，需要注意的是其建构的主体不仅仅是城市管理者、规划专家，也要涵盖生活在街区中的居民以及功能边界嵌入的社会组织。这是一个从内在物理空间到外围相关主体的联动建构历程，也只有这样街区制作为生活实体才具有本真意义。作为制度设置的街区制，是城市基层社会管理与服务的制度安排，当然，其在多大程度上可以将其作为继“街居制”“社区制”之后城市基层社会的一种管理体制来加以研究与分析，尚需要实践中改革的进一步深入以及学者们的深究。但是

---

① 笔者在拙文《走向开放的街区空间：社区空间私有化及其突破》中曾指出，从西方的治理经验来看，封闭社区的治理可以概括为三个进路，即政府通过行政手段出台相关政策抑制封闭社区的建设、城市规划中对封闭社区的规划引导以及对城市公共空间的强调与重视等。

作为制度安排的街区制在未来发展中如何处理与原有物业公司[①]、业主委员会[②]以及因小区拆墙而可能出现地位回归的社区居委会之间的关系问题，尤其是获得特别法人身份之后的居委会[③]，其身份厘定而带来的服务边界与业务范围的精确化如何实现与街区开放之后所产生的弹性空间的有效对接，是尚未明确但急需做出回答的问题。并且作为一种制度设置，其推进过程中也需要在空间正义与利益考量之间进行利益平衡[④]，须知街区制正是在对封闭社区所引发的空间私有化以及社会不平等问题的基础上产生的改革尝试。而作为理念价值的街区制，则重在对“开放”“包容”等理念的营造和倡导，要将其作为灵魂嵌入生活实体的建构以及制度设置的安排，成为街区制显著不同于封闭社区的核心标志。

2. 街区制如何可为

破墙开围，从封闭社区本身的开放而言指两个方面。其一，“新建住宅要推广街区制”，这是增量的开放；其二，“已建成的住宅小区和单位大院要逐步打开”，这是存量的改革。笔者对前者持赞成的态度，但是对后者则持保留态度。就前者来说，走向开放的街区空间是世界封闭社区治理的基本经验和普遍路径，也是中国现实中交通网络通达性压力下的必然选择，这就是说在新建小区中推进街区制既具有来自西方普世经验的治理参鉴，也是现实形势中城市空间治理的形势所迫。

但是对于后者而言，封闭社区的“打开”则应该分类对待，循序推进。一方面，并不是所有的封闭社区都具有打开的必要；另一方面，封闭社区的存量改革要讲求方法，循序渐进，不是简单的“拆除围墙”，而是要在科学论证的基础进行以“封而不闭，隔而不离”为目的的深层改革与

① 笔者认为小区的开放并不意味着原有物业公司的完全撤出。物业公司作为小区的管理与服务主体之一，会发生一定的改变与调整，但改变的只是其功能的边界以及服务的具体内容形式。

② 业主委员会是以共有的产权而产生的一种组织类型，其功能与作用的发挥要以公共利益以及面临的共同问题为中介，而公共利益以及共同问题的出现也蕴含在特定的空间场域中。那么小区“拆墙”之后，这一中介如何产生、培育也是需要进一步考虑的议题。

③ “黄树贤颁发全国首张基层群众性自治组织特别法人统一社会信用代码证书并调研社区工作”，http：//www. mca. gov. cn/article/xw/mzyw/201711/20171115006588. shtml。

④ 关于“破墙开围与空间正义”的研究可以参见《探索与争鸣》2016 年第 4 期的系列文章。

优化。而且这一过程的推进要有特定的制度通道，可以将居民、业主、物业、开发商等相关利益群体吸纳进“破墙开围”的具体政策论证、制定与执行的过程中，要特别注重对业主利益的尊重与保护①。

此外，由于“破墙开围”政策涉及面十分广泛（估计涉及7亿多的城市居民），且十分具有颠覆性，因此，其推进必然不可“一刀切”，较为妥帖的方式是，按照“试点先行、榜样示范，政策配套、分类推进”的原则渐次实现改革优化。所谓“试点先行、榜样示范”涉及两个方面。一是小规模开放街区的试点。例如，上海闵行区的浦江华侨城小区已经试点多样，且运转良好，要加强对其运转规律、管理规范等方面经验的总结与提炼。二是特定类型封闭社区的开放试点。特定类型，主要是从产权角度的分析，特指那些产权归属较为单一、清晰的集体或国家性质的产权单位。如政府机关大院、高等学府等可以率先垂范，对公众开放其公共设施、内部空间与资源等。这两个方面的试点都可以产生正面的示范效应。“政策配套、分类推进”指“破墙开围”是一个复杂利益纠葛的政策议程，其现实的推进必然要求各种政策的辅助与配套，如分类处置的政策、补偿拆迁政策、司法救济以及公众参与制度等。这里的分类原则其中一个就是产权的性质，正如上述分析对于产权归属较为单一、清晰的集体或国家性质的产权单位可以先期试点“破墙开围”，而对于产权归属较为复杂、多元以及模糊的私有性质的产权小区，特别是存在各种利益纠葛与历史遗留问题的小区则应该在充分论证、重复博弈以及多方参与的基础上逐步改革优化。

3. 街区制与创新社会治理

实际上，《意见》就是为了应对封闭社会在现实中所出现的种种区隔

---

① 特别是《中华人民共和国物权法》第七十三条规定：“建筑区划内的道路，属于业主共有，但属于城镇公共道路的除外。建筑区划内的绿地，属于业主共有，但属于城镇公共绿地或者明示属于个人的除外。建筑区划内的其他公共场所、公用设施和物业服务用房，属于业主共有。”这就意味着封闭社区内部的道路、绿地等属于社区内业主所共有，“破墙开围”不是仅凭政府行政干预就可以推进的，也要在遵守《中华人民共和国物权法》的相关规定和对居民进行一定的补偿的基础上协商推进。张鹏（2016）从财产权的角度提出，“破墙开围”应当尽量避免对利害关系人的负面影响，要加强方案制定过程中的民主参与程序建设以及损害救济途径的完善。

效应与不平等，以及对城市宏观规划所产生的负面影响，进一步深化与推进基层社会治理创新而出台的。从本源意义上讲，街区制是相对于封闭社区的一种城市空间组织形态，开放性是其显著特征；从价值意义上看，街区制是对以往社区制以及街居制的功能拓展与发展，多元、治理是其基本价值诉求。这就决定了开放街区制与创新基层社会治理之间的耦合。

开放，是走出私域，走向公共空间的过程。一方面，街区的开放有利于打破物理边界所造成的人为区隔，也有利于实现跨越社区边界的资源整合和人们彼此之间的互动沟通，也是邻里空间、公共空间与载体发育的重要前提，进而有利于居民走出私域进行交流与沟通，实现对话、协商以及公共议题的解决。另一方面，街区的开放打破了社区公共以及行政性事务的封闭化倾向，有利于实现行政资源与服务的集约化提供，为社会组织在更高层次上实现专业化服务的设计与提供创造了可能，这有利于弥合社会组织繁荣发展所产生的跨越社区边界互动的期许与社区封闭性之间的张力，进而为社会组织专业服务与社区内生型组织活动的分域运行与联动创造了机会空间，有利于克服专业社会组织落地的困难、避免与内生型组织之间的同质性竞争以及专业性消解与不足的尴尬。

开放，也是走出个体，融入组织的过程。社会的原子化以及个体化社会的再整合是一对基本的张力，也是创新社会治理所要解决的关键问题。一是，封闭社区的开放有利于缓解居民之间由于区隔所造成的心理距离，缓和社会物理边界封闭与居民心理距离区隔叠加而衍生的与社会整合之间的张力，有利于从物理空间和心理认同双重维度建构街区的归属感。二是，社会组织的不断孵化与培育可以提供跨越社区边界的专业服务，必将在未来成为开放街区中重要的治理主体。其中一个建设标准就是社会组织的专业化服务要实现居民对安全、街区归属感以及街区文化等需求的高度满足，这也是新时期社会组织发展的一个重要契机和使命，也是缓解人们日益增长的美好生活需要与不平衡不充分的发展之间的矛盾的重要着力点。

第8章　项目为本与技术治理：基层社会治理的整合难题与结构困境

8.1　项目为本：公益招投标的项目化实践及其困境

项目制是当前基层社会治理中的一种核心机制，也是国家治理体系中的一种重要体制安排，是新时代背景下“国家主动对政府科层体系的一次完善和补充，是国家政权建设在新时期在体制机制上的延续与拓展”（焦长权，2019），旨在“通过国家财政的专项转移支付等项目手段，突破以单位制为代表的原有科层体制的束缚，遏制市场体制所造成的分化效应，加大民生工程和公共服务的有效投入”（渠敬东，2012），可见，“项目制不仅是一种体制，也是一种能够使体制积极运转起来的机制；同时，它更是一种思维模式，决定着国家、社会集团乃至具体的个人如何构建决策和行动的战略和策略”（渠敬东，2012）。

大体而言，社会学对项目制的研究可分为两类。

其一，对项目制体制的研究。折晓叶和陈婴婴（2011）较早对“项目进村”现象进行了系统分析，他们对“项目进村”过程中的高层政府的“发包机制”、地方政府的“打包机制”和村庄的“抓包机制”进行了系统论述，在此基础上呈现了高层集权控制逻辑与底层反控制逻辑之间的张力和博弈。渠敬东（2012）从国家治理体制的高度来研究项目制，认为项目制是改革过程中的一种“新双轨制”。也有学者从公共预算体制的角度研究项目制，发现，公共预算体制的核心即项目制，并且项目制在实践过程中建构了一个覆盖全面、贯通上下的项目组织网络。这一网络塑造了政府内部的一个新的结构形态和治理体系，并成长为政府运行中“牵一发而动全身”的一种总体性治理机制（焦长权，2019）。

其二，关于项目制的实践研究。该路向的研究目前是项目制研究的主流，主要分析具体治理场域中项目制的运作实践，涉及公共产品提供、扶贫、基层社会治理等政府购买服务领域，该类研究多以项目制实施过程中的具体案例为分析对象，侧重点在于项目的实践结果，即更多关注项目实践的“末端”，对于项目在政府内部的运行机制以及过程等相对悬置（荀丽丽 等，2007；冯猛，2009；陈家建，2013，2015；陈水生，2014；桂华，2014；黄宗智 等，2014；狄金华，2015；付伟 等，2015；龚为纲，2015；李祖佩，2015；史普原，2015；焦长权，2019）。上述研究对项目制本身及其在现实实践中的运作逻辑进行了较为系统的分析，为认识和理解项目制提供了重要的知识启发和经验积累，对认识基层社会治理机制具有重要的价值和意义。

作为地方治理的一种重要探索，上海市浦东新区自 2009 年起就实施了公益招投标项目，率先将项目制的治理思路引进基层社区治理与服务领域，旨在通过政府向社会力量购买服务的方式，将政府做不了、做不好的事情转移给社会力量来承接，十年来逐渐探索形成了一种公共服务招投标运行机制和实践模式。公益招投标项目化实践对基层政府治理转型、社会组织成长发育、社区服务体系优化以及社区治理机制创新等方面具有突出的意义。具体而言，这些成效主要体现在以下方面：① 发挥了体制示范意义，撬动了基层政府治理的转型；② 提高了资源整合能力，培育了一批规模化社会组织；③ 加强专业化引领，优化了基层治理中多领域社区服务体系；④ 通过多元联动，激发了社区治理的体制机制创新。

尽管浦东新区近年来的公益招投标项目化实践取得一定的成效，但其基层社会治理的项目化实践仍面临一系列结构性困境。主要体现在以下方面：① 购买服务中的项目为本可能会造成居民需求“悬置”，进而导致治理目标模糊与方向迷失；② 组织悬浮与服务浅表，同质社会组织生态可能出现恶性竞争以及服务的单一化，进而导致公益招投标项目的实践成效难以彰显；③ 碎片化服务缺乏整合，不同社会组织的优势与局限没有形成有效联动的互补机制；④ 因社会组织的井喷式发展而产生的鱼龙混杂问题突出，特别是不规范的社区基金会运行所潜存的治理风险；⑤ 大量内生性社会组织（社区社会组织）专业能力不足，加之利益上的勾连，可能会产生严重的基层寻租与腐败的制度空间，亟须相关制度、法规的强力介入；⑥ 社区工作参与社区治理的深度以及专业功能相对不足，基层治理中的社会活力未能得以整合性激发，治理合力的形成尚需要进一步探索，等等。

这些困境典型地体现在下面的一个项目评估中。2015 年由上海 RF 机构承接的 H 街道“情系夕阳”失能（智）老人关爱服务项目，在中期评估时，评估机构作出重要的整改结论，主要包括以下几个方面的问题①。一是服务对象的选择范畴过宽，且项目组对当前服务对象的个体情况尚不了解，在项目实施过程中将失能和失智老人混杂起来，导致服务缺乏针对性和有效性。二是服务对象覆盖率过低，项目总体绩效偏低，项目仅覆盖了 120 名服务对象，仅占街道内具有需求人群的 30%。三是各项服务整体滞后或不足，且存在操作不规范的问题，根据项目书预期目标和服务内容，评估方发现项目实施方在多个标的上严重滞后。四是项目主要工作人员的知识、经验背景与项目需要有一定差距，项目点社会工作者的工作年限较短、项目管理经验缺乏、服务经验不足，而项目本身专业性很强，各项服务之间联系紧密，多种社会关系需要处理，项目服务精细度需要保证，该成员尚不能很好地应对。五是财务规范性较差，该项目虽独立建账，但很难体现资金的专款专用特征；项目明细账摘要填写混乱，无法与项目决算表相对应；部分费用支出凭证不全，缺少明细清单；部分费用的支出凭证不规范；大额支出未签订购买协议。

上海 RF 机构承接 H 街道“情系夕阳”失能（智）老人关爱服务项目的实践表明，外部专业机构对 H 街道社区内相关群体的需求把握不足，在项目实施过程中存在服务对象不聚焦、服务内容针对性不强、服务提供人员专业性较弱、财务使用不合规等问题。据笔者所知，该项目在当年的评估

---

① 引自《浦东新区 H 街道“情系夕阳”失能（智）老人关爱服务项目中期评估报告》，内部资料。

中被“中途停止”，也就是说，因为存在一系列重要缺陷而被迫停止开展。

上述现象跟 H 街道相关人员对公益招投标项目化实践的评价是基本一致的，即街道 2015 年开始试点探索的自我服务项目，以及 2016 年、2017 年连续开展的自我服务项目，其初衷是因为前几年开展的社区公益招投标项目存在一些明显的问题，例如，虽然它注重培育社会组织，但是整个导向以社会组织以及上级政府为中心，以项目为主要考量，申请项目与执行项目处于分割运行状态。本质上就是“项目为本”，没有考虑基层民众的实际需求（这点与笔者前期关于招投标的研究发现是一致的）。所以，承接公益招投标项目的组织在具体实施时，很不受街道和居民区及其居民群众的欢迎。作为一种对上述服务的替代性机制，街道连续几年持续开展自我服务项目，旨在通过居民区党总支引领、居委会指导，积极培育社区居民群众自治团队和社区骨干力量开展符合实际的项目。可以说，正是由于一些外部组织进入 H 街道之后，未能有效落地、未能有效回应社区需求，因而形成一种悬浮式发展逻辑，使其治理实践和服务功能失灵。在 H 街道，他们宁愿自己探索更加符合实际的自我服务项目，由街道设立专项公共财政资金，由居民区自治团队申报项目，2015—2016 年有 36 个自治项目、2016—2017 年有 36 个项目。而这些自治金项目也是存在问题的。最核心的问题就是项目化的思维不够，其项目的打包、立项与执行等很不正式和不规范，甚至一些在立项评审中没有通过的项目，也在后期的资助中出现。这就存在着一个很明显的张力与悖论，如何在项目运作的技术治理与服务提供的社会治理中找到一个均衡点就尤为关键。

实质上，公益招投标项目实践可以视为一种通过项目制而实现的新型治理体制机制，同时，这种实践体现了技术治理在公益招投标中的运用，彰显了以技术理性为本位的项目生产体制。问题是，技术治理以效率为导向，往往会导致对社区居民需求的选择性忽略，加之科层体制的惯性以及管理思维的统辖，项目制容易走向社区的反面，悬浮于社区场域中。正如渠敬东等（2009）所言，“科层化的技术治理机制所面临的一个重大难题，就是如何将一个庞大的行政体系置于社会经济生活的具体经验和问题之上，而不是丧失与基层社会的亲和性”，这也是社区公益招投标过程需要规避的问题。研究发现，由于项目发包、打包和抓包是一个复杂的项目生产链条，项目的发包者和抓包者难以充分面对面互动，因此，必须借助第三方招标代理作为打包者，以实现对项目发包-项目抓包-项目管理的全过程监控，这体现出一种“双重发包”的项目生产逻辑。导致上述结果的根本原因在于，目前的公益招投标坚持的是以技术理性为本的治理逻辑，在实践中过于强调技术规范、信息管理，通过文件控制，希冀实现对项目运作的整体规制，但公益招投标的项目化实践嵌套在既有的街道体制下运行，“规范化、程序化和技术化的治理机制往往只是为科层激励体制的政绩目标披上了程序合法性外衣，而项目制所需要回应的社会和民众的公共需求，则经常被科层激励体制的中心工作目标所吸纳，造成项目体系与公共需求偏好的错位”（焦长权，2019）。

上述一系列结构性困局的出现与存在，其实缘起于社区服务的优化与技术的理性所产生的张力，这就需要进一步反思项目制以及政府购买服务的实践过程，对技术治理的限度以及边界问题进行深度的反思和调整。由此，重新回归以社区为本的、以居（村）民生活为根本关涉的社区治理与服务创新就成为题中之意。

8.2 悬浮式发展：社会组织参与基层治理的实践困境

社会组织作为国家、市场、社会三维结构中的重要一维，越来越具有不可或缺的结构性地位。在近五年的时间里，社会组织积极参与到社会治理创新和基层建设进程之中，获得了前所未有的发展机遇和空间。浦东新区街镇的基本策略涉及两个方面，一方面引入外部专业社会组织进驻辖区以提供专业服务和支持性服务，另一方面鼓励内部社会力量积极承办民办社会服务机构，另外，积极培育社区居民自治团队，以发挥其自治优势以及协同参与社区自治共治的组织化优势。但是，深入调研后发现，一些街镇在整个社会组织生态体系建设以及治理功能发挥方面还存在着发展悬浮式的内在困境。

8.2.1　社区内生性社会组织的专业功能限度

当前，基层社区场域中各种类型的居民团队、准组织以及社区社会组织构成了丰富多彩的社区景观和创新社会治理中的重要力量。H 街道的基层社区治理中，居民的社区公共意识越来越强烈，其中形成了以自娱自乐、文化情操为导向的兴趣爱好类自治团队，以维护自身权益和利益的业主委员会，以关心社区弱势人群和社区环境等公益议题的志愿团队等多元化社区社会组织体系。据不完全统计，H 街道目前有群众自治团队 210 支左右，绝大多数活跃在居民区层面。在调研过程中，很多居民区内的群众自治团队都参与到居民区治理体系中，例如，LY 居委会有 10 余支自治团队，这些组织具有开放性、联动性和合作性，他们在居民区党总支的带领下，参与到小区老人服务、环境卫生维持、小区邻里矛盾纠纷调解等多重事务之中，成为社区治理中重要的“编外力量”。

在居委会社会工作者的指导下，居民区自治团队还通过参与自我服务项目的实施发挥对社区特定人群的服务功能，结合小区实际需求，逐渐打造形成了一批具有 H 街道品牌的社区自治项目，例如，社区的“绿阳台”项目、“妈妈咪呀”项目以及“人和工作室”项目等，在整个街道社区治理过程中既发挥着示范、引领效应，同时也成为浦东新区基层社区治理中具有代表性的治理案例。

但深入分析后发现，现有的群众自治团队，大部分属于自娱自乐性质，社会性、公益性以及专业性严重不足。他们更多是关心自己小群体的需求，而对于群体之外的社区性、公益性和公共性需求缺乏关注，这就限制了这部分群众自治团体的作用效度及其在治理实践中的作用空间。那些能够参与街道推进的自我服务项目的团体，在一定程度上更具有社区性、公益性，这部分团队所扮演的角色更多是一种日常性、基础性的自助、互助服务，这些服务对于居民而言，具有重要的补充性地位。然而，深入分析两年多的自我服务项目可以发现，这些自治团队在参与社区治理的一些深层次议题、回应社区的深层次需求方面仍然有很大的突破空间，而这些突破在短期内通过既有的社区自治团队是难以实现的。

也就是说，单纯通过既有的自治团队和自治项目，对社区内的一些深层次需求和深层次结构性问题，依然难以有效回应。这就必须将重点转移到其他组织形态上来。

8.2.2 专业社会服务组织的入场困难与悬浮式存在

在政府职能转移背景下，社会组织成为政府职能转移的重要专业化力量，通过政府购买服务的机制，一方面，为创新社会治理培育了更多的组织化载体，另一方面，社会组织的成长与其专业化优势的发挥，为优化公共服务或提升社会服务质量提供了重要保障。基于创新社会治理的需要与动因，H 街道也引入了专业社会组织，包括市区统筹推进的公益招投标项目实施过程中部分引入提供相关社区公益服务的社会组织，也包括在培育自身力量参与社区自治共治进程中引入的专业性支持型社会组织，还包括街道自身内部成长起来并注册成立的独立法人社会组织。从数量上来看，上述具有一定专业性特征的社会组织有 10 余家。

但是，总体上来看，外部专业社会组织在本土治理场域中的作用限度十分明显，其专业作用的发挥存在多重限制，基本上悬浮于社区场域空间中。例如，2015 年之前，在 H 街道实施社区公益招投标项目的个别组织就因为不适应 H 街道社区实际需求、在项目实施过程中经常需要居民区人员加以协助等，造成居民区工作的“额外负担”，同时在第三方评估过程中也发现其服务成效甚微等情形。这表明，外部专业社会组织在进入本地社区开展服务时需要具备一系列重要的特质。此外，作为枢纽型社会组织的街道社会服务中心，在现实实践中也存在如何进一步去行政化，进而发挥其连接、纽带以及能力建设等功能的问题，这成为街道社会组织服务中心接下来应思考的关键点。

此外，现有的社会组织在服务领域以及运作架构等方面都具有高度的同质性，即使是服务的提供、作用的发挥也面临着明显的趋同性以及由此而来的同质竞争性。其在服务提供中表现出了明显被既有体制吸纳的逻辑。这些组织在运作过程中也或多或少地呈现了外部服务行政化、内部治理官僚化、组织发展机关化等现象，不利于通过这些社会组织发挥整合社区资源、发掘社区活力、促进社区信任、培育社区公共精神等方面的优势，进而也不利于社区公共性的养成以及社区团结和共享社区的生成。

8.3　身份张力：社区工作者职业进阶的意外后果

上海市委“1+6”文件中的《上海市社区工作者管理办法（试行）》指出，要“分类规范基层队伍，建立职业化体系”。其中，社区工作者是指在本市居民区和街道、乡镇公共事务岗位直接从事社区管理和服务，由街道、乡镇承担全部经费保障和统一管理使用的就业年龄段全日制工作人员（公务员编制、事业编制除外）。目前主要由就业年龄段的社区居委会全日制工作人员，街道、乡镇中心聘用人员，街道、乡镇聘用的社区专职工作人员，以及其他经区县党委、政府批准纳入的人员构成。职能部门下派社区的专职工作人员，可分批认定、逐步纳入。根据岗位特点、工作年限、受教育程度、相关专业水平等综合因素，建立社区工作者岗位等级序列。按照人均收入高于上年全市职工平均工资水平，合理设定薪酬标准，建立与岗位等级和绩效考核相衔接的薪酬体系，并根据全市职工平均工资增长情况，实施动态调整。畅通优秀社区工作者进入机关、事业单位的通道，同等条件下优先录用。在实际的基层治理过程中，一些优秀的居民区书记已经陆续转为相关事业编制或公务员编制，而社区居委会主任则进入享编序列，成为真正意义上的体制人。这种举措可以说是率全国之先列，引起了全国其他许多省市的关注和效仿，包括深圳这样的特大城市也学习模仿上海的做法。但是这一做法现在看来也产生了明显的意外后果。

其一，入编之后的灵活性丧失，以及与之相伴的身份转变会消除社区工作者在工作上的主动性和积极性。原先体制外的基层社区工作者在体制内运行，街道通过压力型体制的层层传导，可以在很大程度上激发与动员社区工作者的工作积极性和主动性，但是当居委会工作者身份转变之后，其体制内的身份作为一种“光环”有效地满足了其对稳定性的要求，与之而来的就是流动性的消弭。社区工作者在不同社区之间，特别是不同居

（村）之间的流动变得困难，这就不利于在居（村）之间实现工作者的交流和互动，不利于城市社区治理理念、经验在农村社区的交流与引入。实际上当前在浦东新区的社区治理之间存在的巨大差距，可以通过这样一种轮值与交流的形式来缩小城乡在社区治理方面的差距，但是，入编之后的社区工作人员在城乡之间的交流渠道几乎被锁定了。同时，体制内的思维和工作方式也使得传统的动员机制失灵，而且随着服务重心的下移，基层工作的重要性与灵活性的要求与体制身份的固定性不可避免地产生一定的张力，不利于社区工作者工作积极性和主动性的充分发挥。

其二，社区干部（书记与主任）与一般社区工作者之间因身份的差异而可能产生不利于社区力量整合的因素。在基层调研中，也确实有社区工作者反映："市委'一号课题'对于基层社区自治共治是件好事情，但是目前文件对于基层工作者的区别对待可能会带来一些不好的后果，例如，同样在居民区，只有（居民区）书记能够享有这个（事业编制）待遇，而副书记或居委会主任们却没这个待遇，这可能会带来心理上的失衡。"由于两种身份共时性地存在于同一个社区场域中，彼此之间的身份差异会被"零距离"而衍生的真空效应进一步放大，造成两种群众之间的身份区隔，进而不利于社区整合性力量的形成，也不利于自治共治局面的达成。

其三，社区工作者的专业性问题共同存在于两类群众中，造成了进一步的区隔。近年来，国家在全国范围内大力推动基层社区工作者专业化、职业化进程，鼓励基层社区工作者通过报考全国社会工作者职业水平考试等形式"持证上岗"，以提升自身专业性和工作有效性。这些举措在H街道也如火如荼地进行着，在街道336名社区工作者队伍中，有119人通过了全国社会工作职业水平（包括初级和中级）考试，占整个街道社区工作者总数的35.4%左右。但是，考过证就专业了吗？事实上，在对基层社区工作者的问卷调查和访谈中，笔者发现，他们工作中90%以上的时间和精力用于处理上级下派的相关行政事务，而真正能够用专业方法回应居民需求的专业实践基本上微乎其微。所以，这就形成一种悖论：国家通过强制性制度逻辑推动基层社区工作者的专业化，并以考证为主要手段，但是实际上，社区工作者不能改变其长期以来的行政化工作内容和模式，导致专业化进程与基层治理实践之间存在明显的张力。

这就是说，调研结果没有发现持证与专业性之间存在直接的线性相关关系。反而是社区场域中存在的不同主体之间围绕着专业性产生了明显的区隔和矛盾，例如，社区工作者不认可专业社会组织的工作，而专业的社会组织也看不起社区工作者，认为他们不专业。其实，上文中分析的内生社会组织社会性不足，以及专业社会组织难以进入和落地等也多少和此问题相关。

8.4 二元治理：城乡社区发展与服务存在不均衡、不充分的鸿沟

社区治理与服务创新是一个渐变的进程，是经济社会发展到一定阶段的治理重心转移的结果。城乡在经济社会发展进阶中的不同位置，就决定其在社区治理与服务方面存在差距的必然。从浦东新区街镇的基本情况来看，城乡的社区治理也确实存在发展与治理上的不均衡，呈现明显的“二元治理”景观。

其一，治理理念上的“级差”。城乡社区治理在治理的理念上存在“级差”，这主要表现为“治理”理念在城乡中的不同存在状态。一方面是城市社区中“治理的共识性存在”，治理以及与之相关的一系列概念，如多元、居民参与、协商、自治以及“自下而上”等词汇不断出现在官方的文件和政策文本中，而且笔者在街道、城市社区的调研中，“治理”以及相关元素都已经深入领导、社区工作者以及居民骨干的思维和做法中，也切切实实影响了他们的社区行动；另一方面则是农村社区中“治理的零星性出现”，反而是“管理”与稳定，以及干部等“自上而下”的思维与语词多次出现在官方总结、汇报以及意见文本中，当然这里也确实有城乡面临的不同问题与环境等因素的影响作用，但是即使从镇里负责社区治理的相关部门领导、工作者来看，管理而非治理、行政而非服务的理念和思维主导性也是很强的。这一理念上的“级差”必然会影响社区治理的现实实践。

其二，治理实践与成效上的“二元区隔”。在上述治理理念的“二元级差”的影响下，浦东新区城乡社区治理在实践推进与成效结果中也形成了“二元区隔”。上海的“一号课题”发布以后，浦东新区街道在体制改革中实现了重大突破。首先，从组织架构上体现了明显治理重心的社会转移。这表现在从原先的职能体系向新的“6+2”组织机构转变。其次，政府职能转移的“釜底抽薪”之策。其主要做法是取消街道原有的招商引资功能，转而强化其社会服务职能。回归街道的公共服务、公共管理和公共安全属性。最后，科层考核激励中也将社区治理与服务创新作为重要的指标，这就激发与动员了基层治理与服务转向的积极性，因此层出不穷的社区治理项目、案例、经验以及做法等在街道、社区中产生。与之相对，反观镇的居（村）治理，这一系列系统的、体系化的措施并没有同步推进，这就从时间上、体制上、制度上造成了城乡的势差，当然这是不可避免的发展进阶和策略。但在现实中确实造成了城乡社区治理之间的不平衡，特别是社区治理与服务创新在镇级层面的不充分发展与不同步推进。因此，如何进一步实现城乡在社区治理与服务中的协同，如何将城市社区的治理理念和经验选择性地应用到农村社区中，如何在新阶段实现农村社区治理的“弯道超车”，特别是防止城乡社区治理在实践上级差的不断拉大等，都是需要进一步实践探索和理论研究的方向。

质言之，浦东新区基层社区治理与服务创新也面临着一系列的结构化困境。这一困境实际上是由于城市社区治理中存在着社区作为“国家治理单元”与社区作为“地域社会共同体”建设的非同步性，社区治理中面临着行政与自治、减负与增效，以及需求导向与项目为本的“二元张力”，城乡社区治理中的“新二元结构”导致了城市社区治理的低效、创新不足与多元主体协同上的困难。正如黎熙元（2018）的研究所指，“虽然政府和社工组织双方都非常重视项目绩效，但当政府努力追求技术治理手段时，这些技术手段会把承办项目的社工团队紧紧捆绑起来，使社工团队忙于应付政府的技术治理过程，弱化了对专业服务投入，导致地方政府引入社工专业服务来实现社区治理的目标逐渐虚化，社区技术治理逐渐变成改革中的‘神话’”。

整体上看，浦东新区城乡社区治理经验更多是零散的、碎片的甚至孤立封闭的，进而某种程度上造成了社区治理与服务创新常常在服务有效性、治理创新性和整体协同性这些方面陷入困境。为此，需要建构社区为本的整合性社会工作服务新模式。

第9章　治理共同体：社区为本的整合性服务模式建构

党的十九届四中全会提出，“社会治理是国家治理的重要方面。必须加强和创新社会治理，完善党委领导、政府负责、民主协商、社会协同、公众参与、法治保障、科技支撑的社会治理体系，建设人人有责、人人尽责、人人享有的社会治理共同体”。由此，共同体这一概念联动学术场域研究中的“社区”和现实实践推进中的“社区”，尝试实现“国家治理单元的社区”与“地域社会生活共同体的社区”的整合和一体化，而实践中的探索也提供了重要的启发和经验，特别是上海市委发布“一号课题”以来上海在基层社区治理方面的探索，初步形成了政府治理、社会调节与居民自治良性互动的，以及社区为本的、优化居（村）民生活的基层社会治理模式。

但也如前文分析所言，目前基层社会的治理探索仍然存在一些阻碍社会治理体系和治理能力现代化的因素，造成基层社会治理中的“单兵突进”式改革尚未有效联通、治理创新的合力效应尚未显现等。由此，如何在新时代进一步深化和推进基层社会治理？如何建构与回应上述存在的障碍性因素并积极推进社区治理共同体的建构，继而实现以多方参与为基础的共建共治共享？现实来看，社区治理共同体和以此为基础的整合性服务模式建构以及在社区场域中治理功能的发挥，就成为应对上述问题的关键，继而也是推进基层社会治理现代化的关键。

9.1　基层社会治理的现实之困

新时代基层社会治理的上海探索虽取得了较为明显的成效，但也存在明显的结构性、体制性困境。其一，基层社会治理的碎片化、原子化问题突出，横向联动与学习借鉴存在体制性困局。这典型地表现为不同街镇、不同条块之间的“结对竞赛”（黄晓春 等，2019）机制的生产与再生产，继而导致基层社会治理创新的成果和经验陷入“场域锁定”状态，难以在不同场域中实现复制、推广，多项资源和政策投入之后的创新成果社会效益明显不足，治理创新的成本居高不下，造成其可持续性的存疑。其二，基层社会中存在大量的“展示性治理”，创新的实务领域出现了明显的“目标替代”，即基层社会治理中存在大量为了创新而进行的创新，“创新”本身成为治理的目标，社区居民的需求以及人民的美好生活向往被悬置、被忽略抑或是被嵌套在“创新”中，继而导致基层社会治理中的亮点、品牌不断，但治理绩效反而是呈现一种“边际效应递减”的局面，居民的满意度、获得感并未见提升，形成“创新悖论”。其三，基层社会治理中技术治理存在“意识形态化”的风险，典型表现为唯技术主义的管理思维和唯权威的技治主义，这样人就在基层场域的治理空间中消失了，基层社会的治理就演变为一场缺失主体性的运动，加之治理重心下移中网格化的强化与大数据、互联网的加持，“技术”被神化，变成社会治理中对居民日常生活进行监控的“常量”，由此进一步强化了管治思维在基层社会中的运行。

9.2　社区为本的整合性社会治理服务

“上海模式”的整合推进需要进一步秉承“政社分工”基础上的“合作共治”，深度推进与实践党的建设与社会治理的有机嵌合，实现制度创新与专业队伍的相互推进和提升，这同样是一种“党建引领的政治逻辑、治理重心下移的服务吸纳逻辑，以及选择性参与的生活逻辑”（吴晓林，2019）共时并存的复合治理逻辑，在社会治理重心的不断下移和社会组织的有力培育中实现以人民为中心的发展。其典型的特征呈现为社区为本和整合服务。

社区为本，是一种价值理念，也是一种整体论意义上的方法论和本体论。社区为本，意味着“社区”应该成为基层社会治理与服务的基本单元和出发点，在这一场域中不同主体展开多元互动，以社区的公共议题和公共事务为中心。其中党建的引领作用是关键，特别要注意实现党的建设与社会治理的有机耦合。就现实来看，在“社区场域”中随着治理重心的不断下移和党的领导的全面加强，实际上是开启了党的领导与多元主体治理有机统一的新时代。社会治理必须实现党的领导、依法治理和社会多元主体参与共建的统一。研究人员对党组织在社区或社会治理中的作用关注得越来越多，并且正在努力把这种现象学术化。实际上，党组织的确是中国社区体制中的独特组织要素，而党的组织力、整合力，也是深有内涵的概念。在社区中，党组织“建构任务”“促进制度”“动员人力”，几乎“无所不能”。这个特点，对理解中国制度特色是一个样本，对营造社区生活共同体、实现各方力量的整合以及服务联动具有极为重要的价值和意义。

实际上社区场域提供了党、国家、社会合流与互动的空间背景，谢春涛（2011）对共产党成功执政经验中的具体做法进行了系统的梳理。在这类梳理的基础上，进一步形成了一些学术性更强的分析框架，如“党、国家与社会”或者“政党-政府-社会”的分析框架。林尚立（2001）研究了党、国家与社会的一般关系，景跃进（2005）研究了党、国家与社会三者关系在乡村治理实践中的体现。这就是说相比于党、国家与社会的框架，“政党-政府-社会”的框架更加适用于分析社会治理问题。而“社区为本”的研究与实践就构成了“政党-政府-社会”分析框架逐渐流行的关键助力。特别是现在需要对“党政一体”的总体性国家保持足够的敏感和反思，对党的整合性以及通过服务而实现的合法性重建过程进行系统地研究和梳理，这具有十分重要的意义，也应该是“社区为本”方法论下的重要研究内容。

整合性治理视域下基层社区治理，主要指两个维度。一是社区为本的整合性服务模式建构。在各地不同实践探索的基础上，要将社区治理的理论范式、实践推进、方法技术、服务基础以及行动策略等方面进行主体、机制、资源、方法、逻辑以及效应等维度的整合与联结，实现模式整合、过程整合和要素整合的统一。二是社区治理整合性服务的现实推进，要夯实党的组织力、整合多种理论范式、联合多方主体、采用多种方法、打破专业分界、再造服务流程，以实现党对基层社会治理的有效整合与共建共治共享基层社会治理格局的建构。

具体来看，城市社区治理整合性服务的提出正是基于对以往社区治理碎片化、个体化以及原子化现象的纠偏，但它不是简单地将社区场域中的多方主体、策略逻辑以及经验做法放在一起的综合，而是在全新的服务理念、逻辑基础以及服务流程上的架构综合，它改变了以往的服务策略和方式①，是一种全要素、全流程以及全场域的治理重构。

城市社区治理整合性服务首先关注的是社区治理的场景化（Localization），不是政府导向或创新导向下的服务，而是作为居民整体导向下的社区为本的服务整合，治理策略与实践逻辑贯穿于居民的日常生活惯习中，是在社区场域中受到具体场景结构和禀赋的直接约制而灵活展开的整合服务。

城市社区治理整合性服务推崇一种合作治理的关系（Partnership），即认为城市社区中的不同主体彼此之间虽定位有不同，但是从宗旨与目标上看是一种相互协同、合作的关系情势，不同主体共同协商解决社区面对的困难和问题，实现社区发展和共同体营造。

城市社区治理整合性服务旨在倡导一种能力为本（Strengths-Based）或者社区为本的增能（Empowerment）服务。秉承一种“社区内部”的视角，聚焦社区居民增能，综合运用项目制和网络化的外来体制机制增量与激活社区组织参与和居民动员的内生主体存量，根据社区需求的动态发展变化设计有针对性的、具体化的整合服务。服务的目的并不是帮助社区消除问题，回归没有问题的社区生活，而是协助社区和居民找到提升自己应对内外环境挑战能力的方法与技巧，注重过程性目标和能力建设。当然，包括解决社区问题能力的提升以及链接整合资源能力的增强。

城市社区治理整合性服务秉承一种整合性的团队工作（Teamwork）方

① 童敏（2016）将西方项目服务的经验概括为场景化、合作关系、能力为本以及团队工作等四个方面，这里对城市社区治理整合性服务的分析借鉴了这一思路。

式。团队工作包含三层基本内涵。(1) 它是一种注重跨专业合作的团队工作方式，不仅需要社会工作者这样的社会服务方面的专业人士参与，需要法学、新闻传播等领域的专业工作者参与，同时也需要实务领域的专家参与其中。(2) 它是一种关注专业人士与非专业人士共同合作的团队工作方式。这其中既包括专业的社会工作者（持有社会工作师证书的社区工作者），也包括非专业的本土化的社区工作者、居民骨干以及志愿者等；既有非专业的准社区社会组织（包括文体团队、兴趣小组等）提供基础性的互益和自益性的服务，也有专业化程度角度的社区社会组织和专业化的社会工作服务机构所提供的精细化的、个体化的专业服务。专业和非专业的组织及个人共同致力于社区治理共同体的建构。(3) 它是一种强调由专业人士与社区居民共同参与的团队工作方式。其中“专家”的身份和功能仅限于社区治理的某些领域和环节中，并且具有明确的言说边界，这一边界和专家的专业直接相关。而特别被看重的反而是社区居民的本土专家身份，并且这一身份贯穿社区治理与服务的所有流程和环节。

一言以蔽之，城市社区治理整合性服务是以社区的具体治理场景为出发点，以整合性的团队工作的方式，倡导合作和能力为本的积极建构性服务整合和重构。这种服务模式注重服务供给、服务集成与需求结构和治理情势的动态耦合和匹配联动，也是一种治理主体、治理策略以及创新元素在特定场域中服务于社区的过程中的整合。

9.3 社区治理整合性服务的推进方略与发展方向

从社会治理的共同体的角度看，社会治理面临着社会政策的不平衡、利益分配的不均等化、居民服务需求的缺失等治理共同体建构上的困难，因此应该实现公共服务均等化与整体性治理创新，要夯实党的组织力、整合多种理论范式、联合多方主体、采用多种方法、打破专业分界、再造服务流程，将以居民为中心的服务优化与基层社会治理的整合性服务作为持续推进的方向。实际上，社区治理整合性服务的推进方略是对新一轮社区治理创新困局以及问题的精准回应和纠偏，本质上即对社区治理整合性服务模式的具体实践和创新推进。

9.3.1　项目化技术治理的价值纠偏

第 8 章的分析显示，公益招投标以及政府购买服务的项目制在实际推进中的项目为本的逻辑可能衍生出对居民需求的“悬置”，以及在此基础上对服务项目的形式化、关系化运作等一系列问题，进而导致基层社会治理目标的模糊与方向的迷失。因此，以社区为本和以居（村）民为中心的治理与服务创新应该成为基层治理中的重要原则，以实现对“项目化运作”和以此为基础的技术治理的纠偏。具体来说，一方面，基层社会治理中的“社区”是居民“生活的共同体”，而非仅仅是“基层治理的基本单元”。这就是说社区是居民守望相助、日常生活的基本空间，是居民需求孕育、社会资本重构以及美好生活的基本源地，也是社会治理重心下移的承接场域，是服务递送与社区公共性发育的重要领域。另一方面，需要明确的是，项目制是当前基层社会治理中公共服务提供的基本组织机制，是作为手段而存在的，而非治理的目的，项目的设计、运作等需要以居（村）民的需求满足和生活优化为目标，是以人为中心的一种制度设置，要实现对居民需求动态的、可持续的回应。这就要求实现一种理念上的重塑，项目的推进、基层社会治理创新要以居（村）民的生活优化为目标。

9.3.2　悬浮式发展到嵌入式治理的转变

社会组织作为促进单位制解体以来社会组织化的重要力量，在参与社会治理进程中具有不可或缺的功能。上海市在推进社区治理进程中高度重视社会组织的作用，创造条件搭建了外部专业社会组织、内生社会组织以及群众自治团队相结合的组织体系。但社会组织的发展也呈现了社区内生性社会组织的专业功能限度与外生专业社会服务组织的入场困难的悬浮式困局。因此，应该进一步强化“政社分开与合作”意识，在梳理街道公共管理、公共安全、公共服务职能的基础上，形成政府必需的职责清单、政府可转移出去的职能清单、政府向社会力量购买的服务清单等一系列清单体系，以此明确本街道内需要社会组织参与的治理任务，以及所需社会组织类别、规模、服务领域和服务优势等要素。换言之，在“政社分工与合作”的理念指导下，街道可以通过现有职能梳理来明确自身属性，进而将符合市场化原则的部分职能交由市场运作，适合交由社会组织承接的服务交由社会力量运作，以此形成清晰的“基层政府-企业组织-社会组织”相互合作、分工有序的基层社会治理格局。

现实中可能受制于各种复杂的因素，社会组织的作用、地位尚未得到重视和彰显，甚至社会组织的合法性地位尚未得到有效的承认，进而导致国家或地方政府有关社会组织的相关政策出现“上下波动”或“时松时紧”的不稳定现象。笔者认为，在党的十九大确立的习近平新时代中国特色社会主义思想前提下，基层政府应该更进一步结合自身治理目标思考社会组织在基层治理体系中的结构性位置，可以在自身制度空间内创新社会组织相关制度保障，有序推进社会治理工作培育，培养一批类型多元、能力较强、各具特色的社会组织体系，特别是建构基层社会中党建引领下的社会组织服务体系，以形成联动与服务闭环。

其中，较为关键的举措就是政府要主动加强和维护社会组织的生态。组织的生态指标是指在这个地区，组织的种类不是单一的，组织的发展需要有它的组织链，组织和组织间有复杂而有序的关系。如果关系是单一的，说明该地区的社会组织发展阶段还处于初级阶段。社会组织的能力与社会组织的生态成为衡量一个地区社会组织发展状况的关键指标，而社会组织生态又对社会组织能力和作用的发挥起着重要的形塑作用。

具体而言，街道可以在现有基础上对以下四种组织类型进一步加强扶持并做好推进工作。

（1）应该重视枢纽型社会组织的打造。目前街道已成立了街道社会组织服务中心，为辖区内相关社会组织提供监管、支持等服务。但是，按照现行的全市街道社会组织服务中心运作逻辑，实质上，仍然是一种官办NGO，它们的具体运作必须依附较强的行政权力，进而又会不可避免地产生行政化逻辑，因此不利于以专业性、社会性、公益性等特征来引领其他社会组织的发展。结合曾任上海市民政局局长马伊里的观点，现在的枢纽型社会组织，只是“枢”，而没有“纽”的功能，如果不能“去行政化”“去权力化”，就难以真正形成对社会组织发展有利的枢纽型组织。这样的组织也容易成为“二政府”[①]。因此，枢纽型社会组织的属性定位应该是“社会”的组织，发挥“枢纽”的功能。

（2）应该重视专业社会服务组织的培育与发展。目前 H 街道有两部分这样的组织：一部分是外部专业社会组织，包括承接街道公益招投标的相关社会组织，以及受街道委托开展自我服务项目助力计划和社区工作者增能计划的专业社会工作机构；另一部分是内部社会服务组织，这部分组织是在街道辖区内生长起来的，从组织治理结构来看，这部分组织目前还缺乏正式的、全职化的专业队伍，尚未体现较强的专业性，并且，部分内生性社会组织仍然接受街道的年度经费拨款。对于内部社会服务组织而言，在实际运作过程中存在着一些明显的弊端和风险，也因此，他们在接受访谈时，具有共识性地提出希望今后与街道的关系方面从“拨款”向合同制转变，这也是为了消除这部分内生性社会组织的路径依赖及其行政化后果。今后应该进一步促进内外社会组织的互通与联动，为外部社会组织进入辖区、有效落地社区创造更多条件，减少街道权力主体对外部社会组织的排斥；同时，借助外部专业社会组织的专业化优势，形成“内外联动”的组织联盟，引导内生性社会组织能力建设、专业品牌打造等。只有如此，才能改变“外部组织落不了地、内部组织做不好事”的困境。街道应该进一步创造条件促进社会组织之间的互相增能和优势互补，因为专业社会服务组织是真正承接政府转移职能的核心主体，这部分主体成长不起来，会严重阻碍街道社会治理的进程。

（3）促进群众自治团队向具有社区性、公益性和社会性的组织演变。H 街道既有的 200 余支自治团队已有一部分参与到带有社区公益性、自治性的事务之中，通过自我服务项目的承接与实施，一定程度上发挥了回应

---

① 参考 2017 年 9 月 27 日浦东新区公益组织项目合作促进会举行的第二届第三次会员大会上，马伊里所做的《社会组织与第三方评估》专题演讲，系内部资料。

居民需求、促进居民参与、促进社区凝聚的功能。但是，从整体上看，目前社区内的群众自治团队普遍存在着以下三个方面的困境。一是参与人员老龄化现象严重，作为志愿者，各类社区群众自治团队成员在参与一些社区公共事务时，存在着安全等方面的风险，而现行的制度中还没有为社区老年积极分子搭建较好的意外保险体系。二是现有社区群众自治团队同质性较高，对于社区内复杂多样的社区议题，他们有时较难发挥协助作用。三是由于社区群众团体的法律定位尚不清晰，他们较难在既有的政策框架指引下有效行动，尤其是缺乏明确的依据指导群众自治团队可以在自娱自乐基础上，不断参与社区自治共治议题，进而形成具有社区性、公益性和社区公共性特征的组织体系。因此，针对现有的数量可观的社区群众自治组织，街道可以进一步分类指导，加强社区社会组织的类型化引导和发展，着力培养一些可以在失独家庭、高龄独居老人家庭、贫困家庭以及残障困难家庭等社区弱势群体方面的自治团队。这样的自治团队可能一开始不能提供合适的服务，这就需要将外部专业社会组织引入街道治理之中，通过“内外联动”以及“正式与非正式”社会组织的联动，形成有助于提供社区多元化服务的组织网络体系。这样的组织网络体系，有助于社区公共精神的打造。

（4）适时引入第三方支持性社会组织，发挥其以评促建的功能。除了上述几类组织形态以外，支持性社会组织也应成为完善街道社会组织生态体系的重要构成。就目前来看，发挥专业支持性功能较为明显的是专业第三方评估机构，他们一般秉持公正、客观、专业、科学等原则，对政府向社会力量购买的相关服务进行独立评估。例如，H 街道近几年加强了公共财政用于购买社会服务，尤其是通过自治金项目的方式开展自我服务项目化实践，并已取得一些突出的成效。但目前外部专业支持组织在引导 H 街道社区群众自治组织开展项目时，还有一些限制：一是外部专业社会组织未与街道推进社区自治共治的体制机制创新进行深度连接，因此，更多地发挥着一些规范性的功能；二是由于自治组织自身性质的限制，其在参与自治共治实践中的能力受限。基于此，应该强化第三方支持性社会组织的功能。第一，将街道辖区内的社区自治组织、自我服务项目以及其他社会组织承接的政府职能纳入街道的核心治理议程之中，在支持、引导的过程中推动它们朝着有助于促进街道治理体系和治理能力现代化的方向演进。第二，基于实践形成推动专业社会组织与社区自治组织联动发展的网络体系，进一步实现在专业社会组织开展服务时，吸纳社区自治组织成员参与其中，为专业人员提供需求把关、关系连接等方面的资源；同时，在自治团队开展有关自治项目时，除了现有的党建指导员以外，还可以邀请专业社会组织的成员担任自治团队或自我服务项目的督导，促进自治团队和自治项目朝着专业化、规范化和体系化的方向发展。第三，除了以评促建的功能发挥以外，支持性社会组织还要发挥引领社会创新的功能，即通过研究与评估、支持、督导等过程相结合，对实践中的问题进行反思、对实践中的经验加以提炼，以双向推动实践中的问题与经验成为引导社区治理创新的重要支撑。

9.3.3　基层社区中两种身份冲突与张力的消解

这一张力与可能的冲突主要是源于居委会书记、主任的体制性身份与一般社区工作者的体制外身份不同，本质上是因为两种身份的不同待遇与晋升空间而产生的落差。上述社会组织作为增量的发展以及全国首个基层群众性自治组织特别法人的居委会出现，为居委会人员身份的张力消解提供了新的契机。一方面，立足专业化发展，进一步加强基层治理队伍专业化能力提升与建设。从专业性的角度看，社区工作者职业晋级通道的进一步畅通，社会组织地位以及在基层社区治理中重要性的不断强化，其专业地位的上升以及职称制度的完善将在很大程度上消泯上述体制身份的鸿沟。另一方面，夯实社会组织定位，进一步助推社会治理重心向基层下移。居委会作为特别法人身份的确立，可能会给其发展带来新的契机。这就需要居委会工作者积极应对，提升其专业能力，以使居委会可以作为政府购买服务的重要承接方在社会治理重心下移的过程中发挥更大的作用。在此过程中，一般社区工作者的身份也便于发挥更大的作用，进而倒逼上一轮居委会改革中存在的一系列问题，特别是因体制性身份而带来的固化效应逐步得以解决。

9.3.4 多元治理形态并置所产生的巨大张力需要消泯

时空压缩背景下多元治理形态并置所产生的巨大张力需要消泯，城乡社区治理在不同轨道上的推进也要实现相互借鉴与经验整合，这就要求秉承一种全新的城乡社区治理理念，在城乡的整体统筹中实现整合发展。因此，街镇同步推进有待加强。例如，由于浦东新区街镇数量多、区域面积广，区域发展很不平衡，社区治理和服务创新在街道层面推进中取得了一定的成果，但近郊和远郊的各镇，还有待在总结街道探索经验的基础上同步推进。从调研的实际情况来看，街镇在基层社会治理与服务群众之间存在较大差距，一些镇的社会治理理念尚未完全到位，尚处于社会治理的初始阶段。而此街镇之间的阶段性差异，就有可能为街镇的社会治理实现跨越式发展提供重要的“后发优势”和“机会空间”。

第一，街镇之间建立联动机制，在条件相似、有一定合作基础的街镇之间倡导结对子，实行一对一帮扶，特别注重街道居（村）层面干部对镇居（村）工作的“决定性参与”，对其社区治理与创新进行谋划与指导，甚至可以实行兼任或者交流的工作机制。第二，街镇本身内部在不同发展阶段的居（村）之间可以率先实现工作上的交流与互动机制，让交流成为一种常态，成为居（村）干部、街镇干部考核与晋升的一个重要参考。第三，让治理创新与服务的成果实现充分地扩散，可以考虑以“十大创新案例”评选为平台，举办不同主题的社区论坛，让治理经验、服务举措实现充分的对话与交流，在此基础上转换为街镇干部、社会工作者现实工作的具体行动。第四，组建社区治理实务专家库。在全区层面通过专家评估、居民代表座谈等形式，围绕社区治理实践、工作思路、方式方法以及成效政绩等遴选一批社区治理实务领域专家，组成浦东新区基层治理“智库”，可以考虑委托给专业的第三方智库运行，旨在实现智力资源的优化整合，带动城乡社会基层治理的协同推进。

此外，基于农村社区治理的特殊性与阶段性，上述推进过程中要特别防止：治理重心下移以及资源服务下沉时一些行动主体相赖相生，形成分利秩序，普通民众被排除在外，乡村治理出现内卷化（陈锋，2015）局面的产生，要特别防止分利秩序和基层治理内卷化在农村场域中的不断生成与再生产。

9.3.5 碎片化的基层治理与社区为本的服务整合

（1）加强党建引领与整合，进一步引导基层自治和社区共治。党的功能主要聚焦了两个方面。一是要整合，二是要有序，这是建构治理共同体的根本。党在社会治理中就是一种独一无二的跨域整合的力量，是核心。而要发展就不能是只有这一元，只有这一种力量，否则活力就会不够。从全国各地的经验来讲，很明显基层非常热闹，社区里边非常热闹，各种力量、各种主体都在这个社区里边有其空间与场地。可如果离开了党的这一元素，那么秩序的建立、发展的方向等各个方面可能会产生一定的问题，即整合上的困局。党无论是从秩序、从整合，还是从发展的角度来讲，都有非常大的制度优势，这就决定了其必然是城市社区治理整合性服务模式建构的核心和关键。

从上海模式的创新实践来看，应组建区域化党建专门委员会，进一步发挥区域化党建的价值引领和资源整合作用。坚持条块结合、以块为主，推动资源由条线向区域集聚，加快构建以“三联三化”（多核联转、多级联动、多方联盟，组织设置网络化、资源整合机制化、党员作用常态化）为特征的区域化党建工作体系。坚持和完善“走千听万”、民情档案等工作载体，努力构建联系服务群众的工作体系。鼓励、推动各街镇在公共事务共商共治方面积极探索。

（2）理顺条块职责关系，进一步创新街镇运行机制。进一步落实街道和镇的体制改革，切实把工作重点转到社会治理上，转到为民服务上。梳理制订区级职能部门对接街道、镇的权力运行图，进一步完善条块运行机制。进一步建立健全确保街道、镇的新体制能够高效运行的工作机制，制定出台具体可操作的实施办法，进一步优化和完善基层承接治理重心下移的各项准备，赋予街道、镇对区职能部门派出机构负责人的人事考核权和征得同意权，使基层有责有权，实现治理重心、服务重心以及资源配备的同步下沉。

（3）聚焦联勤联动，进一步推进大数据、云端平台等服务集成中的整合作用。应当实现信息化技术在基层社会治理中的充分开发与运用，需要注意的是，技术是服务于居民需求的手段和途径，技术的使用要嵌入对居（村）民需求的满足过程中。应当加快平台建设，实现社区治理舆情的动态收集与全覆盖，完善机制建设，加强问题的发现和处置能力。推进机构建设和运行的规范化、标准化。同时，善于运用“互联网+”的技术和思维，整合各部门、各条线资源，鼓励居民群众参与发展、互动交流，完善社会化发展监督机制，实现“信息采集无死角、资源共享无例外、互联互通无障碍”。

（4）基层社会治理共同体建构过程中体制与机制的优化重构。这是实现主体联动、模式整合的关键，主要指横纵两个维度的秩序链接与协调①。

其一，横向秩序协调机制。横向秩序协调机制是一种建立在多中心基础上的开放式协调机制。这一机制的显著特征是，它是一种在不同利益群体、组织、阶层的平等协商之后而形成的基于多方“同意”的共识秩序，是民主协商的结果。当然社区中这种横向秩序协调机制的运作也依赖于一些重要的条件。首先，这一机制的基本前提是社区治理中存在相对独立的多方主体，并且多方主体之间由于利益的分化而呈现为一个个独立的群体。其次，这种多方力量的协调有相关的支撑制度和政策，社区中也存在对各个不同主体的定位与规范。最后，参与横向协商的主体应具备理性预期、理解其他主体和实现妥协的基本心智素养，即要具备理性的彼此博弈的心智能力。由此观之，目前基层社会中这些前提条件尚不完全具备，横向秩序协调机制难以建立或者虽能建立但效率极低，继而造成社会协同的不足。

具体到社区中，这一横向秩序协调机制指的就是社区中存在多元化的基于不同利益诉求的群体，在一定的自我定位和规范约束下，彼此间相互妥协、博弈达成“共识”的过程。基于这一认识，新时代社区治理共同体

---

① 李友梅（2012）从横向秩序协调和纵向秩序整合两个维度分析了社会管理的机制构成，具有理论上的洞见。本研究对基层社会治理共同体建构中体制和机制优化重构的分析主要借用了李友梅的这一中观分析路向。

建构的重点就应该是注重两个平台的建设。一是利益诉求的平台建设。这主要指的是社区参与主体利益表达途径与渠道的制度化和常规化。如社区协商议事会、居民舆情需求的互动与沟通等。这是建立横向秩序协调机制的基础与前提。二是利益博弈的公共平台建设。在现实的社区治理中，各个主体之间由于性质不同、所处的地位不同，彼此之间存在很大的差异。例如，街道办事处、社区居委会等群体由于传统的治理惯性，具有较强的组织与博弈能力；而与之相反的是社区非政府组织、社区居民等处于弱势地位，他们在与前者的博弈中只能处于被动地位，那么所谓的横向秩序协调机制就会流于形式。所以要建立利益博弈的公共平台，从而将那些“个体化的声音”转化为“群体性的表达”，这样才有利于公平的协调机制的建立，最终有利于社区的治理。这是建立横向秩序协调机制的保障与关键。

其二，纵向秩序整合机制。纵向秩序整合机制是建立在一元权力基础上的自上而下的命令协调机制。其显著特征表现为等级化的科层管理架构和相对封闭的垂直命令系统，是一种“自上而下”的“科层共识”。李友梅的研究指出，社区中纵向秩序整合机制的运转也存在三个重要的前提。一是存在垂直的、自上而下的资源配置系统。社区中凡是存在这种资源配置的地方，纵向整合的力度就会越大，横向协调的空间就越小。二是社区发展中的主要“不确定性”能够被相对准确地估计进而得到有效控制。三是社会生活中的诸多诉求可以被纳入相对标准化的轨道。在此基础上，纵向秩序整合机制可以更有效率地动员资源，并满足绝大多数社会成员的需求。

社区的纵向秩序整合机制主要指的是社区中存在“条”上的“自上而下”运作的权力领域。不同主体间的关系更多的是一种上下级行政隶属关系，共识的达成只是上级部门的命令和下级无条件服从所形成的一种“共谋”。基于这一认识，社区治理共同体纵向秩序建构的重点在很大程度上就应该是，在实践中找到一种理性以克制纵向秩序整合机制无限自我强化的现实路径，并处理好纵向秩序整合机制与横向秩序协调机制之间的有效衔接的问题。应不断推动公众参与并形成有效的社会协商，在激发社会内在活力与参与的同时不断强化纵向秩序整合的认受合法性，实现有效的社会整合，也即纵横交错的相互衔接机制，这是基层社会中整合性服务能够有效递送的关键，也是共同体建构的关键。从其本质而言，这主要指国家与社会关系的重塑。国家有所为、有所不为，社会积极发育并实现与国家的协调。为此，要做到三大层面的协调与整合。首先，政府部门之间的协同整合，包括目标协同、工作协同和资源协同，把区级政府职能部门、街道办事处、社区居委会等主体的权力与工作整合为一股政府协同力在社区建设中发挥重要的指导、引领作用；其次，社区单位之间、社区居民之间的协同整合，包括居民需要整合、社区发展目标整合、社区建设项目整合、社区内外资源整合和利益整合等方面，最终使独立的单位、组织协同力和分散的居民协同力形成一股社区协同力在社区建设中发挥主导、核心作用；最后，把经过纵向整合的政府协同力和经过横向整合的社区协同力再加以衔接整合，实现社区“场域”中纵横交错的建设性的协调网络，最终形成“党委领导、政府负责、民主协商、社会协同、公众参与、法治保障、科技支撑”的社区建设动力机制和社区治理共同体的内部格局（夏学銮，2002）。

总之，城市社区整合性服务模式的建构是推进社会治理共同体达成的关键，要将基层社会治理需要放置于国家治理现代化的脉络中来考察。社区治理共同体的建构，不是政府行为，也不是一种纯粹的民间活动，而是各类社区主体和各种社会力量共同参与、民主协商的过程，是不同主体、要素以及环节在社区场域中治理结构的形成过程，需要一系列的体制和机制的纵横建构和联动，以使社区治理的不同主体之间能够相互协作，形成社区治理的合力，进而推进社区治理共同体的建构。

参 考 文 献

[1] 卜万红．是走向社区自治还是建立社区治理结构——关于我国城市社区建设目标定位的思考［J］．理论与改革，2004（6）：58－61.

[2] 蔡昉．用“以人民为中心的发展思想”破解民生领域难题［J］．劳动经济研究，2016，4（3）：3－15.

[3] 曹惠民．基于耦合理论的城市基层社区治理研究［J］．探索，2015（6）：93－97.

[4] 陈锋．分利秩序与基层治理内卷化 资源输入背景下的乡村治理逻辑［J］．社会，2015，35（3）：95－120.

[5] 陈贵梧．地方政府创新过程中正式与非正式政治耦合研究——以公安微博为例［J］．公共管理学报，2014，11（2）：60－69，141－142.

[6] 陈家喜，林电锋．城市社区协商治理模式的实践探索与理论反思——深圳南山区“一核多元”社区治理创新观察［J］．社会治理，2015（1）：84－92.

[7] 陈家喜．反思中国城市社区治理结构——基于合作治理的理论视角［J］．武汉大学学报（哲学社会科学版），2015，68（1）：71－76.

[8] 陈捷，卢春龙．共通性社会资本与特定性社会资本——社会资本与中国的城市基层治理［J］．社会学研究，2009，24（6）：87－104，244.

[9] 陈伟东．城市基层社会管理体制变迁：单位管理模式转向社区治理模式——武汉市江汉区社区建设目标模式、制度创新及可行性研究［J］．理论月刊，2000（12）：3－9.

[10] 程秀英，孙柏瑛．社会资本视角下社区治理中的制度设计再思考［J］．中国行政管理，2017（4）：53－58.

[11] 丁惠平．“国家与社会”分析框架的应用与限度——以社会学论域中的研究为分析中心［J］．社会学评论，2015，3（5）：15－23.

[12] 丁元竹．价值意义与工具意义上的社区——关于社区建设和社区治理的探索

[J]. 中国治理评论, 2013 (2): 24-41.
[13] 窦以德. 回归城市——对住区空间形态的一点思考 [J]. 建筑学报, 2004 (4): 8-10.
[14] 高丙中. 民间的仪式与国家的在场 [J]. 北京大学学报 (哲学社会科学版), 2001 (1): 42-50.
[15] 格里·斯托克, 华夏风. 作为理论的治理: 五个论点 [J]. 国际社会科学杂志 (中文版), 1999 (1): 19-30.
[16] 耿敬, 姚华. 行政权力的生产与再生产——以上海市J居委会直选过程为个案 [J]. 社会学研究, 2011, 26 (3): 153-178, 245.
[17] 葛天任. 社区碎片化与社区治理 [D]. 北京: 清华大学, 2014.
[18] 桂勇. 邻里政治: 城市基层的权力操作策略与国家-社会的粘连模式 [J]. 社会, 2007 (6): 102-126, 208.
[19] 何海兵. "国家-社会" 范式框架下的中国城市社区研究 [J]. 上海行政学院学报, 2006 (4): 96-106.
[20] 何海兵. 我国城市基层社会管理体制的变迁: 从单位制、街居制到社区制 [J]. 管理世界, 2003 (6): 52-62.
[21] 何艳玲, 蔡禾. 中国城市基层自治组织的 "内卷化" 及其成因 [J]. 中山大学学报 (社会科学版), 2005 (5): 104-109, 128.
[22] 侯利文, 张宝锋. 网格化与居站分离: 逻辑、困局与反思 [J]. 学术论坛, 2014, 37 (12): 102-108.
[23] 侯利文. 基层社会治理中的 "国家与社会": 变迁、现状与反思 [J]. 华东理工大学学报 (社会科学版), 2016, 31 (4): 9-16, 24.
[24] 华伟. 单位制向社区制的回归——中国城市基层管理体制50年变迁 [J]. 战略与管理, 2000 (1): 87-100.
[25] 黄冬娅. 多管齐下的治理策略: 国家建设与基层治理变迁的历史图景 [J]. 公共行政评论, 2010, 3 (4): 111-140, 204-205.
[26] 黄晓春, 周黎安. "结对竞赛": 城市基层治理创新的一种新机制 [J]. 社会, 2019, 39 (5): 1-38.
[27] 黄晓春. 以党建引领上海社会治理创新 [EB/OL]. (2019-06-04) [2019-08-05]. http://www.whb.cn/zhuzhan/xueren/20190604/267719.html.
[28] 黄晓星. 社区运动的 "社区性" ——对现行社区运动理论的回应与补充 [J].

社会学研究，2011，25（1）：41－62，243－244.

[29] 黄宗智．集权的简约治理——中国以准官员和纠纷解决为主的半正式基层行政［J］．开放时代，2008（2）：10－29.

[30] 姜晓萍．国家治理现代化进程中的社会治理体制创新［J］．中国行政管理，2014（2）：24－28.

[31] 姜振华．社会资本视角下的社区治理［J］．河南社会科学，2005（4）：30－33，58.

[32] 焦长权．从分税制到项目制：制度演进和组织机制［J］．社会，2019，39（6）：121－148.

[33] 荆子洋，张键．以连续性公共空间组织为主线的小区规划［J］．建筑学报，2006（4）：16－18.

[34] 敬乂嘉，刘春荣．居委会直选与城市基层治理——对2006年上海市居委会直接选举的分析［J］．复旦学报（社会科学版），2007（1）：132－140.

[35] 敬乂嘉．从购买服务到合作治理——政社合作的形态与发展［J］．中国行政管理，2014（7）：54－59.

[36] 黎熙元．社区技术治理的神话：政府项目管理与社工服务的困境［J］．兰州大学学报（社会科学版），2018，46（3）：33－39.

[37] 李强，葛天任．社区的碎片化——Y市社区建设与城市社会治理的实证研究［J］．学术界，2013（12）：40－50，306.

[38] 李小甘．一核多元：基层依法治理的南山探索［J］．国家治理，2014（24）：34－41.

[39] 李友梅．社区治理：公民社会的微观基础［J］．社会，2007（2）：159－169，207.

[40] 李友梅．中国社会管理新格局下遭遇的问题——一种基于中观机制分析的视角［J］．学术月刊，2012，44（7）：13－20.

[41] 林尚立．社区：中国政治建设的战略性空间［J］．毛泽东邓小平理论研究，2002（2）：58－64.

[42] 刘安．当代中国城市基层的国家与社会关系研究及其学理反思——基于政治社会学视角的分析［J］．社会学评论，2015，3（5）：24－37.

[43] 刘建军．社区中国：通过社区巩固国家治理之基［J］．上海大学学报（社会科学版），2016，33（6）：73－85.

[44] 刘京希．建国以来中国共产党社会主体观的历史演进［J］．武汉大学学报（哲学社会科学版），2014，67（5）：45－52.

[45] 刘京希．论新时期中国共产党与社会的新关系建构［J］．社会主义研究，2016（2）：68－74.

[46] 刘京希．社会本位：新型党社关系建构的逻辑前提［J］．理论探讨，2017（1）：110－116.

[47] 刘京希．社会建设中的现代政党——政党社会属性演化的新动向及由此所决定的党社关系［J］．学习与探索，2008（6）：103－106.

[48] 刘娴静．城市社区治理模式的比较及中国的选择［J］．社会主义研究，2006（2）：59－61.

[49] 刘亚亮，林慕华．预算过程中的正式政治与非正式政治：A 省一个专项资金的案例分析［J］．公共行政评论，2014，7（4）：112－132，185.

[50] 马卫红，桂勇，骆天珏．城市社区研究中的国家社会视角：局限、经验与发展可能［J］．学术研究，2008（11）：62－67，159.

[51] 闵学勤．社区自治主体的二元区隔及其演化［J］．社会学研究，2009，24（1）：162－183，245.

[52] 闵学勤．转型时期居委会的社区权力及声望研究［J］．社会，2009，29（6）：22－38,222－223.

[53] 秦瑞英，闫小培，曹小曙．国外城市封闭社区及其治理［J］．经济地理，2008（3）：401－405，429.

[54] 渠敬东，周飞舟，应星．从总体支配到技术治理——基于中国 30 年改革经验的社会学分析［J］．中国社会科学，2009（6）：104－127，207.

[55] 渠敬东．项目制：一种新的国家治理体制［J］．中国社会科学，2012（5）：113－130，207.

[56] 石发勇．业主委员会、准派系政治与基层治理——以一个上海街区为例［J］．社会学研究，2010，25（3）：136－158，245.

[57] 宋道雷．转型中国的社区治理：国家治理的基石［J］．复旦学报（社会科学版），2017，59（3）：172－179.

[58] 宋伟轩．封闭社区研究进展［J］．城市规划学刊，2010（4）：42－51.

[59] 孙科峰．街坊式城市住区模式研究［D］．杭州：浙江大学，2004.

[60] 唐若兰．社区治理创新与基层社会治理模式的重构［J］．探索，2015（6）：

150－153.
[61] 田毅鹏，吕方．单位社会的终结及其社会风险［J］．吉林大学社会科学学报，2009，49（6）：17－23.
[62] 童敏．项目服务的专业逻辑：社会工作专业化的本土路径［J］．社会工作，2016（3）：25－32，124－125.
[63] 汪锦军．合作治理的构建：政府与社会良性互动的生成机制［J］．政治学研究，2015（4）：98－105.
[64] 王铭铭．小地方与大社会——中国社会的社区观察［J］．社会学研究，1997（1）：88－98.
[65] 王浦劬．国家治理、政府治理和社会治理的含义及其相互关系［J］．国家行政学院学报，2014（3）：11－17.
[66] 王清．行政执法中的部门博弈：一项类型学分析［J］．政治学研究，2015（2）：69－78.
[67] 吴光芸，杨龙．社会资本视角下的社区治理［J］．城市发展研究，2006（4）：25－29.
[68] 吴晓林，郝丽娜．“社区复兴运动”以来国外社区治理研究的理论考察［J］．政治学研究，2015（1）：47－58.
[69] 吴晓林．治权统合、服务下沉与选择性参与：改革开放四十年城市社区治理的“复合结构”［J］．中国行政管理，2019（7）：54－61.
[70] 吴晓林．中国城市社区建设研究述评（2000—2010年）——以CSSCI检索论文为主要研究对象［J］．公共管理学报，2012，9（1）：111－120，128.
[71] 夏建中．治理理论的特点与社区治理研究［J］．黑龙江社会科学，2010（2）：125－130.
[72] 夏学銮．中国社区建设的理论架构探讨［J］．北京大学学报（哲学社会科学版），2002（1）：127－134.
[73] 肖林．“‘社区’研究”与“社区研究”——近年来我国城市社区研究述评［J］．社会学研究，2011，26（4）：185－208，246.
[74] 肖林．社区建设和社区治理体制改革［J］．中国机构改革与管理，2016（5）：43－44.
[75] 肖瑛．从“国家与社会”到“制度与生活”：中国社会变迁研究的视角转换［J］．中国社会科学，2014（9）：88－104，204－205.

[76] 谢遐龄．中国社会结构及其启示——从中国可能建立什么样的治理体系角度看［J］．中共浙江省委党校学报，2014，30（4）：17－25.

[77] 徐丙奎，李佩宁．社区研究中的国家-社会、空间-行动者、权力与治理——近年来有关社区研究文献述评［J］．华东理工大学学报（社会科学版），2012，27（5）：36－47.

[78] 徐晓军，沈新坤．城市贫富分区与社区的阶层化［J］．华中师范大学学报（人文社会科学版），2008（1）：70－75.

[79] 徐选国，侯利文，徐永祥．社会理性与新社会服务体系建构［J］．中州学刊，2017（1）：58－64.

[80] 徐选国，黄立新．基层党建的社会化逻辑——来自深圳市南山区Z街道的探索与启示［J］．领导科学，2017（20）：19－21.

[81] 徐选国，徐永祥．基层社会治理中的"三社联动"：内涵、机制及其实践逻辑——基于深圳市H社区的探索［J］．社会科学，2016（7）：87－96.

[82] 徐选国．嵌入性治理：城市社区治理机制创新的一个分析框架——基于对国家-社会关系范式的批判性反思［J］．社会工作，2015（5）：55－64，126.

[83] 徐选国．嵌入性治理：国家、组织与城市社区建设——以深圳市Z街道为个案［D］．上海：华东理工大学，2015.

[84] 徐选国．走向双重嵌入：城市社区治理中政社互动的机制演变——基于深圳市H社区的经验研究［J］．社会发展研究，2016，3（1）：163－180，244－245.

[85] 徐选国．组织化通道：社区社会组织的功能定位与行动策略［J］．社会与公益，2017，（2）：88－89.

[86] 徐永祥，曹国慧．"三社联动"的历史实践与概念辨析［J］．云南师范大学学报（哲学社会科学版），2016，48（2）：54－62.

[87] 徐永祥，侯利文，徐选国．新社会组织：内涵、特征以及发展原则［J］．学习与实践，2015（7）：78－87.

[88] 徐永祥，侯利文．基层建设与社会治理：当前中国社会建设的两个命题［J］．河北学刊，2015，35（4）：110－115.

[89] 徐永祥．政社分工与合作：社区建设体制改革与创新研究［J］．东南学术，2006（6）：51－57.

[90] 燕继荣．社区治理与社会资本投资——中国社区治理创新的理论解释［J］．天津社会科学，2010，3（3）：59－64.

[91] 杨君，纪晓岚．当代中国基层治理的变迁历史与理论建构——基于城市基层治理的实践与反思［J］．毛泽东邓小平理论研究，2017（2）：41－46，108.

[92] 杨敏．“国家-社会”互构关系视角下的国家治理与基层治理——兼论治理技术手段的历史变迁及当代趋向［J］．广西民族大学学报（哲学社会科学版），2016，38（2）：2－11.

[93] 杨敏．作为国家治理单元的社区——对城市社区建设运动过程中居民社区参与和社区认知的个案研究［J］．社会学研究，2007（4）：137－164，245.

[94] 叶敏．城市基层治理的条块协调：正式政治与非正式政治——来自上海的城市管理经验［J］．公共管理学报，2016，13（2）：128－140，159.

[95] 余冰．国家与社会交互关系：社区及其组织研究的一种路径［J］．学术研究，2007（5）：91－95.

[96] 余侃华，张沛，张中华．城市社区空间私有化的产生机制及发展趋势——以国外封闭社区为研究对象［J］．城市发展研究，2009，16（6）：94－101.

[97] 俞可平．全球治理引论［J］．马克思主义与现实，2002（1）：20－32.

[98] 俞可平．治理和善治：一种新的政治分析框架［J］．南京社会科学，2001（9）：40－44.

[99] 俞可平．治理和善治引论［J］．马克思主义与现实，1999（5）：37－41.

[100] 张康之．走向合作治理的历史进程［J］．湖南社会科学，2006（4）：31－36.

[101] 张秀兰，徐月宾．我国社会福利社会化的目标及途径探讨［J］．江苏社会科学，2006（2）：42－48.

[102] 张艳国，刘小钧．十八大以来我国社区治理的新常态［J］．社会主义研究，2015（5）：103－109.

[103] 郑杭生，黄家亮．当前我国社会管理和社区治理的新趋势［J］．甘肃社会科学，2012（6）：1－8.

[104] 郑杭生，邵占鹏．治理理论的适用性、本土化与国际化［J］．社会学评论，2015，3（2）：34－46.

[105] 郑士源，徐辉，王浣尘．网格及网格化管理综述［J］．系统工程，2005（3）：1－7.

[106] 钟波涛．城市封闭住区研究［J］．建筑学报，2003（9）：14－16.

[107] 周庆智．基层治理：一个现代性的讨论——基层政府治理现代化的历时性分析［J］．华中师范大学学报（人文社会科学版），2014，53（5）：19－28.

[108] 周雪光，练宏．中国政府的治理模式：一个“控制权”理论［J］．社会学研究，2012，27（5）：69－93，243.

[109] 朱健刚．城市街区的权力变迁：强国家与强社会模式——对一个街区权力结构的分析［J］．战略与管理，1997（4）：42－53.

[110] 朱英．近代中国的“社会与国家”：研究回顾与思考［J］．江苏社会科学，2006（4）：176－185.

[111] Handel A. Gated/gating community: the settlement complex in the West Bank [J]. Transactions of the Institute of British Geographers, 2014, 39 (4): 504－517.

[112] Gooblar A. Outside the walls: urban gated communities and their regulation within the British planning system [J]. European Planning Studies, 2002, 10 (3): 321－334.

[113] Asiedu A B, Arku G. The rise of gated housing estates in Ghana: Empirical insights from three communities in metropolitan Accra [J]. Journal of Housing and the Built Environment, 2009, 24 (3): 227－247.

[114] Breitung W. Enclave urbanism in China: attitudes towards gated communities in Guangzhou [J]. Urban Geography, 2012, 33 (2): 278－294.

[115] Brinkerhoff D W. Exploring state-civil society collaboration: policy partnerships in developing countries [J]. Nonprofit and Voluntary Sector Quarterly, 1999, 28 (4): 59－86.

[116] Lemanski C. Spaces of exclusivity or connection? Linkages between a security village and its poorer neighbour in a Cape Town master plan development [J]. Urban Studies, 2006, 43 (2): 397－420.

[117] Vesselinov E, Gazessus M, Falk W. Gated communities and spatial inequality [J]. Journal of Urban Affairs, 2007, 29 (2): 109－127.

[118] Goix R L. Gated communities: sprawl and social segregation in Southern Caliofrnia [J]. Housing Stuides, 2005, 20 (2): 323－343.

[119] Grant J, Katherine G, Kirstin M. The planning and policy implication of gated communities [J]. Canadian Journal of Urban Research, 2004, 13 (1): 70－88.

[120] Grant J. Planning responses to gated communities in Canada [J]. Housing Studies, 2005, 20 (2): 273－285.

[121] Helsley R W, Strange W C. Gated communities and economic geography of crime [J]. Journal of Urban Economics, 1999, 46 (1): 80－105.

[122] Madanipour A. Roles and challenges of urban design [J]. Journal of Urban Design, 2006, 11 (2): 173-193.

[123] Manzi T, Smith-Bowers B. Gated communities as club goods: segregation or social cohesion? [J]. Housing Studie, 2005, 20 (2): 345-359.

[124] Coy M. Gated communities and urban fragmentation in Latin America: the Brazilian experience [J]. GeoJournal, 2006, 66 (1): 121-132.

[125] Goix R L, Vesselinov E. Inequality shaping processes and gated communities in US western metropolitan areas [J]. Urban Studies, 2015, 52 (4): 619-638.

[126] Atkinson R, Flint J. Fortress UK? Gated communities, the spatial revolt of the elities and time-space trajectories of segregation [J]. Housing Studies, 2004, 19 (6): 875-892.

[127] Blandy S, Parsons D, Sheffield. Gated Communities in England: rules and rhetoric of urban planning [J]. Geographical Helvetica, 2013, 58 (4): 314-324.

[128] Low S M, Incorporation and gated communities in the Greater Metro-Los Angeles Region as a modle of privatization of residential communities [J]. Home Cultures, 2008, 5 (1): 85-108.

[129] Skocpol T. Bringing the state back in: retrospect and prospect The 2007 Johan Skytte Prize Lecture [J]. Scandinavian Political Studies, 2008, 31 (2): 109-124.

[130] Sanchez T W, Lang R E, Dhavale D M. Security versus Status? A first look at the Census' s Gated Community Data [J]. Journal of Planning Education and Research, 2005, 24 (3): 281-291.

[131] Webster C, Glasze G, Frantz K. The global spread of gated communities [J]. Environment and Planning B: Planning and Design, 2002, 29 (3): 315-320.

[132] Webster C. Gated cities of tomorrow [J]. Town Planning Review, 2001, (72) 2: 149-170.

[133] [德] 斐迪南·滕尼斯. 共同体与社会 [M]. 林荣远, 译. 北京: 商务印书馆, 1999.

[134] [法] 埃哈尔·费埃德伯格. 权力与规则——组织行动的动力 [M]. 张月, 译. 上海: 格致出版社, 上海人民出版社, 2008.

[135] [法] 米歇尔·克罗齐耶. 法令不能改变社会 [M]. 张月, 译. 上海: 格致出版社, 上海人民出版社, 2008.

[136] [法] 米歇尔·克罗齐耶，埃哈尔·费埃德伯格．行动者与系统——集体行动的政治学. 张月，译．上海：上海人民出版社，2007.
[137] [法] 皮埃尔·卡蓝默．破碎的民主——试论治理的革命 [M]. 高凌瀚，译．北京：生活·读书·新知三联书店，2005.
[138] [法] 埃米尔·涂尔干．社会分工论 [M]. 渠东，译. 北京：生活·读书·新知三联书店，2000.
[139] [美] C. 赖特·米尔斯．社会学的想象力 [M]. 陈强，张永强，译 .4 版．北京：生活·读书·新知三联书店，2016.
[140] [美] 戴维·伊斯顿．政治体系——政治学状况研究 [M]. 马清槐，译．北京：商务印书馆，1993.
[141] [美] 杜赞奇．文化、权力与国家：1900—1942 年的华北农村 [M]. 王福明，译．南京：江苏人民出版社，2010.
[142] [美] 李怀印．华北村治——晚清和民国时期的国家与乡村 [M]. 岁有生，王士皓，译．北京：中华书局，2008.
[143] [美] 罗伯特·K. 默顿．社会研究与社会政策. 林聚任，译．北京：生活·读书·新知三联书店，2001.
[144] [英] 罗伯特·D. 帕特南．使民主运转起来 [M]. 王列，赖海榕，译．南昌：江西人民出版社，2001.
[145] [美] 乔尔·S. 米格代尔．社会中的国家：国家与社会如何相互改变与相互构成 [M]. 李杨，郭一聪，译．南京：江苏人民出版社，2013.
[146] 邓正来．国家与社会：中国市民社会研究 [M]. 北京：北京大学出版社，2008.
[147] 费孝通．学术自述与反思：费孝通学术文集 [M]. 北京：生活·读书·新知三联书店，1996.
[148] 费孝通．中国士绅 [M]. 赵旭东，秦志杰，译．北京：生活·读书·新知三联书店，2009.
[149] 桂勇．邻里空间：城市基层的行动、组织与互动 [M]. 上海：上海书店出版社，2008.
[150] 何海兵．和谐社区：上海和谐社区建设报告 [M]. 上海：学林出版社，2010.
[151] 林尚立．社区民主与治理：案例研究 [M]. 北京：社会科学文献出版社，2003.
[152] 吴文藻．论社会学中国化 [M]. 北京：商务印书馆，2010.
[153] 夏建中．中国城市社区治理结构研究 [M]. 北京：中国人民大学出版社，2012.

[154] 徐永祥．社区发展论［M］．上海：华东理工大学出版社，2001.

[155] 俞可平．治理与善治［M］．北京：社会科学文献出版社，2000.

[156] 郑永年．改革及其敌人［M］．杭州：浙江人民出版社，2011.

[157] 朱健刚．国与家之间：上海邻里的市民团体与社区运动的民族志［M］．北京：社会科学文献出版社，2010.

[158] Blakely E J, Snyder M G. Fortress America: gated communities in the United States [M]. Washington D. C.: Brookings Institution Press, 1997.

[159] Huttman E D, Blauw W, Saltman J. Urhun housing segregation of minorities in Western Europe and the United States [M]. Durham: Duke University Press, 1991.

[160] Evans P B, Rueschemeyer D, Skocpol T. Bringing the state back in [M]. London: Cambridge University Press, 1985.

[161] Jacobs J. The death and life of great American cities [M]. New York: Vintage, 1961.

[162] Wilson W J. The truly disadvantaged: the inner city, the underclass and public policy [M]. Chicago: The University Press of Chicago, 2000.

[163] 韩正：创新社会治理、加强基层建设事关上海改革发展全局［EB/OL］．(2014－02－26)［2019－12－25］. http://shzw.eastday.com/shzw/G/20140226/u1ai124704.html.

[164] 韩正听取“一号调研课题”汇报［EB/OL］．(2014－05－9)［2019－12－25］. http://sh.people.com.cn/n/2014/0509/c357908－21169655.html.

[165] 马庆钰：十三五期间我国社会组织发展思路?［EB/OL］．(2015－05－11)［2019－12－25］. http://theory.people.com.cn/n/2015/0511/c40531－26980444.html.

[166] 浦东街镇社会组织服务中心实现全覆盖［EB/OL］．(2017－11－14)［2019－12－25］. http://mini.eastday.com/mobile/171114093552199.html#.

[167] 习近平：切实把思想统一到党的十八届三中全会精神上来［EB/OL］．(2013－12－31)［2019－12－25］. http://www.xinhuanet.com/politics/2013－12/31/c_ 118787463.htm.

[168] 2016 年上海市委创新社会治理加强基层建设推进大会举行［EB/OL］．(2016－02－17)［2019－12－25］. http://www.shanghai.gov.cn/nw2/nw2314/nw2315/nw4411/u21aw1105715.html.

[169] 韩正：持续用力深化基层社会治理创新［EB/OL］．(2017－03－27)［2019－12－25］. http://sh.people.com.cn/n2/2017/0327/c134768－29925238.html.

[170] 习近平：决胜全面建成小康社会 夺取新时代中国特色社会主义伟大胜利——在中国共产党第十九次全国代表大会上的报告［EB/OL］.（2017-03-27）［2019-12-25］. http：//www. xinhuanet. com/2017-10/27/c_ 1121867529. htm.

后　记

社区治理整合服务实践的展开正在走向纵深，本书作为对一定阶段社区治理实践的研究与思考，具有明显的时代烙印，是对上海社会治理重心下移过程中“创新社会治理、加强基层建设”的现实映射和理论反思。社区治理整合服务模式的建构也在实践中凝练，本书对社区治理内在逻辑的理论省思与批判，具有明显的建构反思性，是对本人一直以来进行的社区研究内容的回顾、反思与总结。以上是特点，更是局限。发展中的实践和建构中的模式在社区场域中的互构，预设了更为丰富的社区治理研究未来。由此，本书作为时代的纪录和见证，希望可以增益人们对这一阶段社区治理实践的认识和理解。

本书是基于上海的社区治理实践，正如本书的副标题——“以上海新一轮基层治理改革为例”，特别是市委“一号课题”改革以来上海多个街区的治理创新实践。由此，要衷心感谢对本书调研以及在收集资料过程中提供大量帮助的上海各街区民政系统、多个街镇的领导和社区治理研究领域的前辈和同行；感谢调研所涉及的各个社区书记、主任以及社区工作者提供的具体的、鲜活的基层实践经验和智慧。

感谢诸多师友！本书在选题、讨论、写作以及成书的整个过程中要特别感谢华东理工大学吴柏钧副校长的多次鼓励、支持和帮助；感谢社会与公共管理学院何雪松院长在书稿写作过程中的关心和帮助；感谢人文社科处唐有财副处长在上海市各个区街进行调研时提供的诸多帮助；感谢徐选国副教授、冯猛副教授在书稿完成过程中提供的部分实证资料支持。

感谢华东理工大学出版社以及出版社编辑对书稿认真、负责以及专业的编辑加工工作。

甚为遗憾的是导师徐永祥教授的故去。我校的社区发展与社会治理也是恩师徐永祥开创的一个学术传统。本书中一些章节内容也是我和老师的合作成果，犹记得老师赠书《社区发展论》的场景，谆谆教导，言犹在耳。学生定当沿着老师所开创的学术传统继续深耕、砥砺前行。是以为念！